著 / 马静

关注海域局势·了解海战历史·传承海洋文化

海战事典

MOOK
▸007

⚓ 德意法西斯航母 ⚓

台海出版社

图书在版编目（CIP）数据

海战事典.007，德意法西斯航母 / 马静著. -- 北
京：台海出版社，2017.2（2024.5 重印）
　ISBN 978-7-5168-1293-8

Ⅰ.①海… Ⅱ.①马… Ⅲ.①海战－战争史－世界－
通俗读物 Ⅳ.①E19-49

中国版本图书馆CIP数据核字(2017)第030812号

海战事典007：德意法西斯航母

著　　者：马　静

责任编辑：阴　鹏　　　　　　　　　装帧设计：指文文化
版式设计：周　杰　　　　　　　　　责任印制：蔡　旭

出版发行：台海出版社
地　　址：北京市东城区景山东街20号　　　邮政编码：100009
电　　话：010－64041652（发行，邮购）
传　　真：010－84045799（总编室）
网　　址：www.taimeng.org.cn/thcbs/default.htm
E－mail：thcbs@126.com

经　　销：全国各地新华书店
印　　刷：重庆长虹印务有限公司
本书如有破损、缺页、装订错误，请与本社联系调换

开　　本：787mm×1092mm　　　　　　　1/16
字　　数：172千字　　　　　　　　　　印　　张：13
版　　次：2017年3月第1版　　　　　　　印　　次：2024年5月第2次印刷
书　　号：ISBN 978-7-5168-1293-8

定　　价：79.80元

海洋，人类光荣与梦想的战场。从不列颠到美利坚，一个个大国一次次不停验证着"谁拥有海洋，谁就拥有整个世界"这个真理。21世纪是海洋的世纪，我们正在积极发展海上贸易、维护海上权益。因此，了解海上战争的历史，洞悉海上博弈的玄机变得十分必要。《海战事典》是军迷们了解海战及海洋军事文化的宝典，希望该系列读物能够刊载更多精彩文章，展现海洋文化的魅力。

——军事科普作家，江泓

作为新中国第一代人民海军军官后代的我，从小生活在著名的军港小城——旅顺口。这里的每一处遗迹都是海上战争为这座小城铭刻的深深印记，它们牵动着人们对这个国家、这个民族关于海洋意识与海洋权益的深刻思考。前事不忘，后事之师，每一个中国人都不会，也不该再次忽视海洋。但如何才能真正汲取历史的教训，又如何才能探寻到一条正确的深蓝之路？我相信，《海战事典》这本看上去很普通的书，一定会成为一扇打开历史记忆的窗，一座连通过去与未来的桥梁，人们可以通过它，找寻到自己的答案。

——中国海军史研究者，张义军

一个拥有漫长海岸线的国家必须要对海洋投以足够的关注，曾在海洋上发生的交流、冲突和战斗恰恰是对历史经验的一次次总结，它们从未随涛浪平息，而是形成并发展成为中华民族海洋意识觉醒的基石。《海战事典》正是一本海洋历史的索引，是一个了解海上往事的渠道。

——海军史、海军舰船研究者，顾伟欣

"无海权如人无手足"。古往今来，为了将主权延伸至海洋，以获得更多的控制力，很多国家都建立了强大的海军，他们既谱写过壮丽的海战诗篇，也创造过传奇的海洋故事。《海战事典》正如沧海拾珠，将这一段段精彩的历史串联、汇集至一处，相信每一位读者在阅读后，都会大呼精彩过瘾。

——资深军事编辑，刘晓

即使21世纪已被广泛称为"信息的时代"，人类最普遍的定居场所及发展生产的地域仍然是各大洲的沿海地带，联结其间的繁忙海上航线仍然需要强大海军的护卫。《海战事典》为广大海军爱好者精彩描绘了历史中发生于海洋上之激烈搏杀，希望启发更多国人关心我国海洋权益之保护。

——指文《军鉴》工作室主编，潘越

目录

德国海军对航空母舰的早期探索

　　1918 年 11 月，德意志第二帝国战败，驻扎在德国基尔港内的德国公海舰队理所当然地被协约国收缴。总数超过 70 艘的大小舰只被押解到英国皇家海军本土舰队驻地——位于苏格兰北部的斯卡帕湾基地。从 1918 年 12 月到 1919 年的 6 月底的整整 6 个月间，这支曾经令世界上最强大的海洋国家都感到如芒在背的庞大舰队，像待宰的羔羊一般，凄惨地漂浮在斯卡帕湾冰冷的海水中。与此同时，旨在抑制德国重新崛起的《凡尔赛条约》也正在紧锣密鼓地制定中。这些熬过了日德兰漫天炮火的军舰，似乎最终也会像那些海外殖民地一样，为战胜国所瓜分。

　　然而，就在《凡尔赛条约》签字前的一周，一件让世界震惊的事发生了。1919 年 6 月 21 日 10 时 20 分，德国被拘留舰队的指挥官鲁伊特从巡洋舰"埃姆登"号上发出了一个简短的信号——"彩虹"。不到两个小时后，斯卡帕湾

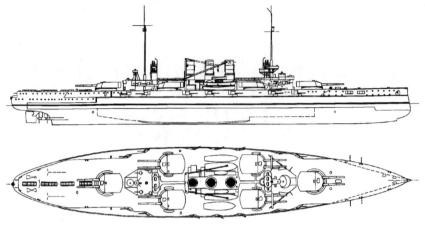

■ "赫尔戈兰"级战列舰。

的平静就被船只沉没时产生的旋涡和水流声所打破。12时16分,"腓特烈大帝"号沉没;12时56分,"阿尔伯特国王"号沉没;13时10分,"毛奇"号沉没;13时15分,"威廉王储"号沉没……到17时,"兴登堡"号战列巡洋舰也坐沉海底。此时除"巴登"号战列舰抢滩搁浅外,其他停泊在斯卡帕湾内的德国大型舰艇全部沉没,它们在苏格兰北部的海底泥泞中找到了自己的归宿,属于战舰的归宿。面对耸立在水中的那片桅杆和烟囱,协约国方面恼怒非凡①。不久,原本允许德国保留的4艘"拿骚"级和4艘"赫尔戈兰"级战列舰(也是德国最初的两级无畏舰)被宣布引渡,用以赔偿斯卡帕湾的损失。这8艘战列舰被德国海军除籍,"拿骚"号最后被赔偿给了日本,剩下的3艘被赔偿给了英国;4艘"赫尔戈兰"级战列舰分别被英、美、日、法四国瓜分。至此,德国海军失去了所有的现代化主力舰。曾经拥有世界上第二强舰队的德国海军,现在变得家徒四壁。

很少有人意识到,这种消沉或许只是一种表象。惨淡经营中的德国海军对航空母舰这一时髦舰种的默默关注,似乎就说明了些什么。当然,要将整件事情弄清楚,恐怕要从第二帝国海军时期德国海军航空力量的建设与发展及"奥索尼亚"号这艘不寻常的军舰说起……

---

① 这一行动现在回顾起来颇为壮烈,但当时却引起了英、法公众舆论极大的愤怒。作为惩罚,德国被要求交出它剩下的主要作战舰只、30万吨的浮船坞以及4.2万吨的挖泥船、拖船、起重船——这实际上是它寂静的港口中的所有船只。

→ 早期德国海军对航空技术的关注 ←

谈到一战结束到二战开始前这段时间乃至二战时期德国海军对航空母舰的关注，就不能不提及第二帝国时期德国海军对航空兵建设的态度。德国海军渴求航空技术的渊源首先在于实施侦察，这点对于各国皆是如此。侦察从纳尔逊[1]时代起就受到了重视，不过肉眼的目视距离是有限的。能见度最佳时，即便在最高的桅顶用性能最好的双筒望远镜观察，视距也不会超过40海里。为了获得关于敌人动向的重要情报，作战指挥部往往会把一批侦察巡洋舰派到巡逻线上进行侦察。侦察巡洋舰彼此间保持目视距离，以便传递信号。无线电的发明虽然减少了对视觉通信的依赖，但仍然存在问题——一艘单独的舰只不可能发现目视距离以外的任何目标。在这种情况下，于19世纪中后期开始兴起的以系留气球为代表的航空技术开始受到了各国海军的关注，"草创"中的德国海军也不例外。受美国内战期间相关技术发展的影响[2]，早在1867年的普法战争前夕，以普鲁士海军为基础的"北德意志联邦海军"就在由阿德尔伯特亲王任主席的海军咨询委员会的资助下，尝试着在巡洋舰上搭载观测用系留气球，并证明了气球观察员能观察到的范围要比舰上的观察员远40千米。

1871年1月18日，在经历了短暂但却具有决定性意义的普法战争后，威廉一世作为德意志帝国的皇帝在凡尔赛登基。北德意志联邦海军也随之改名为"帝国海军"，并由帝国皇帝亲自掌控——德意志第二帝国海军由此诞生。尽管新生的德意志第二帝国海军其地位和作用在此后长达20年的时间里一直

---

[1] 纳尔逊（1758—1805年），英国海军著名将领。1805年10月21日，在直布罗陀海峡附近的特拉法尔加大海战中，打败了法国—西班牙联合舰队，但也在此战中战死。

[2] 在美国南北战争期间，海上载人系留气球再次引起人们的关注。北方联邦军队开始使用气球执行特殊任务。1861年8月3日，约翰·拉·芒廷从由拖船改装的"范妮"号陆军运输船的甲板升空。此外，他还从"亚得里亚海"号汽船上升空，进行了一次飞行。毫无疑问，这些都是关于从舰船上起飞的首批载人气球飞行的记录。1862年，北方联邦军队再次利用气球来指引密西西比河上的舰船进行炮击行动。北方联邦政府气球飞行队曾多次进行气球侦察飞行，并于1861年8月对一艘从华盛顿海军造船厂得到的煤炭驳船进行了改装。这艘改装船被命名为"乔治·华盛顿·帕克·卡斯蒂斯"号，是第一艘为执行空中任务而专门设计的舰船。1863年，它被送回海军造船厂，其所载气球由陆军"五月花"号炮舰进行操纵。

晦暗不明①，但他们对于新技术的追踪却还是充满了热情——德国海军在舰载系留气球方面的技术探索就是如此。

　　同当时包括英国皇家海军在内的其他国家海军所做出的类似尝试相比，德国海军的舰载系留气球技术有其独到之处。当时各国海军试图部署在军舰上的气球大都因为颤动猛烈、摆动过大，使吊舱内的观察员无法站稳，不能有效地完成任务，因而实用性不佳。德国海军的系留气球却独辟蹊径，他们通过使用尾翼结构和通风口解决了气球颤动猛烈、摆动过大的问题，使气球在不良气候条件下仍能保持稳定。此举不仅令观察员欣喜若狂，也在一定程度上显示出德国海军从海军航空技术发展的早期开始，便对航空技术之于海军的重要性有着不俗的认识。随着1897年48岁的海军少将阿尔弗雷德·冯·提尔皮茨就任威廉二世于1892年宣布成立的帝国海军办公室国务秘书一职，情况又发生了变化。在这位铁腕人物用"风险舰队"思想将德国海军杂乱不清的任务和建军方向彻底澄清的同时②，德国海军对航空技术的探索和应用的步伐也愈发大了。不过需要指出的是，如果说在提尔皮茨"掌舵"之前，以观测用舰载系留气球为代表的海军航空技术之于德国海军仅仅是作为一种受法国海军"新学派"影响的"非对称作战手段"而受到关注（所以德国海军一度对其系留气球的技术采取严格保密的措施）的话，那么在提尔皮茨"掌舵"后，德国海军对航空技术的关注重心就完全不同了。

　　事实上，在提尔皮茨的脑海中，未来的帝国海军虽然首先应该是"防御性的"，但它却要使哪怕是最强的海军强国都无法承受对其进攻可能造成的损失。特别是对于奉行"两强战略"的英国，德国舰队必须要强大到即使被击败，也

① 对德国而言，海军自1871年帝国建立后，就被认为是保卫德国国家安全和海外利益的重要组成部分。帝国海军刚诞生就曾远赴海地，粗暴地解决了海地政府与德国的债务纠纷。进入19世纪80年代后，也为帝国获得非洲和太平洋地区的殖民地而四处奔波。尽管德国海军在步兵上将出身的冯·斯托施和骑兵上将出身的冯·卡普里维相继领导期间，完成了由近岸防御向大洋作战和殖民地保护的作战模式的转变，紧随着欧洲海上强国的步伐进入了铁甲舰时代，假想敌也从法国转向了俄国，但在如何建立一支舰队以获取必要的海权这点上，仍然是模糊和未决的。换句话说，此时的德国海军在定位上只是一支从属于德国陆军的次要海岸防御力量，既不能在帝国的外交中起到"大棒"的作用，也不被皇帝或宰相所重视。

② 更重要的是，提尔皮茨利用以前只有陆军首席顾问才有的直接觐见皇帝的特权，迅速地影响了威廉二世，使其头脑中的宏大蓝图得到了皇帝的全力支持。

要让皇家海军付出无法再面对另一个海军强国挑战的惨痛代价。这使得德国海军的主力舰必须达到英国能够投入到舰队决战的主力舰的一半以上，最好是 2 ：3 或者是 10 ：16。换句话说，提尔皮茨赋予德国海军的主要任务是发展进行舰队决战的力量，直接去攻击敌国海权的核心部分——舰队，只要英国的舰队遭受严重损失，那么这个"日不落帝国"庞大殖民地体系的崩溃也就指日可待了！因此，德国海军的建军核心必然是紧盯着英国去建造先进的、昂贵的、复杂的主力舰。你有的，我全都得有[①]！

然而，下定了决心是一回事，怎样将决心付诸实践又是一回事——德国海军要成为英国皇家海军的一支"风险舰队"，绝非轻而易举的事情。英国人对海权怀有的强烈感情，可从 1894 年 12 月成立的海军协会窥见一斑。这个协会成立的目的在于通过"宣传海上霸权对大英帝国至关重要，帝国的贸易、食品供应有赖于此"，实现游说公众和国会提供更多经费建造优良战舰之目的。在英国皇家海军协会成立前的 1889 年 5 月 31 日，也就是在德国宰相俾斯麦去职的前一年，英国正式通过了《海军防御法案》，确立了海军的"两强战略"。该法案使得皇家海军须按照"两强标准"确定规模，也就是说，皇家海军必须维持在足以抵御仅次于它的两个国家舰队联合行动的规模。此后，"两强"一直是英国皇家海军舰队规模的标准。这个"两强"一开始是指法国海军和俄国海军，后来则是指俄国海军和德国海军。

按照海军大臣汉密尔顿的计划，英国规定在 5 年内建造包括 52 艘主力舰在内的至少 70 艘军舰，具体为 10 艘战列舰、42 艘巡洋舰以及 18 艘鱼雷艇，总计拨款 2150 万英镑。整个计划的显著特点就是每年的造舰经费中没有用完的部分，就直接拨入一个专门账户，转入下一年的造舰计划。到 1893 年，海军又获得了 135 万英镑的追加经费用于完成全部造舰计划。到 1894 财年结束，除 5 艘巡洋舰和 4 艘鱼雷艇外，"汉密尔顿计划"中的其余战舰全部建成。

令人感慨的是，"汉密尔顿计划"仅仅是一个开端。1894 年 3 月 8 日，

---

① 德国发展海军的目的是什么？很简单，德国需要一种"公平的和平"，而大舰队是维护和平的必须。正如当年老毛奇对来访的李鸿章一语道破的那样："谓万国公法者，惟小国之事尔。大国之间，唯有实力。"

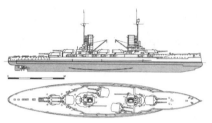

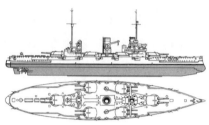

■ 第二帝国时期德国皇家海军"恺撒"级战列舰。　■ 第二帝国时期德国皇家海军"拿骚"级战列舰。

英国内阁又通过了以新任海军大臣斯潘塞命名的"斯潘塞计划"。根据该计划，英国将再建造 7 艘当时新型战列舰、20 艘巡洋舰以及 100 余艘小型舰艇，总投资 3126.3 万英镑。这笔巨款按照当时的汇率，相当于 25 吨黄金或者约 2.1 亿两白银。这个法案当时并非针对排在欧洲末尾的德国海军，而主要是针对有可能挑起殖民地边界纠纷的法国和俄国。这两个国家在 1889—1894 年期间，共建造了 12 艘战列舰，并且在 1894 年又开工建造了 5 艘新战列舰。法、俄的造舰计划迫使 1895 年的英国保守党和工党联合政府再次增加了 5 艘战列舰的造舰计划，并以法、俄两国开工的装备舷侧装甲的大型装甲巡洋舰为对手，于 1897—1898 财年订购了 6 艘造价空前的"克莱西"级装甲巡洋舰。此后的几个财政年度里，英国每年都订购了数目超过对手的装甲巡洋舰。1903 年入役的"德雷克"级装甲舰的排水量仅比同期建造的战列舰小 250 吨！在 1904—1905 财政年度订购的 3 艘"米诺陶"级大型装甲舰，更是达到了装甲巡洋舰竞赛的顶峰：这些排水量高达 14600 吨的超级巡洋舰，最终预示了"战列巡洋舰"时代的到来。而这类军舰的出现，马上就引发了新一轮的造舰竞赛，只不过范围不再限于英国与法、俄两国之间——英国海军庞大的造舰计划开始直指德国海军，德国海军要成为其"风险舰队"的成本在无限地加大中。

不过，在硬币的另一面，英、德之间的造舰竞赛对德国来说，既是繁重的负担，也是巨大的机遇。这其中的原因不难理解——要成为英国皇家海军的"风险舰队"，德国海军并不只有大造特造主力舰这一途可选；凭借技术上的某些不起眼的领先优势，德国海军完全有可能缩小同英国皇家海军在主力舰数量上的差距。事实上，在 19 世纪末 20 世纪初工业革命不断深化的社会背景下，各种如同井喷般出现的先进技术迅速地改变了海军强国之间的实力对比。

■ 第二帝国时期德国皇家海军"巴伐利亚"级战列舰。

以蒸汽机的出现和大规模运用为标志，英国皇家海军自特拉法尔加海战以来所获得的至高无上的海上霸权受到了剧烈的撼动——面对具备后发优势的新兴工业国家（比如德意志第二帝国）的挑战，大批主力战舰很容易在相当短的时间内过时。大规模的建造用于替代老旧舰艇的新型战舰，既要花费天文数字的经费，还可能在几年之内再度过时，皇家海军面对着无法逃避的变革和挑战。

如同罗马人在挑战迦太基的海权时发明了"乌鸦"，从而将罗马军团步兵的格斗优势传递到海上一样，每一次技术进步，都会为后来者超越原有的霸主提供宝贵的机遇。技术进步在不断制造着新的起跑线的同时，也抹平了原有的技术差距和数量优势，降低了挑战原有技术体制下领先者的难度。尽管英国皇家海军有像费希尔这样杰出的将领在不断维持着皇家海军的领先地位，但他们也无奈地发现，欧洲的新兴国家们正在将他们的"后发优势"向各自的海军进行卓有成效的转移，德国就是其中最明显的一个——在他们不声不响地改进主力舰的同时[①]，也企图将日渐完善的航空技术视为某种形式的"乌鸦"加以利用……

---

　①提尔皮茨甚至专门指示造船设计师，德国未来的战舰不要在外观上给人以领先英国的感觉，而是要尽量在不引人注目的地方不计花费地提高军舰的性能。

→ 从"齐柏林"飞艇到 ←
第二帝国皇家海军航空兵

尽管在舰载系留气球技术上一度领先，但出于不难理解的原因，原本对航空技术抱以更大希望的德国海军却在短时间内对舰载系留气球失去了兴趣，而是将目光转向了有动力飞行器。这一时期的舰载系留式气球非常笨重，并且难以操作，特别是在恶劣天气下。气球的重量主要来自于外部蒙皮，蒙皮由棉花制成，并以橡胶填充加固。首批风筝式系留气球只要充600立方米的氢气，即可飞行至800米的高度，但事实上，气球很少会升到500米以上。为了获得飞行高度，就必须降低重量，有些部队会把观测员乘坐的吊篮拆下来，换成"马鞍"式的装置，系在气球上用粗钢缆和地面连接。由于这种装置很不安全，加上连接不稳定，许多登上气球的海军军官都会"晕船"——尽管德式舰载系留气球在稳定性上已经较其他国家出色，但其实用性仍然有限。更何况，作为一种无动力飞行器，舰载系留式气球除了侦察观测外，别无他用，而正在试图"后发制人"的德国海军却很难满足于这一点，他们将兴趣转向有动力飞行器也是很自然的事情了。尽管在20世纪初的1903年，以莱特兄弟的"飞行者一号"为标志，人类实现了将重于空气的有动力载人飞行器送入天空的梦想，但德国海军关注的重点却并不在此。他们关注的是另一种轻于空气的动力飞行器——飞艇。

由于气球是一种十分笨拙的航空装置，它既要系留，又得受风力的摆布，操纵、控制起来十分不便，为了克服这些困难，19世纪的飞行爱好者们做了许多探索和努力。其中之一就是设法为气球提供某种形式的动力，使其能在空中作机动飞行。不过，当时的科学技术水平还无法做到为气球

■ 图为莱特兄弟。1903年12月17日的成功，使他们名留青史。

提供必要的动力来源。与此同时，人们还认识到气囊的形状存在着非常严重的缺陷——球形气囊在空气中的阻力非常大。经逐步改进，球形气囊发展为雪茄形的长形气囊，其机动飞行能力也因此而大大提高，飞艇因此而初具雏形。随着科学技术的进步，蒸汽机、电动机、内燃机等动力装置相继问世，气球的动力来源得到了解决。于是，人们全面展开了对能飞的气球——飞艇的研究。

1852年，法国工程师吉法德在椭圆形的气球下吊装了一台3马力蒸汽发动机和螺旋桨，制成了第一艘软式飞艇。这种软式飞艇的主体是一个软而坚固的袋囊，袋囊依靠充压，压迫气体保持外形。同年9月，吉法德进行了首次试飞并获得成功。其后的多次试验发现，软式飞艇存在不少问题，飞艇的气囊不仅难以保持外形的恒定，而且容易破损。于是，有人想到在气囊内固定一个环形龙骨，并获得成功，这就是半硬式飞艇。后来，德国一名飞行爱好者用木质材料为飞艇气囊制作了一个外部支架，将气囊固定在支架内保持外形，从而制成了硬式飞艇。这项改进不仅彻底解决了保持气囊外形的难题，也利于飞艇的搬运，此后这种结构逐渐成为标准的飞艇样式。1885年年底，德国工程师本茨与戴姆勒联合发明了实用的汽油发动机，使人类拥有了推力更大的动力装置。从此以后，飞行器的发展越来越快。

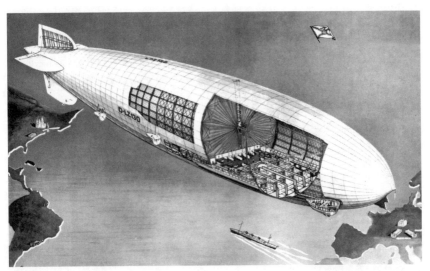

■ 战后的"齐柏林飞艇"最著名的就是"齐柏林伯爵"号。耐人寻味的是，这与纳粹海军首艘航母同名。

■ 德国人对"齐柏林飞艇"抱有一种异乎常情的狂热。

　　1898 年，利用戴姆勒 – 本茨的小型内燃机，德国的斐迪南·冯·齐柏林伯爵首次设计和制造出了实用的硬式飞艇。这种飞艇使用结构完整的骨架来保持气囊的外形，并采用活塞式发动机作动力，因而飞行性能好，装载量大。1900 年，齐柏林伯爵驾驶他那庞大的硬式飞艇成功飞越了腓特列港附近的康斯坦茨湖[①]，引起了轰动，也彻底地征服了德国海军。齐柏林伯爵的巨型硬式飞艇的留空时间长，续航能力强，载弹量大，满足了德国海军对航空技术的一切期盼。从痴迷于海军的德皇威廉二世本人到基层的海军官兵，但凡亲眼看到过"齐柏林飞艇"，就会像被符咒抓住一样，无不倾倒于它的雄伟、奇妙。相比之下，稍后出现的重于空气的飞行器在德国海军眼中则只是一个丑陋的新生儿——巨型硬式飞艇可轻而易举地搭载数吨物品，如同巨龙一般高傲地雄踞天空；而飞机这类重于空气的飞行器，一开始在德国海军眼里，只是些不起眼的、无害的小哺乳兽，除了当猎奇性的玩具外，实在看不出有什么明显的

---

　　① 这艘飞艇是在康斯坦茨湖上漂浮的一个机棚里制造的。飞艇上有 1 个用金属丝缠着的铝壳，铝壳外面裹着装有 16 个氢气囊的棉布。两台 16 马力的发动机使飞艇的航行速度达到了每小时 14 英里。

军用价值，即便是适合军舰搭载的水上飞机出现后，情况也没有太大的改观①。

也正因如此，在英、德海军竞赛的大背景下，一战前德国海军对航空技术的热情依然旺盛，投入也是巨大的。他们始终把重心放在如何组建起一支由巨型"齐柏林飞艇"构成的空中舰队上，这支空中舰队的飞艇指挥、人员配置都是围绕着如何配合公海舰队主力展开的。从伴随主力舰队执行战术、战役侦察任务，到独立执行战略侦察和轰炸任务，齐柏林伯爵的巨型硬式飞艇被德国海军视为一种万能的"空中主力舰"。而这支由巨型飞艇构成的空中分舰队，则被视为能够独当一面的战役力量，与主力舰分舰队的地位至少平级，甚至更高②。与之形成对比的是德国海军对购买和装备飞机的态度，与浩荡雄伟的"齐柏林飞艇"海军空中分舰队相比，一战前夕德国海军在固定翼飞机方面的投入相当有限③，所取得的成就简直不值一提。除了于1914年1月建立了海军部航空局这样一个低级别的空壳机构外，无论是人员，还是装备，在质量和数量上都只能用"寒酸"来形容。换句话说，除了将巨型硬式飞艇视为另一种形式的空中战列舰外，德皇及其海军高级幕僚对海军航空技术的关注也就仅限于此了。

事实上，固定翼飞机特别是适合海军使用的水上飞机，它们在战前简直就是德国海军的弃儿，被认为毫无用武之地。水上飞机即使不被视作玩具，也会被认为只是一种用于装点门面的运动型飞机，不值得为其投入人力、物力和财力。更可笑的是，由于经济原因，德国海军部（Reichs Marine Amt）在一战前夕只是设法将现役的陆基飞机安装上浮筒，以便象征性地建立起一支水上飞机力量（这样的一支海军航空力量其成色是可想而知的）。除"齐柏林飞艇"

---

① 世界上第一架浮筒式水上飞机是法国人亨利·法布尔发明的，这架水上飞机可以完全凭借自己的动力系统在水面完成起飞和降落的任务。法布尔出身于船舶建造世家，是造船坊主的后代，从小就对机械建造工程学感兴趣。得知莱特兄弟成功研制飞机的事迹后，他的梦想就开始飞翔，决定追随他们的脚步。1907-1909年，他进行了大量的飞机理论基础研究。1910年3月28日，法布尔驾驶着自己制造的世界上第一架浮筒式水上飞机，成功地在马赛特附近的马尔提格水面起飞。他也是世界上第一个研制成功并驾驶水上飞机从水面起飞、降落的飞行员。

② 每一艘"齐柏林飞艇"的造价都相当于一艘主力舰，或是相当于陆军一个步兵师的全套装备。

③ 到第一次世界大战爆发前夕，第一架重于空气的飞行器成功飞行仅有11年。飞机的性能虽比诞生之初有了很大改进，但还存在许多弱点：载重量、飞行速度、航程还很小，操作、安全性能也较差；气候往往对飞行有着决定性的影响。尤其重要的是，德国海军中的很多军官还不具备洞察飞机在未来战争中作用的战略眼光，他们赋予飞机的主要任务也仅仅局限于战术性的侦察、搜索。作为军官团目光短浅的结果，一战之前的德国海军没有在组织工作方面为建立海军航空兵奠定更为必要的基础。

外，所有基于固定翼飞机构成的海军航空力量都被整合在海军航空局（Marine Flieger Abteilung）的统一指挥下，向德国海军部负责，其指挥部位于但泽附近的普特齐格。除了驻扎在普特齐格的航空站（Flugstation）之外，位于基尔、赫尔戈兰和威廉港的水上飞机基地也都归属海军飞行局管辖，对外统称为"德国皇家海军航空勤务队"；其全部人员在战前约为200人，因此只有普特齐格和基尔的编制是满员的；赫尔戈兰和基尔港的水上飞机基地只有在舰队机动时才会进驻并加以运转。值得一提的是，海军航空局此时大约有20名飞行员，都是年轻的海军军官，他们在战前接受了完整的训练，却没有一个观测员——当时德国海军认为可以临时从舰队中抽调年轻军官上机担任观测员的职责，而不需要特别训练。德国海军对这个领域的浅陋认识由此可见一斑。

另一个说明德国海军部航空局地位低下的例子，则是其首任指挥官约翰内斯·莫尔仅仅是一名海军上尉（kapitanleutnant zur）[1]——这样一个军衔足以说明海军航空局和固定翼飞机（水上飞机）部队在德国海军高层心目中的地位了（相比之下，德国海军飞艇部队的指挥官彼得·施特拉塞则是一名上校）。事实上，由于飞机是一种新出现的武器，德海军高层大多对此持怀疑态度[2]。中级军官不具备飞行资格和管理飞行部队的经验，因此，当时唯一可行的办法就是将担任航空勤务的低级军官提升至一个相当高的指挥岗位（也正因如此，一个上尉才能成为一个兵种的指挥官），但这样做又引出了许多新矛盾。尽管这些初级军官了解航空部队，也具备一定的实践经验，但他们既没有接受过与其职务相称的指挥军官养成教育，又缺乏理直气壮地同那些级别更高的其他兵种的指挥官打交道的权威，这对德国海军航空兵建设造成了一定的负面影响。不过，同时也应看到，当时并不只有德国海军航空兵面临这样的困境，英、法、俄国海军中的航空部队也为类似的事情所困扰……

---

[1] 作为德国海军部航空局首任指挥官，德国海军上尉约翰内斯·莫尔也是德国航空运输协会（DLV）最早的一批海军籍会员之一，会员证号码699，颁发日期1914年3月20日。

[2] 在当时的军事圈内，科技正以令人目眩的速度发展着，对这种技术变化的适应就足以占据大多数海军军官的时间。同其他主要海军国家一样，当时统帅德国皇家海军的将领大都是在19世纪80年代入伍的。他们思维中的传统和技术，更接近纳尔逊时代，而不是20世纪。因为巨型飞艇与水面大型舰艇的某种相似性，他们还能勉强接受，但飞机这种新生事物已经完全超出他们所能理解的范围了。总之，在思维上习惯于依靠大型军舰进行战列式作战的德国海军高层，当时还看不到有什么必不可少的任务可以交给固定翼飞机——即便是侦察这一用途，在当时看来，也似乎是巨型的"齐柏林硬式飞艇"更能胜任。

在这样黯淡的背景下，莫尔曾不无悲哀地在日记中写道："在战争的第一周里，只有6架赫尔戈兰基地的飞机协同公海舰队行动，只有3架飞机可以在波罗的海附近执行侦察任务。"显然，如果要将水上飞机部队发展成德军海军中的重要组成部分，就必须克服极其巨大的内部阻力（当时德国海军对固定翼飞机的全部投资，甚至还不到一艘"齐柏林飞艇"的一半）。

尽管在强大的"齐柏林"空中舰队的映衬下，德国海军航空局显得那么的微不足道，但这支力量还是在1914年7月28日爆发的战争伊始便崭露了头角。当战争"意外"又毫不意外地爆发后[1]，为了巩固德国海军在英、德之间的北海地区的航空力量，德国海军航空局又在除赫尔戈兰基地以外的最远端、位于弗里西亚海岸附近的岛屿上紧急组建了另外两个航空基地：主要的基地位于博尔库姆，组建于1914年8月1日，指挥官为奥托·伯特莱姆上尉[2]；另外一个辅助基地位于诺德奈，组建于8月29日，指挥官为莱因霍尔德·欧特中尉[3]。

最初，德国海军赋予北海沿岸航空基地的任务是利用其有限的力量侦察和攻击英国潜艇，但很快德国人便发现这些基地的作用不止于此。1914年8月28日，8艘英国巡洋舰袭击了赫尔戈兰湾。在这一过程中，驻扎在当地的德国海军飞机首次对英舰进行了骚扰式的"攻击"。由于当天气候恶劣，能见度极低，德军的飞机只能在20米的高度下飞行，未对英国舰只造成伤害，但固定翼飞机之于海军的价值还是引起了德国海军高层的注意。德国海军高层由此意识到，他们缺乏足够数量的飞机来应付英国皇家海军带来的威胁，且现有的航空兵部队也存在着联络不畅、协调不力的问题。作为对1914年8月28日一战的反应，德国海军试图通过在北海部署新的航空站和扩大现有固定翼飞机机队（既包括陆基固定翼飞机，也包括水上飞机）的规模来解决。不过由于缺乏机载无线电设备，在组织形式上也缺乏实用性，在战争初期，德国海军航空局领导的航空力量始终无法及时地获得相关海域敌军活动的情报，也无法根据敌军动向作出及时的协同反应，作战效能受到了极大的限制。

---

① 德国的崛起让英国人认为：为了英国的安全，德国舰队应该被消灭，德国人也感到他们正处在刺刀的包围之中。忧虑、猜疑和恐惧的心理在舆论上产生了威胁和反威胁的恶性循环，最终导致了恶果。
② 奥托·伯特莱姆于1911年10月9日成为德国航空运输协会会员，会员证号123。
③ 莱因霍尔德·欧特在11个月前刚刚成为德国航空运输协会会员，会员证号543。

这一切可以从战争初期德国人在北海地区遭受的一系列空中袭击中窥见端倪：1914年9月22日，皇家海军航空勤务队的飞机对位于杜塞尔多夫和科隆的飞艇机库进行了空袭；10月8日，英国海军航空兵再次对杜塞尔多夫进行了空袭，炸毁了"齐柏林"Z9号飞艇；11月21日，英国海军航空兵从法国贝尔福起飞，4架"阿弗罗"504式飞机飞行120英里，空袭了位于腓特烈港的飞艇机库，造成了多处损伤……

显然，在战争一开始，敌我双方对航空力量的使用就超出了德国海军的预期——在被寄予重望的"齐柏林飞艇"舰队发挥威力之前，英国飞机就以欧洲大陆上的奥斯坦德和敦刻尔克为基地主动发起攻击了，而德国水上飞机在赫尔戈兰湾的"反击"也令人印象深刻。此时，作为后来德国陆军空中力量前身的"奥斯坦德信鸽队"还未形成气候，这样的局面对德国海军航空局来说不失为一个机会——英国飞机仍然对德国构成威胁，在这个时候说服高层加大对固定翼飞机机队的投入无疑十分有利，此举既有助于增强海军的威望，也有利于与陆军争夺有限的战争资源。于是，在1914年年底，德国海军航空局这样一个空壳机构被迅速地充填起来，开始向一支真正意义上的海军航空兵部队发展。1914年12月4日，为第1前线海军航空站准备的人员和物资从威廉港起程。这个前线航空站最初只有3名飞行军官、1名士官、55名士兵和2架安装了120马力发动机的采埃孚FF29式水上飞机（编号203和204）。两天以后，他们抵达了目的地——泽布吕赫附近、比利时北海海岸的一处荒凉的防波堤。防波堤附近的火车站走廊马上被改装成了水上飞机机库：一堵墙拆掉了，被换成了一扇巨大的滑动门。军官们居住在泽布吕赫防波堤脚下的一座豪华旅馆里，机械师的兵营也被安置在附近的房子里。在冯·伯恩哈德·奇尔施基·翁德伯格多夫上尉的指挥下，这个前线航空站的水上飞机主要负责在海峡地区进行侦察，同时也对英国、法国和荷兰的海岸进行侦察，并和该地区的德国飞机以及水面舰艇、海岸炮兵配合行动。事实上，虽然英国、法国、俄国（俄国使用的飞机主要是法国制造的）都是使用水上飞机的先驱，但德国凭借着其率先组建水上飞机基地的优势，还是获得了战术使用和组织框架上的某种领先地位。随着战时飞机产量的提高、受训海军飞行员和观测员数量的迅速增长，德国海军航空兵部队很快便成了战场上一支不可小视的力量。

更具进步意义的是，德国海军航空局除设置了水上飞机的前线航空站外，还获准组建装备了陆基飞机的前线部队。德国海军此时发现，水上飞机在使用方式上的优势只存在于纸面，与笨拙的水上飞机相比，没有浮桶的陆基飞机性能更佳。

陆基海军航空兵第 1 飞行队于 1914 年 11 月开始组建，12 月 20 日离开弗兰德斯，在第一站到达斯内斯科拉克之后，抵达玛利亚科拉克。1915 年 2 月 20 日，陆基海军航空兵第 1 飞行队与第 2 海军航空兵飞行队合并，主要部署在北海沿岸。实力得到充实的德国海军航空兵部队开始成为协约国的心腹大患，用一连串成功的空袭说明了他们存在的意义。1914 年 12 月 21 日，一架德国海军飞机首次出现在多佛上空，将 2 枚炸弹投掷在金钟码头附近，之后就飞走了。在光顾多佛三天以后，又一架德国海军飞机在高空投下了 1 枚炸弹，落在一座城堡附近，震碎了城堡里的一些玻璃。德国海军飞机主要对多佛附近的英国舰船实施攻击，但 9 月 13 日，一架水上飞机出现在更远的克里夫顿维尔上空，并投掷了 10 枚炸弹，当场炸死 2 名平民，炸伤 4 人。在 1914 年圣诞节这天，德国海军的水上飞机飞临泰晤士河畔、伦敦郊外的伊利斯，并投下了 2 枚炸弹，虽然没对附近的火车站造成什么损害，但却摆脱了英国高射炮以及 3 架英国飞机的追击，全身而退。

以泽布吕赫为基地的德国海军飞机在 1915 年 2 月 21 日昼间，对布伦特里、科吉舍尔和埃塞克斯郡的科尔切斯特发动了空袭。5 天以后，又有 3 架水上飞机光临英国。2 架攻击了科尔多巴，未获成功，另外一架未能返回泽布吕赫。第二天，位于洛斯托夫特瓷的拖船码头上出现了 2 名德国飞行员，他们是 S. 斯蒂芬·普兰日涅斯基上尉和海军候补士官海恩。他们的座机在海上迫降，被迫在飞机残骸中栖身了整整一晚，以躲避汹涌的海水和暴风雪。3 月 20 日，英国上空又出现了 4 架德国海军飞机，尽管德机在一艘轮船附近投掷了数枚炸弹，但损伤甚微。有一架飞机于 4 月 16 日飞抵金斯当，将炸弹投掷在开阔地上，这一次也没造成什么大的损失。

在德国海军航空兵活跃于前线的同时，泽布吕赫前线海军航空站也得到了进一步的发展。很多基础设施得到了改善，其中就包括在利萨韦赫附近的一座大型修理车间，此举大大增强了北海地区德国海军航空兵部队的持续作战能力和出动强度。①至此，德国海军总算是初步拥有了一支组织健全、具有独立执行战役任务潜力的海军航空兵部队。

➙ 第二帝国皇家海军航空兵的发展壮大 ⇐

如果说一战的地面战场充满了血腥和泥泞，那么一战的海空战场则充满了讽刺和戏剧性——这种讽刺和戏剧性在德国海军航空兵的命运曲线上表现得尤为鲜明。到第一次世界大战爆发时，德国已拥有一支世界上规模最大的航空部队。这支空中力量由帝国陆军航空勤务队（即奥斯坦德信鸽队）和帝国海军航空勤务队两部分组成，分别从属于陆军和海军，遂行陆上侦察、情报收集以及海上搜索、救援任务。不过，德国海军组建这类航空部队的重点并没有放在飞机上，而是放在了"齐柏林"飞艇上，他们指望用这些庞大的飞艇来进行战术、战略侦察，伴随主力舰队出击，实施战略轰炸。可惜的是，尽管被视作公海舰队主力的一部分，德国海军那支由巨型"齐柏林"式飞艇构成的空中分舰队在战争中的表现却日渐令人失望。

1915年1月19日，德国海军上尉林纳茨艇长驾驶"齐柏林"飞艇首次飞临英国上空，仅从飞艇上投下一些传单，上面写着："你们英国人：我们已经来过，而且还会再来，不投降就是死"，传单署名"德国人"。5月30日，林纳茨驾驶海军的"齐柏林"式飞艇再次飞临伦敦上空，他随手操起吊舱里的炸弹，故意向人群密集的地方投去，造成7人死亡、30多人受伤。这一次空袭引起了日后被称为"齐柏林大恐慌"的一系列反应，为此德国海军也一度洋洋自得，但随后的空袭效果却远不理想——尽管双方的人民都并不知情。到1916年10月，德国最高统帅部认识到，由陆海军主导的"飞艇战略空袭"

---

① 德国海军航空局总工程师施泰因于1915年5月15日受命负责这一车间的建设工作。此后，德国人将一所学校改建成了一流的支援维修机构，可以将铁路运来的部件组装出新的飞机，也可以翻修和修理基地现有的水上飞机。

■ 战前，德国海军曾经设想"齐柏林"飞艇空中分舰队能与主力舰队一同行动。然而在日德兰海战中，这个想法完全落了空。

计划已经破产了。在 18 个月中，"齐柏林"式飞艇只进行了 51 次袭击，投下了 196 吨炸弹，炸死了 557 人，伤了近 1360 人，估计有 80 艘昂贵的陆海军飞艇被毁于协约国的炮火和暴风——在人力和物力都严重缺乏的战争时期，付出这样巨大的代价却只取得了如此可怜的战果，显然是不可接受的。同时，将巨型飞艇与主力舰队结合在一起的行动也宣告失败。在参加战列舰队的作战时，飞艇所起的作用微不足道，也令人失望。在日德兰海战中，5 艘德国飞艇因为雾太大和基地上空的云层太低而被撤回。出于类似的原因，英国海军的一艘硬式飞艇也同样没能观测到德国和英国舰队。双方的司令官都是从传统的侦察渠道——轻型巡洋舰那里获取类似情报的。此消彼长之下，装备固定翼飞机的海军航空兵部队却日益受到重视。到 1917 年年初，德国海军对于飞艇和固定翼飞机的看法已经与战前大相径庭①。

---

① 德国海军在战前认为，"齐柏林"飞艇是他们手中的一门终极武器，飞艇一出无往不胜，无坚不摧。除了海面侦察和轰炸敌舰外，实施对英国本土的战略轰炸更被认为是这支空中战列舰分队的"本分"。从 1915 年到 1916 年年底，这些飞艇通常在傍晚从德国本土的库克斯港、科隆和杜塞尔多夫等处的基地起飞，在华灯初上的时候到达英国上空。"灯火管制"一词当时还未出现，英国城市的路灯和房屋里面透出来的灯火是它们最好的路标。扔下搭载的危险货物之后，它们掉头东飞，于第二天黎明之前返回德国。可惜随着战争的发展，飞艇本身体积大、行动迟缓和易受天气影响等弱点逐一暴露。加上战斗机参与拦截，使飞艇的轰炸任务越来越难以执行，损失日益增多。

　　当然，德国海军航空兵之所以能够打一个漂亮的"翻身仗"，并不仅仅是因为"齐柏林"飞艇在海军高层中的"失势"。海军航空兵部队自身不俗的战绩，官兵的英勇、果敢、主动性以及大无畏的牺牲精神，才是其地位受到认可的最重要的原因。比如，德国海军航空兵部队在空袭英国期间遭到了敌军的顽强抵抗，蒙受了相当大的损失，但他们的表现却获得了对手的尊重。

　　为了应对德国水上飞机在 1916 年 1 月和 2 月间对肯特沿岸的空袭，英国皇家海军航空兵在多佛组建了第 5 联队，指挥官是 D.A. 格雷少校（squadron-commander）。这支部队在 3 月初被调到了敦刻尔克附近的康德科拉克飞机场，承担位于奥斯坦德和布鲁日之间的德军豪塔弗机场以及泽布吕赫水上飞机基地空袭的任务。1916 年 3 月 19 日下午，德军的 16 架水上飞机对多佛、拉姆斯盖特、迪尔和马盖特展开空袭，英国皇家飞行队的官方报告中这样写道："中尉柯利斯和上尉埃默里驾机在海峡上空 8000 英尺时，发现了一架敌机……航向指向迪尔。他们驾机截住了敌军返航的航向。柯利斯中尉占据了 8000 英尺的高空，敌机在 4000 英尺的高度。他关小发动机节流阀一直接近到 150 码时，观测员立即操纵机枪开火。敌机并未还击，而且也没有做任何机动动作试图摆脱。英国飞行员看到敌机向右剧烈倾斜，发动机拖着不规则的浓烟坠入海中。"德军方面的作战日志则记载了汉斯·罗尔斯霍文海军少尉和冯·弗兰肯堡驾驶的 537 号采埃孚 FE33F 式飞机被击伤迫降，但后来他们设法重新启动发动机并返回了泽布吕赫，在下一次任务中他们驾驶的甚至就是同一架飞机。英军记录的另外一个战果就紧接在这段文字后边："海军中校 R.J. 伯恩驾机从韦斯特盖特水上飞机基地起飞，驾驶他的纽波特侦察机追逐一架水上飞机，并将其击落在古德温的雷场上空。"在这次战斗中，参战的德国水上飞机的型号包括"采埃孚"FF33Bs 式、Es 式、Fs 式、"汉莎－勃兰登堡"NW 式，以及更大、更重的"哥塔"UWD 式。

　　如此多的型号足以说明此时德国海军航空兵的实力已经与战前不可同日而语，但真正值得注意的则是此战中时任德国海军"弗兰德斯"第 1 水上飞机基地的最高指挥官——冯·伯恩哈德·奇尔施基·翁德伯格多夫上尉的亲自上阵。作为冯·伯恩哈德·奇尔施基·翁德伯格多夫上尉座机当时的机组成员，521 号"汉萨－勃兰登堡"NW 式飞机的观测员普兰日涅斯基中士是这样描绘那次战斗的："……在返航的过程中，距离内陆还有 10 公里远的地方，我们遭到了敌人从后方发起的攻击，一架小巧机敏的英国陆基单座战斗机从太阳的方向向我们袭来，敌机接近到 20 米的距离上才朝我们开火，使我们大吃一惊。我们的座机遭到了一阵猛烈地射击。散热器管线被打掉了，发动机汽缸上的气门摇臂被打坏了。冯·奇尔施基上尉的肩膀也被打中，头部被擦伤，因此无法使用毛瑟步枪射击（当时水上飞机还没有装备机枪）……奇尔施基上尉驾驶着巨大的水上飞机返航，并焦虑地注意到一个浮筒被子弹打坏了。发动机开始停转，散射器里边喷出的热水喷到了飞行员脸上，并且扰乱了他的视线。他驾驶着巨大的双座飞机飞得越来越低，为了摆脱追击者，他在迪尔上空擦着屋顶一路低飞。英国海军中校伯恩则驾机在后边一直紧追不舍。在距离海岸还有 5 公里的地方，奇尔施基上尉钻进了一团浓雾中，摆脱了纽波特的追击——但他不知道此时他已经进入了雷场。被打坏的浮筒很快触到了水面，接着水上飞机的下机翼也触到了水面。不过飞机还漂在水面上，奇尔施基上尉不顾大腿和手上的伤势，一边驾机滑行，一边设法修复散热器（用海水灌进去充当冷却液）……"幸运的是，尽管发动机还是在不久后彻底停了摆，但他们却在雾中奇迹般地搭上了一艘船……冯·奇尔施基上尉后来回忆道："我们出击时飞了 2 个小时，返航花了 7 个小时。在基地里当时已经没有人对我们能够安然回归抱有希望。"事实上，德国海军航空兵的发展离不开全体官兵的参与，基地或是前线航空队指挥官亲自上阵的事情比比皆是。比如，赫尔戈兰基地指挥管冯·阿诺德·德·拉佩里耶尔中尉也亲自参加飞行作战任务——但他的运气显然欠佳，1916 年 12 月 17 日，他和他的观测员维尔绍海军少尉驾驶一架编号为 473 的"采埃孚"FF 33E 式飞机在纽波特附近迫降，两人均被法军俘虏[①]。

另一个说明德国海军航空兵在战争中地位不断提升的例子，或许是德国海军中第一枚"蓝色马克斯"勋章的获得者、绰号为"短剑"的德国海军王牌飞行员——弗里德里希·克里斯蒂安森上尉的故事。弗里德里希·克里斯蒂

---

① 瓦尔特·法倍尔上尉成了冯·阿诺德·德·拉佩里耶尔中尉的继任者，前者也是一名战前的老资格飞行员，DLV 会员编号 390，颁发日期 1913 年 5 月 5 日。

安森上尉在加入海军飞行部队时，就已经不是一个年轻人了。他于 1879 年 12 月 12 日出生在北海的弗尔岛上，早年便继承家业在商船队工作。1902 年，服完兵役的他又回到了海上。1914 年春，克里斯蒂安森参观了在汉堡举行的一个航空展览会，突发奇想之下，决定学习飞行，并于 1914 年 3 月 27 日通过了飞行员资格考试，获得了第 707 号 DLV 证书。此后的整个夏天，克里斯蒂安森都一直在参加飞行比赛。在战争爆发的时候，他第二次应征入伍，先是直接被派到了海军赫尔戈兰航空站，随后又被派到舒尔特岛的水上飞机基地，并很快在战斗中表现出卓越的勇气、胆量和领导能力，并以一连串传奇性的经历闻名于整个海军。在 1915 年 11 月的一次侦察飞行中，克里斯蒂安森和他的观测员、机械师由于高空飞行的时间太长，被一场突如其来的北海风暴吹离了泽布吕赫，他们最终在水面降落，在汹涌的海浪和暗夜中熬了 9 个小时。在他们试图慢慢修好受损的水上飞机、重返基地时，德国海军的 UB10 号潜艇在附近浮出了水面，艇长安贝尔格中尉"邀请"克里斯蒂安森随他一同返回。在另一次为拦截突袭泽布吕赫的英军驱逐舰海军岸防炮兵校射而执行的低空飞行任务中，克里斯蒂安森和埃克斯纳候补军士因发动机故障在开阔的海面上迫降，随后他们被附近出现的 UB1 号潜艇搭救。在将水上飞机炸毁后，克里斯蒂安森带着机组人员安全返航。在 1916 年 6 月 5 日，克里斯蒂安森又参加了发生在奥斯坦德和泰晤士河口之间的海空战斗，德军 S20 号鱼雷艇在战斗中受到了重创。海军飞行员在其附近降落，从海里救起了 3 名幸存的潜艇官兵：其中一人和观测员挤在座舱里，另外两人被安置在飞机的浮筒上栖身，飞机随后迎风起飞。接下来的这个场景却深深刺痛了克里斯蒂安森的心，他回忆道："就在我们设法把两个人安置在浮筒上的时候，有 20 多个人向我们游了过来，希望在风浪中颠簸的水上飞机等等他们，但是我们无法把他们都带走，我们能做的只是把救上来的 3 个人尽快送回去。现在我们的飞机已经超载了，机枪、弹药、100 公升汽油和其他装备都被我们扔掉了，但发动机还是无法启动。而周围的许多落水者已经搭住了飞机浮筒，逼迫这些人放手等于残忍地宣判他们死刑。这不是一个简单的决定，但必须要做！发动机最终还是启动了。在起飞过程中，这些可怜的战友只能面临死亡，其中的一个人还死死地抓住了飞机浮筒的下缘，但尽管如此，我们还是起飞了——毫无武装、超载而且在敌人面前毫无还手之力。我们的决定可能会决定所有幸存者的命运，起飞时的场景和丢弃无助的战友的感觉十分可怕，让我至今难以忘却，耳边是60多名不幸落水者尖利、嘶哑的哭嚎声。这些被我们抛弃的人只能把希望寄托在其他飞机身上……'你们这些长翅膀的狗，丢下我们，把我们扔在这里回去喝酒！'这是在我们起飞时仍然充斥在耳边的谩骂。"在驾机迅速返回泽布吕赫以后，克里斯蒂安森亲自带领12架水上飞机和4艘鱼雷艇在夜间出动，去白天的战场上搜寻幸存的落水者。在经过两个半小时的搜索以后，他们找到了25名幸存者和38具尸体。

奥斯坦德和泰晤士河口之间的海空战斗结束后，克里斯蒂安森不但获得了救生勋章（这是为了表彰他在危险的局势下所表现出来的无私奉献的精神），还与几位同僚被一起晋升为特殊的海军少尉，进入了军官的行列。之所以被称为"特殊的海军少尉"，是因为克里斯蒂安森及其同僚是唯——群佩戴短剑（起源于沙俄的海军军官）的人，而其他所有的德国海军军官（包括海军炮兵、医疗兵、工程兵和海军步兵）都佩戴着长剑。换句话说，克里斯蒂安森这类海军航空军官在当时的德意志第二帝国皇家海军中是一群被边缘化的人，并不被正统的海军军官团所接纳。不过，不管怎样，"短剑"很快成了克里斯蒂安森的荣誉性称号，既代表着他出众的领导能力和成功，也代表着德国海军航空兵的光荣。这种光荣随着1917年12月12日克里斯蒂安森在被授予"蓝色马克斯"勋章的同时晋升为上尉而达到了顶峰——德国海军航空兵的地位总算得到了一种荣誉性的认可。

此时，德国海军航空局的作战力量主要由两部分构成，即水上飞机部队和陆基航空兵部队，两者对外被合称为"海军航空勤务队"；前者主要集中在泽布吕赫和奥斯坦德基地；后者则包括海军侦察飞行队、几个海军战斗机中队和驻扎在豪塔弗、尼乌明斯特、厄伊特凯尔克、斯塔尔希勒等地区的海岸航空防御中队，以及经常在第4集团军防区内、行动区域靠近弗兰德斯北部的其他海军飞行分队。随着德国海军航空兵的力量不断壮大，德国海军飞机在战场上也变得日渐活跃起来，其职能和任务范围也在不断拓展。泽布吕赫水上飞机基地负责的广阔水域被称为"霍夫登"（Hoofden），这片广阔的海域包括从荷兰海岸的席凡宁根穿过英吉利海峡到雅茅斯，再从英国海岸的泰晤士河口回到泽布吕赫的这一大片区域。而奥斯坦德的水上飞机基地则负责从泰晤士河口的玛格丽特到海峡这边的奥斯坦德之间的水域[①]。这两个基地也负责该区域德国海军的水上交通、潜艇、栅栏防御网、雷场、导航浮标等等设施，同时还要及时报告敌人驱逐舰、扫雷舰和潜艇位置的变化。当然，他们也攻击敌人偷越封锁线的舰只和飞机。

为此，德国海军航空兵集中了3支海军陆基战斗机中队和分属两个水上飞机基地的6支水上飞机中队，在北海局部形成了一支相当强大的航空作战力量，并且在实战中积累起了一笔宝贵的经验[②]。对此，曾服役于奥斯坦德基地的德国海军飞行员回忆道："……对付在我们战区内活动的敌人水上飞机部队要相对容易一些，我们装备的'汉莎－勃兰登堡'式飞机比英国的水上飞机速度更快，机动性和武器也更好……而且由于我们驾驶的双发飞机外形也更庞大，在遭到英军或法军陆基战斗机伏击时，也有诸多便利。我们做好的防御手段是紧密编队，靠近水面飞行。我们的双座侦查机上装备有观测员操纵的环向射击机枪，因此可以利用5架飞机编队组成联合防御火力，足以击退任何敌人的袭击……一般来说，中队会以楔形编队飞行，中队指挥官会驾驶先导飞机，在他后方和右侧是负责照相的军官和副中队长的座机。在遭到敌机自上方和后方发起的攻击时，我机编队会降低高度，形成一个倾斜的'V'字形，所有的机枪火力都会获得极为宽广的射界。遭遇到这种编队的敌机战斗机飞行员将会得到一次难忘的教训——我们的机群在低空滑行，这样在面对传统的来自后上方的攻击时，能够获得有利的视野和最能发挥火力的机会。这也就解释了为什么敌军难以对我们的水上飞机造成重创……"

---

① 事实上，弗兰德斯海岸附近的作战是1916-1917年德国海军航空兵活动的"焦点"，交战双方都试图在这里加强对水上交通线的控制。至于泽布吕赫，由于是德国潜艇从布鲁日的港口沿运河出动的起点，所以也是英国人的重点目标。

② 海军陆基战斗机中队的任务是将协约国的飞机赶走，而水上飞机部队则负责清除近海水域的威胁，不管这种威胁来自于水上还是水下。

⇥ 攻舰！真正的"海军行动" ⇤

对于一战中的德国海军而言，海军航空兵及其装备的固定翼飞机的地位和作用是在战争中不断得到深化和认可的——当战争进行到1916–1917年的时候，德国海军航空兵的作战使命已经由侦察、巡逻和"袭扰"，开始向真正意义上的海军军事行动方向拓展，德国海军航空兵在波罗的海战区成功实施的反舰作战就表明了这一点。在波罗的海地区，德国海军部队发现沙俄海军的战斗力比英国、法国海军要弱得多，他们所面临的最大敌人是恶劣的自然条件——这点对于德国海军航空兵部队尤甚，但只要克服了这个问题，在相对宽松的战场环境中，倒是很容易激起某种"创造性"。

联邦德国空军退役总工程师沃尔夫勒姆·艾森洛尔少将在一战期间是一名海军航空兵飞行员，德国海军航空兵首个成功的攻舰战例便是由他创造的。1917年5月，他被派到了位于东普鲁士北方海岸（今天的拉脱维亚城市文茨皮尔斯附近）的温道海军航空兵基地，该基地的水上飞机中队负责对里加湾内以及周围（特别是萨马列岛、穆胡岛和希乌马岛海岸附近）进行侦查和照相。由于德军计划中的攻势指向瑞威尔（即今爱沙尼亚首都塔林）和彼得堡（1924年称"列宁格勒"，1991年恢复原名为"圣彼得堡"），所以温道的水上飞机基地①特别部署了3架大型双发"采埃孚"FF41A式水上飞机，用以完成前述和该地域的其他作战行动。沃尔夫勒姆·艾森洛尔回忆道："……我们当时仍然要用随身携带的信鸽向基地报告。飞机上还没有无线电，我们要携带一个装有信鸽的小笼子。一旦有重要的情报要传递，我就会找一张纸片写在上边然后塞进一支小金属筒里，绑在鸽子的腿上，鸽子会被放出飞机。信鸽飞得非常快，很快就会回到母港，实际上大多数信鸽都能顺利到达目的地。当时我是部队里的信鸽管理军官，那些无法胜任工作的信鸽命运十分悲惨：它们会到厨房的锅里"旅行"……我们日常飞行1或2个小时，主要取决于天气条件。进行侦察飞行的时候需要良好的能见度，进行轰炸作战的时候可以忍受相对恶劣一些的

---

① 一个理想的水上飞机基地应该有一片相对平静的海面作为入口，供飞机起飞、降落使用。温道就位于波罗的海岸边的温道河河口附近。

天气。当然，在我们不得不在开阔海面上起降的时候，海况也是一个必须要考虑的问题。我曾经驾驶过的双座'采埃孚'式侦察机可以忍受3级和4级海况，相对较小的水上飞机能够忍受更恶劣的海况。尽管如此，对我们来说，太恶劣的海况是非常危险的，在这样的条件下起飞或者降落都有可能损坏浮筒，而且飞机会因此而倾覆……除了枯燥的侦察和巡逻外，我们当时也渴望找点别的什么'刺激'，比如假想中的对舰轰炸就是其中之一。在对舰轰炸模拟训练中，我们通常会在2000～3000米的高度飞行——这一点与布雷飞行完全不同……在敷设水雷的时候，我们要掠过水面飞行，高度可能是6～8米左右。为了保持在水面上空的低空飞行，我们要使用一种拖曳式天线。当天线的一端接触到水面时，飞行员座舱里的另外一端会亮起一盏小灯，这样他就能够确定自己的飞行高度没有过高。侦察飞行一般由一架飞机单独完成，这艘侦察机同时还要承担布雷机的任务。为了躲避敌人的防御火力，它们通常会在夜间出动。而在轰炸的过程中，我们大多数时候会以三机编队出击，还有几次是大编队飞行。当我们执行轰炸任务的时候，我们一般会携带5公斤的小型炸弹；因为其外形小巧，可以用手直接投掷。后来我们开始使用10公斤的炸弹，其使用方法也非常简单，但是这种炸弹很难在轰炸舰船时精确瞄准。在1917年，我们开始装备60公斤的重型炸弹……"后来，沃尔夫勒姆·艾森洛尔正是使用这种炸弹，成了德国历史上第一个通过空中轰炸击沉敌人水面舰只的人。

　　1917年8月22日下午，艾森洛尔和他的观测员海军上士格鲁伯驾驶"采埃孚"FF41A式飞机执行巡逻任务，此时德军正在对波罗的海地区的港口城市、今拉脱维亚的首都里加发动进攻，德军的进攻通过右翼的立陶宛发动。就在萨马列岛东南海岸，艾森洛尔发现两艘锚泊的俄军驱逐舰，艾森洛尔意识到这是一个重要的目标。为了确保袭击的突然性，他命令格鲁伯立即驾机返回温道基地。此后，艾森洛尔少尉将他的发现报告给了基地指挥官曼斯上尉，后者在此后组织了一次夜间空袭。三架"采埃孚"式飞机在黄昏时分起飞升空，就在接近萨马列岛时，艾森洛尔发现那两艘驱逐舰还停泊在那里。他这样描述这次空袭："……在我们飞机的机鼻位置有一个大型的开放式'阳台'，这是观测员坐的位置。就在我们接近目标的时候，坐在我后边的飞行员突然无法看到我们的攻击目标了（他的视线被下机翼遮住了）。作为观测员，我的职责是在正确的时机通知他投弹。我的一个优势是可以跟在前边的两架飞机后边投弹。在我们投弹之前，前边那两架飞机的观测员已经各向两艘俄军驱逐舰投掷了 4 枚炸弹。我一直紧盯着落下的炸弹，看见它们越来越接近敌舰，但是有一枚炸弹在敌舰前边 10 米的位置爆炸了。我决定要一颗接一颗地把 8 颗炸弹投下去，这样杀伤力才有可能是最大的。我投下的第 5 枚炸弹准确地击中了目标，俄国海军的'整齐'号驱逐舰被击中以后沉没了。不过对俄国人来说比较走运的是，这片海域并不算太深，所以这艘驱逐舰没有完全沉没，因此这艘军舰只是坐沉，其上部建筑露出了水面，这艘军舰上的船员可以借此逃生……"

俄国海军试图将 350 吨的"整齐"号驱逐舰打捞上来，但是他们的努力很快在德国海军不断地空中袭扰下破灭了，他们由此付出了更多装备损失和人员伤亡的代价。最终，这艘驱逐舰被俄国人放弃了，被随后而至的波罗的海的风暴完全摧毁。由于在击沉"整齐"号驱逐舰战斗中的表现，艾森洛尔海军少尉获得了荣誉奖杯——这种奖杯一般只会颁发给在公海上击沉或夺取敌军舰船的舰艇军官。不久后，沃尔夫勒姆·艾森洛尔还创造了德国海军航空兵历史上的另一个"第一次"——用空投水雷摧毁敌舰。对此，他这样记述道："……（1917 年 9 月 7 日）在'采埃孚'鱼雷轰炸机的帮助下，我们敷设了一枚 750公斤的水雷。我是德国军队中第一批敷设这种水雷的飞行员之一。在大约一个月以后（9 月 26 日），俄军驱逐舰'霍木茨克'号触发了这种水雷而沉没。虽然这次俄舰人员大部分脱险，但还是发生了悲剧——当时恰好在俄国革命前夕，水兵们不许军官登上救生艇，结果很多军官和军舰一起沉入了海底……"几周之后，俄国革命爆发，在波罗的海地区的敌对行动遂告终结，许多海军飞行员被调到别处。在这种情况下，沃尔夫勒姆·艾森洛尔被派到位于吕根岛的观测员学校负责指挥，后来又成了海军航空兵第 1 飞行队的指挥官梅耐特上尉的副手；他在二战中又重新入伍，参加了纳粹空军，并在 1944 年以空军少将的军衔退役。

值得注意的是，艾森洛尔这样的攻舰行动并非是某些德国海军飞行员的自发行为，而是一种有组织的且得到了官方认可甚至是鼓励的军事行动——传奇般的"短剑"克里斯蒂安森在 1917 年 6 月"干掉"一艘英国潜艇的故事更好地说明了这一点。当时任克里斯蒂安森观测员的弗里茨·斯托默回忆道：

"……无论何时'短剑'起飞，必然会有一些事情发生，这几乎已经成为规律了。因此，他总是在灰暗的早晨驾机西行，在成功抵达英国海岸后，就会在那里搜索船只的航迹。他总会打敌人一个措手不及，并且取得骄人的战果，比如1918 年 6 月 6 日，他就对英国的 E25 号潜艇发动了攻击。英国潜艇的艇长在浮起以后，完全被头顶的德国飞机震惊到了，他当时就决定停止上浮，立即下潜。然而随着我们飞机机枪枪声的响起，英国潜艇就一直被机枪火力所覆盖，下潜的动作被迫中止。一名潜艇艇员带着机枪爬上指挥塔试图把我们赶走，这令我们大惑不解，我们原先只是打算吓唬一下英国人……后来我们才知道，布鲁日港曾经做过实验，钢芯子弹能够击穿潜艇的耐压外壳，难怪英国佬会吓成这样……当我们的中队用无线电报告胜利的时候，第 2 中队的飞机员已经带着5 公斤和 10 公斤的炸弹起飞了……他们发现这艘英国潜艇正在被另外一艘潜艇（E51 号）拖带……很快，那艘潜艇也被我们的第二波飞机发现了，英国人立即解开拖曳的绳索，那艘完好的潜艇立马急剧下潜躲入水中……只留下那艘已经负伤的 E25 号潜艇任由德国飞机攻击，直至从大海上消失为止……"

显然，海军飞机这一系列成功的攻舰和轰炸行动让低迷的德国海军重获些许威望，也受到了启发和鼓励（这类事件的珍贵之处在于传递了一种新的作战思路，而不是战斗本身的结果）。德国海军高层欣喜地意识到，"飞机"这种战争机器的潜力可能被一再低估了，它很可能是一种比飞艇更有价值的进攻性武器，且价格要便宜很多。结果，一个再自然不过的想法迸发了——将至少一个中队的飞机搬上军舰，或者干脆建造一种能够搭载一个中队飞机的军舰，让庞大的公海舰队真正享受到航空技术带来的种种好处，甚至成为舰队的一只延伸出去的空中铁拳，砸碎英国皇家海军对公海舰队的封锁。

⟶ "奥索尼亚"号航空母舰计划 ⟵

1917 年，欧洲西线继续搅在堑壕战的死亡之网中。广袤的海洋战场则由于英国海军采用护航体制而逐渐倒向大英帝国一边，但"恺撒的军队"从不会甘拜下风。地面胶着、海上龟缩，德国人只得将目光转向空中——在这个

■ 在舰艇加装木制飞行平台的"伯明翰"号。

背景下，德国海军航空兵部队不但开始取代大而无用的"齐柏林"飞艇舰队①，甚至还打算效仿英国人将机场搬到海上。在日德兰海战结束不到半年的某个日子里，"航空母舰"这个概念首次被郑重其事地写进了德国海军的议事日程。事实上，这一行为本身没有什么超前性，并不值得沾沾自喜——在飞机诞生后不长的时间里，德国海军已经多次有意无意地与"航空母舰"擦肩而过。

在1916年末，"航空母舰"这个概念本身已不是什么新鲜事物。早在战前的1909年，法国著名发明家克雷芒·阿德尔（Clement Ader）就史无前例地提出了"航空母舰"的概念②。阿德尔在他的一本名为《军事飞行》（*L'Ariation Militaire*）的书里描述了一艘载有飞机的轮船，并在书中对海上航空飞机作了精彩的描述："……将来，载有飞机的舰船将是必不可少的。我们在建造搭载飞机的舰船时，将会采用与建造现有舰船完全不同的方式。首先，甲板上不能

---

① 一年以前，"齐伯林"飞艇的"美好时光"已经过去，曾经盛极一时的天空舰队到1917年只剩下不到10艘。

② 阿德尔在发明电子通讯和地面交通工具方面极具天赋，他在19世纪最后的20年里还建造了几架蒸汽动力飞机。据报道，飞机"飞"了足有1000英尺（约304.8米）远。不过法国军方对阿德尔的飞机持怀疑态度，他们的观察员发回的报道称：阿德尔的飞机并没有真正地飞起来，准确地说只是在地面上"快速掠过"而已。

有任何障碍物，甲板要足够宽敞、平坦；甲板上要有飞机着陆的地方……舰船要具有一定的速度，至少要达到巡洋舰的速度……飞机库必须设在甲板下方……运送飞机的甲板升降机要够长、够宽，这样才能把一架机翼折叠的飞机运送到中层甲板的空间中……舰船的一侧应该有工作人员的工作间，他们专门负责飞机的维修和养护，以保证飞机可以随时起飞……甲板上应该清除所有的障碍物……当飞机起飞时，舰船前端应该空出，为飞机腾出足够的空间；当飞机着舰时，舰船后端也一样应该空出足够的空间……"

如果说，战前德国海军因为对"齐柏林"飞艇的痴迷而故意对阿德尔的《军事飞行》一书视而不见的话[1]，那么一则发生在1909年的轶事应该能引起德国海军对载机军舰的兴趣——哪怕仅仅是出于德皇对其舰队的虚荣心：1908年，美国海军曾准备让一架飞机从一艘战列舰上起飞；由于他们当时没有购买任何飞机，结果两年来一事无成。倒是一篇报道引起了强烈反响：航行在汉堡—美国航线的一艘德国邮船准备让一架携带邮件的飞机从它的前甲板平台起飞，来加快向纽约投递邮件。这次飞行试验对外宣称是为了验证邮轮用飞机运邮件到码头要比邮船将邮件送上岸更省时，有些人却认为，这次飞行的幕后操纵者实际上是德国军方。人们当即怀疑，德国军事当局以邮政作掩护，正在试验一项攻击美国的新技术……遗憾的是，这篇报道最终令负责与飞行事务保持联系的美国海军物资局局长助理华盛顿·欧文·钱伯斯海军上校受益不浅，他迅即获准负责在军舰上的飞机起飞试验，并于1910年1月9日在新型轻巡洋舰"伯明翰"号的前甲板上方装了一个起飞平台，美国海军舰载航空兵由此迈出了艰难的第一步。然而这篇报道并未在德国激起一丝波澜——德国政府只通过外交途径对这篇哗众取宠的报道表达了不满，却忽略了这些噱头背后真正有价值的东西。

让人觉得奇怪的是，作为一个后起的海军国家，德国自提尔皮茨决定将海军打造为一支英国皇家海军的"风险舰队"那一刻起，就在技术上对英国

---

[1] 当然，阿德尔的《军事飞行》在他的祖国同样没有受到重视。在法国，舰上飞行整整被推迟了十年。但这本书在一定程度上却促成了美国和大英帝国在这方面遥遥领先，原因是，美国人对飞行"天生"怀有极大兴趣，英国人则拥有世界上第一流的海军，需要不断发展，保持先进。

■ 1910年11月14日，尤金·伊利驾驶飞机从"伯明翰"号轻巡洋舰临时架设的木质甲板上起飞，进行了首次从军舰上起飞的试验。伊利成功起飞后，在距离军舰不远处的海滩成功降落。

实行密集的、几乎令人感到窒息的步步追踪和效仿[1]，可唯独对海军航空力量建设的态度很例外——英国海军对飞机的热情，与德国人的嗤之以鼻相形成了鲜明的对比，这个现象令人百思不得其解。

事实上，在英、德造舰竞赛的高潮时节，德皇一心痴迷于要用雄壮的"齐柏林"巨型飞艇来装点其舰队，英国人却对如何使用固定翼飞机建立一支海军航空兵更感兴趣。当然，1907 年莱特兄弟在英国出售飞机时，也曾遭到英国海军部的拒绝，但两年后，那种认为飞机对海军没有实用价值的说法就销声匿迹了。英国海军中一位卓有才干的技术专家雷金纳德·培根海军上校在 1908 年被派到法国兰斯的国际飞行博览会上做报告，一年后他就被任命为国家航空咨询委员会的海军代表，主管海军飞机的采购。与此同时，英国政府

---

[1] 1905 年，英国开始建造划时代的无畏舰。他们原本以为德国的财力难以承受大批量建造此类战舰的压力，打算借此机会兵不血刃地将德国海军淘汰出局，然而这却是英国一厢情愿的想法。德国于 1906 年通过了海军法案，决定也要建造类似的无畏舰。1908-1911 年，德国计划每年建造 4 艘无畏舰；1912-1917 年，计划每年建造 2 艘。德皇更是放言："定要让海神手上的三叉戟掌握到我们手中。"德国人是这样想的，也是这样做的。此后，不管英国人建造了怎样的军舰，德国人肯定会在不久之后造出差不多同样的东西以作回敬——你有的，我也要有，从无畏舰，到战列巡洋舰，再到超无畏舰，都是如此。

还拨款 3.5 万英镑为海军建造一艘后来被命名为"蜉蝣"号的硬式飞艇，由另一位才华横溢的技术专家默里·修特海军上校主导，以便更为客观地考察飞机、飞艇这两种航空器到底哪一种更适合海军。想要弄清英国海军在此阶段建造巨型硬式飞艇的原因其实并不难。在北海对岸，英国海军的主要对手——德国海军正在建立一支无畏舰队，公开以皇家海军为敌，他们还有世界上第一流的飞艇设计家齐柏林伯爵。英国人想要赶超齐柏林所取得的进展，这也是合乎逻辑的。不过，"蜉蝣"号的不佳表现很快就让英国皇家海军做出了选择——飞机将作为其航空力量发展的关键，而飞艇则被边缘化了。1911 年 5 月，英国海军发现"蜉蝣"号飞艇的升力不够; 9 月，他们通过调整消除了这种毛病，但很快它又在离开艇库时的一阵暴风袭击中破损。此后，修特被毫无理由地调回原单位，英国海军部所辖的飞艇部门也被解散了。

1911 年 5 月，英国海军部同意首批 5 名海军军官接受操作固定翼飞机的飞行训练，他们是：海军上尉查尔斯·萨姆森、阿瑟·朗莫尔、R. 格雷戈里，海军陆战队上尉 E.L. 杰勒德、G. 怀尔德曼·勒欣顿。此外，这时已经完成飞行训练的还有两名海军军官：科尔莫尔海军上尉和施万海军中校。这其中，施万最早从事飞行，他曾自掏腰包并用从热心航空事业的同行那里得到的捐款自购了飞机。1911 年 11 月 18 日，他成为"英国海军进行水上起飞的第一人"。不幸的是，他在水上降落时和飞机一起严重摔伤，这一使命落到了阿瑟·朗莫尔身上。两周后，朗莫尔驾驶一架"肖特"S-27 式飞机在麦德韦河成功降落。不久后，查尔斯·萨姆森仿效美国的尤金·伊利，获准从"非洲"号战列舰的前甲板起飞，并在 1912 年 1 月 10 日取得了成功。为了炫耀他的成就，5 月他又在韦默思湾举行的海军检阅上从"爱尔兰"号战列舰起飞，接着又从"伦敦"号战列舰起飞。

1912 年 5 月是英国海军航空事业的转折点，帝国防务委员会在这个月里就飞行问题向议会提交了一份白皮书，建议成立一支包括陆军飞行队和海军飞行队在内的航空部队，这支航空部队被命名为"皇家飞行部队"，但没有为这两个飞行队设立统一的指挥机构。不到两年后，海军飞行队就被改名为"皇家海军航空兵"，这时，它的独立地位就更明确了。在 1912 年年底，英国海军部还采取了进一步行动，下令将老舰"竞技神"号轻巡洋舰改装成水上飞机母舰。这项工程包括在舰首装一个起飞平台，在后甲板装一个停机平台。在最初的几次飞行试验中，有一次使用的还是比当时其他飞机先进得多的"肖特"式折叠机（这种飞机的机翼为折叠式）。年轻且性情急躁的海军大臣温斯顿·丘吉尔也对海军航空兵特别关心，他尤其喜欢"水上飞机"这种叫法，甚至亲自参与禁止"水空飞机"这种晦涩的表达，他的"水上飞机"这种叫法也从那时沿用至今。之后，"竞技神"号进行了多次飞行试验，并参加了1913年的大演习。

令人感慨的是，就在英国皇家海军对固定翼飞机的探索连连取得进展之时，作为英国海军最好的"模仿者"的德国海军却始终无动于衷，甚至还为此肤浅地嘲笑了英国佬好一阵子——在1913年的英国海军大演习中，"竞技神"号上的一架飞机失事，恰巧被附近一艘德国舰只救起，这件事据说曾经一度引起了英国皇家海军的恐慌，被列为重大安全事故，而德国报纸则就此事极尽嘲讽之能。德国人看不上英国人鼓捣的"水上飞机母舰"，在当时看来的确有几分道理。那时的飞机飞行速度不快，飞行距离也不远，如果飞机要和舰队配合，就得把它装载在军舰上。由于军舰上没有跑道，飞机上需要安装浮筒，才能使它在海面上起飞和降落。因此，风平浪静的气象条件是必需的。而且所谓的"水上飞机母舰"需要停止前进，才能把飞机投到水里去并收回来，这种笨拙而麻烦的飞行方式在战斗中是不能被接受的。更何况，水上飞机的性能从来都赶不上岸基飞机，这使德国海军看不到要建造载机舰的任何理由。

不过，很难说英国皇家海军是不是在"固定翼飞机"以及"海军航空兵"的问题上故意给德国人"挖了个坑"。就在"竞技神"号事故发生后不久，英国海军部却批准购买了一艘正在建造的煤船船体，准备把它改装成能搭载10架水上飞机的正规水上飞机母舰。这艘新型母舰集中了以往所有改装和试验的长处，可以说是一次飞跃：它能用轻便的抛射推车发射水上飞机（这是在"竞技神"号上试用过的方法）；它有正规的机库、修理车间和起吊飞机用的大型吊车。更值得回味的是，该舰被命名为"皇家方舟"号，这是1588年英国与西班牙无敌舰队进行海战①以来一直没有使用过的舰名，它非常适合这艘用飞

①英国舰队和西班牙舰队于1588年8月8日在加来海峡南岸格拉夫林附近进行的一次著名海战，英国舰队最终获得了胜利。

机收集情报的军舰。可惜的是，无论是"皇家方舟"号显赫的舰名，还是其特别的设计意图，都始终没能引起德国海军的关注，德皇和德国海军更愿意充分挖掘"齐柏林伯爵"号的才干。倒是意大利人和法国人受到了些许启发，不但为其海军购买了一些固定翼飞机，还效仿英国人建造了几艘水上飞机母舰。1913 年，意大利就有一架飞机从"坦丁·阿里格希利"号战列舰①上起飞过，只是随后便不了了之。法国人的胃口要比意利大人大得多，他们改装了老鱼雷供应舰"闪电"号，用来搭载水上飞机。"闪电"号于 1912 年投入使用，并参加了 1913 年的大演习，相对于较大的辅助舰只（排水量 6 千吨），它可以搭载多达 8 架水上飞机，尽管最初它只能搭载 2 架。

　　毫不客气地说，直到 1914 年战争爆发，德皇及其参谋本部都没有制定出一个方案：假如英国不对德国各港口发动密集的封锁，除"风险舰队"（或"存在舰队"）这样一个用途外，德国该如何在战役层面使用它的海军。更何况，提尔皮茨最大的错误在于，他并未意识到英国的地理优势赋予了它一个几乎不可能被攻克的海洋地位。英国的许多小岛正好位于德国进入大西洋的通路上，在英吉利海峡和北海出口封锁德国，对英国皇家海军来说易如反掌——从这点也可以看出，德国的造舰计划在一定程度上带有盲目性，对其海军究竟需要哪些舰种并没有认真加以考虑，能够搭载陆基或是水上飞机的载机舰只之所以被忽略掉，显然不是没有深层次原因的。结果，战前德国海军在这个领域被远远地甩下了，尽管他们一度对此并不在意。

　　也正因如此，德国海军在 1916 年年底才打算将"一个中队的飞机"部署到军舰上。这样一个想法并不是太早，而是太晚了。在为海军建造载机舰这个事情上，德国人不但落后于英国皇家海军，甚至也要落后于日本人，并且在 1914 年的青岛，就吃尽了日本人那艘"若宫"号水上飞机母舰的苦头。日本海军最早的水上飞机母舰"若宫"号原为英国商船"莱辛顿"号（lethington，4421 总登记吨位），1900 年在格拉斯哥的邓肯船厂建造，同年 9 月 21 日下水，次年 10 月竣工。1905 年的日俄战争期间，"莱辛顿"号在加地夫到海参崴的

---

① 即"但丁"号。但丁是文艺复兴时代伟大的诗人，《神曲》的作者。

航程中的冲岛附近海面被日本的 72 号鱼雷艇俘获，后编入日本海军，暂定名为"冲岛丸"。1905 年 9 月 1 日正式命名为"若宫丸"，1907 年加入日本邮船社。1913 年（大正 2 年）转入日本海军，并在 1914 年（大正 3 年）8 月 23 日在横须贺工厂改装完毕，将其改装为水上飞机母舰，排水量 5180 吨，在前桅和后桅前部各有一个用铁架帆布搭成的机库，载水上飞机 4 架（2 架置于甲板上，另外 2 架放在机库中）。飞机由舰上的吊车将其吊放到水面后，自行起飞降落，再由吊车将其吊回母舰。1914 年 9 月 5 日，"若宫"号上的舰载机作为最早的舰艇搭载飞机参加了对德国占领的青岛胶州湾攻击行动。在行动中，"若宫"号主要担负通信和指挥工作，这是人类历史上第一次受到来到海上的空袭，在青岛观战的英国海军人员对"若宫"号的表现给予了肯定。

当然，即便是略显迟钝的觉悟也总比没有觉悟要好得多。想法一经确定，德国海军很快就进入了状态。从一开始，德国海军部关于载机巡洋舰的目标就是异常明确的——这必须是一架主要用于搭载大量陆基飞机的军用舰只，除此之外，任何有关于水上飞机母舰的陈腐想法都不会给予考虑。作为当时世界上最先进的工业国家之一，德国拥有第一流的舰船和飞机建造技术，所以一旦他们将海军航空兵看成是海上实力的一部分，不再认为这是一种荒诞的想法，那么至少在理论上，载机舰只的设计和建造并不是一件困难的事情。当然，考虑到战争的紧迫性，要让一艘装备充分的载机军舰尽快被派上用场，是需要一些应急手段的。也正因如此，当德国的造舰工程师们还没有在绘图板上展开作业之前，德国海军部就确定了一个大的方向——这将是一个基于现有舰只的改建项目，需要在 8 个月内完成设计和建造[1]。出于这个大前提，为载机舰寻找合适的舰体就成了德国海军部首先要关注的重点。

第一轮进入德国海军部备选舰只的是两艘万吨级的巡洋舰——"罗恩"号装甲巡洋舰（Panzerschiffe）与"斯图加特"号轻巡洋舰（Schwere Kreuzer）[2]。不久后，考虑到将"斯图加特"与"罗恩"号改装为未经验证的试验型军舰未

---

[1] 排水量不超过 12000 吨，载机数大于 20 架，最高航速不低于 21 节。

[2] 日德兰大海战时，"斯图加特"号隶属于鲁伊特准将指挥的第 4 侦察舰队，战功卓著，此时因伤在船坞中待修。

■ "罗恩"号装甲巡洋舰。

免过于可惜，德国海军部改变了计划。决定只对"斯图加特"和"罗恩"号进行简单的改装，作为兼职型水上飞机母舰使用，对于专职载机舰的舰体则另有考虑。战前由汉堡博隆福斯船厂为意大利开工建造的渡轮"奥索尼亚"号，就这样进入了德国海军部的视线。

"奥索尼亚"号的建造工作始于1914年初，由意大利海事部门订购，准备作为热那亚航线上的渡轮使用。大战爆发前"奥索尼亚"号已经完成了龙骨的铺设（编号236），战争爆发后"奥索尼亚"号的建造虽然受到了影响，但仍在缓慢地推进，1915年4月15日船壳下水，准备进行舾装。在这之后，由于汉堡博隆福斯船厂的人力、物力都被抽调去进行军用舰只的建造，无暇他顾，"奥索尼亚"号的建造就彻底停止了。直至1917年年初被德国海军部盯上，"奥索尼亚"号的命运才似乎有了新的转机。当然，选择"奥索尼亚"号作为德国第一艘载机巡洋舰的舰体固然有废物利用的打算，但同时也不得不承认，德国海军部的眼光不错——虽然"奥索尼亚"号是一艘按照民用船只标准建造的渡轮，但它的"身板"相当不错（满载排水量12586吨，航速21节），如果经过适当地改建，作为一艘能够伴随公海舰队主力出动的载机巡洋舰是相当令人期待的。

不过现在的问题是，在德国造舰工程师的绘图板上，"奥索尼亚"究竟要被怎样改建呢？作为一个此前从未建造过此类军舰的国家，德国人要将"奥索尼亚"改建为一艘载机巡洋舰（航空母舰）似乎就不可避免地要借鉴国外的某种设计，然而究竟要借鉴到哪种程度呢？这个问题本来很容易回答，英国皇家海军"百眼巨人"号航空母舰作为当时这类舰只最时髦的一个成果，似乎必然要成为"奥索尼亚"的设计范本。德国作为一个后进的海军国家，其一切造舰计划本质上是都是对英国军舰不同程度的模仿而已——战列舰、战列巡洋舰如此，航空母舰似乎也不可能例外。更何况，"百眼巨人"号与"奥索尼亚"号的"出身"似乎有着一种天然的联系——两者原本都曾是为意大利建造的渡轮，这也更加深了"奥索尼亚"号的改建设计必然要参考"百眼巨人"号的猜测。

可惜的是，如果我们对此种说法稍加分析，很容易就会发现这个猜想是如何的荒谬和不负责任。"百眼巨人"号原名"康蒂罗索伯爵"号，于1914年开工，同样是给意大利人造的一艘客轮。1916年8月，英国海军部为了建造一艘航空母舰而买下了它的船体，并于1917年12月下水。"百眼巨人"号的标准排水量为14450吨，航速20节，可搭载飞机20架。这艘舰最初的设计是把起飞甲板和降落甲板从中部烟囱和上层建筑的地方单独分开，但后来英国海军部吸取了"暴怒"号的教训，及时修改了设计，改成了全长甲板。设计人员拆除了原本的高架吊车和舰上原有的烟囱，第一次采用了直通型甲板，从主甲板下面设计出通向舰艉的水平排烟道，从而清除了妨碍飞机起降的最大障碍。甲板下是机库，有多部升降机可将飞机升至甲板上，可载"杜鹃"式

■ 改装后重新下水的"百眼巨人"号。

"奥索尼亚"号客轮主要数据	
排水量：	12586 吨
总注册吨位：	11300 吨
总长：	157.90 米 /149.60 米
宽：	18.80 米
侧边高：	12.80 米
最大吃水：	7.13 米
机组功率：	14000hp
轴 / 舵：	2/1
速度：	20/21 节
一等舱乘客数：	164 人
二等舱乘客数：	116 人
三等舱乘客数：	140

■ 20世纪20年代初的英国皇家海军"百眼巨人"号航空母舰。

飞机 20 架。尽管作为世界上第一艘具有全通飞行甲板的航空母舰，"百眼巨人"号在航母发展史上的开拓性地位是无法抹杀的，但这些改装非常耗费时间，直到 1918 年 9 月才完成。所以从时间上看，"百眼巨人"号很难成为"奥索尼亚"号模仿的蓝本。

除"百眼巨人"号之外，另一艘被认为更有可能成为"奥索尼亚"号蓝本的英国军舰就是"暴怒"号。"暴怒"号的原型是一个离奇的混合物[1]，既有轻巡洋舰那样的装甲防护，又有战列巡洋舰的体形和航速，并且在艏艉还有装有炮塔，配备有 18 英寸（457.2 毫米）巨炮。这个"畸形儿"是洛德·费希尔短期出任海军大臣时的产物，原打算将它作为浅吃水重炮舰在费希尔计划实施的波罗的海两栖登陆作战中使用。费希尔离职后，英国海军恢复了理智，海军参谋部也陷入了不知如何得当使用"暴怒号"的尴尬：它的两门火炮笨重至极，很难操作，不能进行准确射击，舰体装甲甲板也太薄，甚至经受

---

[1] 满载排水量有 21000 吨，标准排水量有 16500 吨，动力装置是蒸汽轮机，功率 90000 轴马力，航速 31 节。

不住小型巡洋舰的打击；也正因如此，英国皇家海军才认为，如果将其改装为一种试验性的航空载机舰只倒不失为一种避免尴尬的好办法；于是，当将"暴怒"号改装为航空母舰的计划一经提出，便获得了大家的一致赞同。"暴怒"号在刚刚进行改装时并没有拆掉后面的炮塔，只是在舰艏处安装了飞行甲板，并在舰体中部上层建筑前半部铺设了69.5米长的木制飞行跑道直达舰艏，成了英国第一艘在理论上能够部署高性能陆基军用飞机的军舰。不过，刚刚改装完成的既能装载飞机又有大炮的"暴怒"号在发射炮弹后，炮塔周围就会有一排排铆钉掉下来，可见"暴怒"号的舰体性能并不好，舰身并不坚固，最初的改装方案也有问题。而且"暴怒"号的炮塔和弹药舱的位置被留作机库，只能容纳8架飞机；陆基飞机起飞后便无法返回母舰，只能去陆地的机场着陆，或是在海上迫降。"暴怒"号于1917年6月在英国皇家海军服役，刚开始它搭载的是"幼犬"式战斗机和可折叠机翼的"肖特"式飞机，但"幼犬"式战斗机依然要在水面降落，飞机的起飞、降落问题仍然没有得到很好地解决。

为了试验飞机是否能在军舰上降落，英国选取了技术比较高超的飞行员来做这项试验。1917年8月2日，"暴怒"号逆风而行，当时的飞行员普遍认为，如果在逆风天气使用当时搭载的"幼犬"式战斗机进行降落，应该是可以成功的，尽管在当时的条件下，除非是太阳当头的天气和平静无风的海面，船上的水上飞机才能进行良好的起飞、降落训练。这次试验有很多海军高级官员到场，他们都十分关心这次飞行降落试验能否成功。考虑到当时的"幼犬"式飞机的机翼质量较轻，怕降落在飞行甲板上的时候受到大风的影响而走偏，海军部还特别派遣了一队人马在"暴怒"号的甲板上为飞机护航保驾。保驾人员的主要任务是拽紧飞行机翼下面的绳套，以保证飞机在降落过程中不被大风吹得漂浮出去。

皇家海军的邓宁少校正是那段时间里在"暴怒"号上进行飞行起降的主角。在第一次试验的时候，邓宁非常轻松地就成功了，然而他并不满意，他想创造出更辉煌的时刻。尤其是在美国人尤金·伊利成功降落在军舰上的消息传出以后，邓宁也想让皇家海军看见这一幕——因为第一次降落是7名飞行员拉着自己驾驶的飞机机翼往下拽才成功的，而不是单靠他自己的实力，为此

■ 1917年8月2日，皇家海军少校邓宁成功驾驶"幼犬"式战斗机降落在"暴怒"号上。

邓宁一直耿耿于怀。于是不久之后，邓宁少校准备在"暴怒"号上进行第二次降落试验，这次他不准备让任何人保驾护航。就在8月7日那天，邓宁的第二次降落试验基本取得了成功。然而这个结果对于这个追求完美的人来说，仍感到不满意，因为在飞机成功降落的时候，甲板操控人员没有留神，使刚刚降落在甲板上的飞机被风吹乱了方向，一头撞坏了船上的升降机板。这个结果让邓宁觉得非常恼火，于是他又开始准备第三次起飞降落试验。就是在这次试验中飞机出了事故，翻出军舰坠入海中，邓宁被困在驾驶舱内溺水身亡。在邓宁试验失事后的几个月内，皇家海军没有再让其他飞行员进行同样的试验，他们已经意识到，如果要在甲板上进行陆基飞机的起降，就必须抛弃原先为水上飞机母舰设计、建造的一切。这种思路一经提出，马上有人建议将"暴怒"号的炮塔拆掉，专门在后面安装用于飞机降落的甲板，当时的海军部长同意了这个建议，并决定实行。1917年11月，"暴怒"号回到船厂改装，艉炮被拆除，从烟囱和上层建筑后部一直延伸到舰艇后部加装了86.6米长的飞行甲板，并安装了简单的降落拦阻装置用于飞机降落。中部两侧舷各有一条通道与舰艇起飞的甲板相通，使飞机可以通过左舷和右舷绕过上层建筑，勉强

■ 1917年11月入坞，重新进行改装后的"暴怒号"。

能同时进行起降作业①。

姑且不论"暴怒"号在1917年11月的这次改装是否成功，单从时间来看，这艘英国载机军舰要成为"奥索尼亚"号的模仿蓝本同样是不可能的：即便德国人在这时有可能从某种渠道获得"暴怒"号的零星信息，但如果就此认为"奥索尼亚"号受到了"暴怒"号的影响却极为荒谬——此时，"奥索尼亚"号的绘图工作早已结束，已进入工程实施阶段，而且其设计与"暴怒"号在1917年年底的这次改进也完全不同，倒是与全通甲板的"百眼巨人"号有着异曲同工之妙②。

然而，正如前文所述，"奥索尼亚"号借鉴"百眼巨人"号的可能性几乎不存在，所以唯一合理的解释是，在少量借鉴了英国人关于载机舰艇的设计思路后，德国工程师与英国工程师走到了一起，"奥索尼亚"号与"百眼巨人"号之间的"神似"纯属巧合……不过，"奥索尼亚"号的真面目究竟如何呢？由于时间过于久远，大部分资料都已经散失，我们只能通过目前掌握的船鹣的有限资料尽量还原"奥索尼亚"号的本来面目。

事实上，把"奥索尼亚"号算作德国设计的第一艘航母这个说法在今天定会遭到诸多质疑，.毕竟这艘船只是符合航母的基本特征而已。首先，"奥索尼亚"号容许同时搭载、部署使用固定起落架的陆基飞机和水上飞机，这一点与现代意义上的航母就有很大不同（前者在甲板起降，而后者必须弹射起飞，水面降落，然后由航母的吊车进行回收）。其次，"奥索尼亚"的设计和"真正"

---

① 降落甲板长 86.6 米，宽 21.3 米，从烟囱和上层建筑后部一直延伸到舰尾。这时的"暴怒"号实际上是一个大空壳体，壳体内有一个带修理车间的机库，一部把飞机提到飞行甲板上的升降机。机库两舷各有一条很宽的通道与舰首的起飞甲板相通，飞机通过通道可以从左舷和右舷绕过上层建筑，推向舰首。

② 相比于1917年11月进行改装的"暴怒"号，"百眼巨人"号的改装要成功许多，并成为后续的"竞技神"号与"鹰"号的设计范本。

扩展阅读：关于"百眼巨人"号与"暴怒"号的进化

早在第一次世界大战前夕，飞机就加入了英国皇家海军的行列，它们是战列舰队的一个组成部分。正如这支舰队中的其他所有军舰都是战列舰的附属物，都是为了支援无畏舰一样：轻型巡洋舰中队在舰队的前头执行侦察任务；战列巡洋舰担负着打击敌人巡洋舰编队，以防敌人获悉己方舰队运动情报的任务；驱逐舰中队掩护战列舰，防止敌鱼雷艇或潜艇的攻击，并且执行对敌战列舰进行鱼雷攻击的任务；后来，舰队潜艇和特制的水上飞机母舰也加入到这个行列中，分别起着潜水鱼雷艇和空中侦察平台的作用。然而，与潜艇不同的是，当性能更为强大的飞机出现时，其载舰就不只是一种侦察工具了，而是变成了一种能够以飞行手段打击敌人舰队本身的火力延伸平台——英国皇家海军最先意识到了这一点，所以才有了战争中后期"百眼巨人"号与"暴怒"号不断地"折腾"，其根本目的是使它们成为一种能够搭载"杜鹃"式鱼雷机的"作战舰只"，用以轰炸在港口中的德国公海舰队。

"杜鹃"式飞机的问世应归功于默里·修特海军准将的远见。1916 年 10 月，修特向索普威思公司提供了一份秘密备忘录，要求该公司调查制造一种能携带一两颗鱼雷且具有 4 小时续航能力的飞机的可能性。修特还问了用弹射器弹射飞机是否可行，尽管皇家海军当时并没有考虑采用任何这样的弹射装置。1917 年 6 月，"杜鹃"式飞机的样机试飞。在许多方面，这都是一架出色的飞机——它有折叠翼，有一个宽而结实的轮架，能携带一颗 450 公斤重的 457 毫米鱼雷。而"杜鹃"式这个名称，就是异想天开地期待它有"把蛋下到别人窝里"的本事。"杜鹃"是世界上最早产生的一批鱼雷机之一，也是当时最先进的海军飞机之一，但随着第一次世界大战的结束，贝蒂将军用几百架鱼雷飞机轰炸德军公海舰队的想法也就无从实现了。

的航空母舰还存在许多其他的不同，比如别出心裁的两段式双层飞行甲板。"奥索尼亚"的双层飞行甲板呈阶梯状配置，最上段是起飞、降落两用甲板，用于大型固定式起落架舰载机的起降回收；位于舰艏的下段甲板则供较小型的舰载机或是水上飞机弹射起飞之用。[1]值得一提的是，下层飞行甲板与舰体中部的机库相接，飞机可以从机库直接起飞。再一个不同于现代航母的结构特征

---

[1] 上层机库甲板长 82 米，下机库甲板长 128 米，机库甲板宽 18.5 米，载机 23～28 架左右，其中固定起落架的陆基型飞机 13 架或是 18 架（数量的不同取决于机翼是否可以折叠），水上飞机则为 10 架左右。

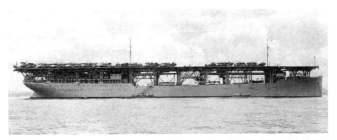

■ "兰利"号采用平原型布局,飞机起降时,飞行甲板上毫无障碍。这种布局对航空母舰的飞行作业是最有利的,但是由于航海舰桥位于飞行甲板下方,视野比较差,而且由于甲板过平,在甲板上指挥飞机起降也显得不是很方便。相比之下,"奥索尼亚"号的设计倒更合理一些。

是"奥索尼亚"虽然将弯曲的锅炉烟筒和航海舰桥合成了一个舷侧舰岛[1],但这个舰岛最初却被安排到了左舷而非现在"通常情况"下的右舷。不过,在另一个版本的"奥索尼亚"设计中,舰岛却是位于右舷的。

需要指出的是,"奥索尼亚"号与现代意义上的航母最大的区别还在于飞机的升降机构。如果以现代的眼光来看,没有任何飞机升降机的"奥索尼亚"号无疑是令人惊讶的——它只是使用吊车在机库和甲板间移动飞机(这几部吊车同时还要负责水上飞机的回收),并且飞机也不是通过飞行甲板的舱口进行升降,而是通过舷侧甲板的开口。显然,这样一种设计不但让"奥索尼亚"号看起来颇为原始,更重要的是,在海况不佳的情况下,将飞机移动到甲板上将成为一个非常困难的过程,并且很容易造成飞机的损坏——这些缺陷直接降低了"奥索尼亚"号作为一艘航空母舰而非水上飞机母舰的使用价值。

当然,不管怎么说,"奥索尼亚"号在设计上的革命必须得到肯定,毕竟该舰的飞行甲板可以提供一条长 200 码、宽 40 ~ 50 码(1 码等于 0.9144 米)的畅通无阻的跑道(仅就"奥索尼亚"号的上层飞行甲板而言),虽然以陆上机场的标准来衡量,这条跑道还是很短的,但是很多型号的德国陆基飞机仍能在这样一条跑道上比较安全地起飞。尽管飞机的降落还存在很大的困难和

---

① 任何一艘水面舰艇都要求预留舰桥、桅杆、烟囱(或者至少供主机排除废气的出口)的位置。因此,最终的解决办法只能是把舰桥、桅杆和烟囱都合并到上层建筑中去,而这个上层建筑的位置又必须从飞行甲板的中间线移到某一侧舰舷上去。

■ CL-1全金属攻击机。

■ CL-3全金属攻击机。

冒险性，但对技术高超的飞行员来说，也还是可以办得到的。

　　与英国早期设计不同的是，"奥索尼亚"号还在飞行甲板的前端设有一道拦栅。这道拦栅可以被升起，也可以被降下，目的是为了防止正在着陆的飞机碰到停在甲板上的飞机，以及防止飞行员连同其飞机一起栽到海里去。遗憾之处在于，"奥索尼亚"号并没有保证偏离甲板中心线的着陆飞机不撞到舷侧的舰岛或者是防止着陆飞机从另一侧舰舷滑到海里去的设计，要知道一旦发生这种事故，飞行员生还的机会是很小的。相比之下，"百眼巨人"号上的此类设计要完善得多，他们不但在甲板上设置了拦截钢索，以便能钩住安装在飞机下面的着陆拦阻钩[1]，还在舰载机上安装了着陆瞄准镜，以保证飞机在跑道上对准中线降落，大大减少了飞机着舰时的危险因素。

　　由于缺乏经验，也可能是对航空母舰这类新型舰只信心不足（主要原因可能是缺乏合适的舰载机），"奥索尼亚"号的改建工程实施得非常拖沓。1918年1月改建工程就已开始，然而直到1918年11月11日停战时，整个工程距离完工却似乎仍然遥遥无期。作为德意志第二帝国海军对航空母舰这一舰种的最初尝试和德国历史上第一艘真正意义上的航空母舰，并未完工的"奥索尼亚"号的结局是相当悲惨的——1922年，它的船壳被卖给一家德国公司拆作废金属，它的锅炉和主机则被安装到其他的民用船只上。当然，根据现在掌握的资料，我们很难确定这艘航母被拆除的具体时间，唯一能够确定的是，直到1926年，人们还能在德国海军后备舰船的登记表中看到"奥索尼亚"这个名字。

------

　　[1] 这是一种简单的降落拦阻装置，有纵向和横向拦阻索。拦阻索用木桩抬起，稍稍高过甲板。降落着舰的飞机上装有特制的挂钩，以挂住拦阻索。挂钩有两组，一组用来挂纵向拦阻索，另一组挂横向拦阻索。

扩展阅读：关于"奥索尼亚"号的舰载机

　　最初，德国海军打算将现有的两种小型"战场轰炸机"（也就是最早期的对地支援攻击机）搬上"奥索尼亚"号，这两种飞机分别是汉诺威飞机公司于 1917 年年中研制的 CL-3，及容克公司于 1917 年年底研制的 CL-1。它们既装备有双联装机枪，也可携带集束手榴弹或者手掷的小型炸弹，在德国陆军中主要以低空飞行的方式对敌炮兵阵地进行攻击，压制步兵行动，确实曾在实战中发挥了不小的作用。这两种飞机都是张臂下单翼，机翼厚度比较大，并采用了当时为数不多的波纹金属蒙皮，机体结构相当坚固，甚至连座舱部位都有 5 毫米左右的装甲保护，是世界上最早的全金属实用飞机。

　　这两种飞机在技术的先进性上令人欣慰，也适合航母上粗暴的操作方式。然而问题在于，德国海军建造"奥索尼亚"号的主要目的是希望其能够在反舰作战中发挥作用，所以只选用 CL-1/3 作为舰载机并不能令其满意，为该舰配备一种类似于英国"杜鹃"的鱼雷机才是关键。

　　可惜当时的德国飞机制造工业对此并没有什么准备（能够搭载重型反舰鱼雷的现役型号都过大、过重），当"奥索尼亚"号的改建工作已经开始时，与其配套的舰载鱼雷机却仍旧没有着落。

↬ 故事并没有结束：蛰伏中的铺垫 ↫

　　很多人都认为，随着 1919 年 6 月 21 日的一声"彩虹"，德国海军的光荣与梦想烟消云散，一切都了结了。很少有人意识到，不管是德国海军，还是"奥索尼亚"号的故事在某种程度上都远没有结束。1919 年 1 月 19 日，德国国民议会在魏玛市首次举行会议，并制定宪法，德意志由帝国变成了共和国。在满目疮痍的德意志第二帝国的废墟上，魏玛共和国成立了，德国海军也开始了漫长的重建过程。令人感慨的是，当时的德国海军并无一艘可用之舰，尽管英国人出于政治考虑，在协约国没收了最后的 8 艘无畏舰后，又发还了 8 艘老旧的前无畏舰给德国（规定这些战舰除了用于训练及海岸防御外，不可作其他用途）。除这 8 艘老旧的战列舰外，魏玛共和国海军还留有其他数艘过时的老式巡洋舰，但这些舰支大多老旧不堪，许多武器也被拆除了，基本不具备战斗力。不仅如此，条约还对德国海军的编制进行了同样严格的限制，规定其海军规模不得超过 15000 人，军官不得超过 1500 人，同时规定其海军军官必须服役 25 年。虽然战后的德国一片萧条，失业率高得惊人，各种高素质人才不会放弃入伍的机会，但是如此漫漫无期的服役期也会在很大程度上打击士气。德国海军的前景似乎如同这个国家一样，黯淡无光……

然而，即便是在这样的逆境中，魏玛共和国时期的德国海军还是没有放弃对新技术、新概念的追求，一颗进取的雄心仍在！他们在 1920 年利用协约国允许德国建造一艘不超过 6000 吨级的巡洋舰替换旧舰的机会，于 1921 年 12 月开工建造了"埃姆登"号轻型巡洋舰，因为设计人员缺乏经验等种种原因，该舰依旧沿用了一战时期的设计。1925 年 1 月 7 日的蒙蒙细雨中，轻巡洋舰"埃姆登"号在威廉萨文海军基地造船厂下水，许多海军官兵冒雨出席了和约后首艘德国军舰的下水典礼。尽管该舰存在着种种缺陷，但德国海军还是艰难地迈出了重建的第一步。

这一时期的德国海军虽然处境依然困顿，却也不会仅仅满足于一艘按照旧图纸建造的"新"巡洋舰——重新装备潜艇与适用的军用飞机或者至少对他们进行技术追踪，成了这一时期德国海军特别关注的重点。至于这其中的原因，既简单又复杂。首先，魏玛共和国时期的德国海军对于潜艇技术的关注相对来讲是好理解的，因为德国海军本身就是摆弄潜艇的行家里手，但魏玛共和国时期的德国海军对潜艇技术的重新关注却因为一个大不相同的理由。事实上，当时重建后的德国海军首任司令保罗·贝恩克上将打算重建一支现代化的小型海军，其目标仅仅为保护近海。为此，他下令组建两支分舰队——北海舰队和波罗的海舰队，用于控制波罗的海海口，以防法国与波兰联手对付德国。但当时，德国海军的舰只过于老旧，必须大量汰换，有限的经费和苛刻的条约又使得德国海军不可能事事如意。在这种情况下，价格低廉但技术效率十分惊人、在近岸防御和控制狭窄水域方面比大型水面舰艇更为有效的潜艇，受到魏玛共和国时期德国海军的重新关注也就顺理成章了（凡尔赛和约禁止德国海军拥有潜艇，但是德国人很清楚这种武器的价值）。

于是，几乎在"埃姆登"号轻型巡洋舰开工建造的同时，一个旨在重新掌握现代化潜艇技术的"小动作"也展开了。当时一直和德国关系密切的阿根廷，试图和德国合作，以谋求建立一支潜艇部队。阿根廷人的计划甚大，需要建立一个专门的设计办公机构，德国海军敏锐地意识到了这将是怎样的一个机会。没过多久，一家名为"船舶建造工程局"（简称 IvS）的企业在荷兰注册[①]。该企业的主营业务是为土耳其、西班牙、芬兰、阿根廷等国建造潜水艇，IvS 的造船台分布在伏尔甘公司在汉堡和斯德丁的两个船厂、克虏伯拥有的两个船厂，以及基尔的日耳曼尼亚船厂和不来梅的威塞尔船厂。一开始，该企业试图通过商业运营的方式来进行运作，但是从 1925 年起，以海军司令部高级幕僚沃尔特·罗曼为首的一个秘密集团为了能在不破坏条约的前提下研制潜艇以及相关技术，故意通过某个专门为海军而设立的"皮包公司"对该企业进行大规模援助，其根本目的在于为德国海军进行新一代潜艇的研发和技术储备。不仅如此，德国人还在基尔秘密建立了潜艇学校，利用那些为土耳其、芬兰等国建造的潜艇进行试航和调试的机会，培训自己的学员。这一系列行动的意图再明显不过了——用不了多久，德国海军就要重建自己的潜艇部队了。

这种背着条约监督委员会也背着国会的勾当没能延续多久。到了 1928 年，风声传到了德国国内那些反对扩军的人士那里，也引起了英、法两国的密切注意，魏玛共和国国会为此成立了一个专门的调查组。不久后事实就被查明，在条约监督委员会的压力下（由于"无限制潜艇"带来的痛苦过于深刻，坚决反对德国海军重新获得潜艇的主要是英国人），相关人物不得不引咎辞职——沃尔特·罗曼上校和海军总司令阿道夫·曾克尔以及一大批相关人员被撤换（这也是 8 年里德国海军内部的第二次"大清洗"），德国海军尝试重建潜艇部队的希望也随之破灭（至少暂时的情况的确如此）。正所谓"上帝关上了一扇门又会打开一扇窗"，尽管德国海军在潜艇方面暂时受挫，却令他们将注意力转向如何获得军用飞机上——组建一支海军航空兵的尝试几乎因此取得了成功。

这个结果是由多种原因促成的。一方面，在阿道夫·曾克尔辞职后，德国海军总司令的人选自然就成了问题，于是魏玛共和国政府想到了一直被闲置的雷德尔。虽然当时的德国海军内部有人认为雷德尔过于古板，但事实上，

---

① 显然这是为了回避《凡尔赛和约》所规定的"即使用于商业目的也不允许德国获得或者建造任何潜艇"的相关条文而搞的鬼。

■ 1922年刚刚下水海试的日本海军"凤翔"号航母。

这种担心并未持续下去，新任海军司令很快就用自己的能力证明了这种担心是毫无必要的。雷德尔对组建海军航空兵依然充满了兴趣，他更是当时德国海军高层中为数不多的了解"奥索尼亚计划"的几个关键人物之一。作为第二帝国时期德国海军军官团的幸存者，身居高位的雷德尔至少承认对海战和现代舰队影响最大的"技术性事件"只能是飞机的发展。自一战德国海军飞机在西北欧战场执行过一些直接战斗任务后，德国海军内部针对飞机的性能（尤其是飞机能否使水面大型舰只沦为废物这一点）进行了争论，这场争论甚至以一种不为人知的方式一直延续到了战后的魏玛共和国时期。这一时期德国海军内部的一些人（尽管为数不多）因为目睹了一战中德国和英国海军飞机的几次反舰行动的成功[1]，所以赞成美国陆军航空兵少将威廉·米切尔的

---

① 英国海军飞机成功实施反舰作战的经历要比德国人更早。1915年8月，英国皇家海军"彭米克利"号水上飞机母舰搭载了两架"肖特"S-184水上鱼雷轰炸机（每架能投一颗355毫米鱼雷），准备在黑海附近伺机攻击土耳其军舰。不久后，"彭米克利"号驶到了一个合适的目标——一艘5000吨级土耳其补给船正在马尔马拉海北部金角附近水域行驶。"彭米克利"号驶进克塞罗斯湾，在8月12日拂晓吊放了"肖特"S-184水上飞机。埃德蒙兹上尉刚一发现目标，便驾机进入攻击航向，关闭了引擎，在不到5米高度上滑行，并投放了鱼雷。鱼雷径直驰向目标，命中了补给船，使敌船发生了一场大爆炸。5天后，两架"肖特"式飞机在达达尼尔海峡最狭窄处又击沉了一艘补给船和一条拖轮。

■ 20世纪20年代初，正在改造中的"木星"号。

坚定见解，认为飞机出现后，战舰和其他大型舰只将再也不能生存。为了验证其所宣称的飞机拥有炸沉大型舰只的能力，米切尔还在1921年和1923年进行了几次影响甚大的实验。实验结束后，各国海军界许多有影响的人物也开始相信米切尔观点的正确性——时任德国海军司令的雷德尔就是其中之一。通过默默关注"米切尔试验"以及美国海军对"木星"号运煤船的改装，雷德尔模模糊糊地意识到，不论作战双方的水面舰艇实力如何，占据了空中优势的一方自然就占据了海上优势。

　　另一方面，尽管此时的德国海军已经退化成了一支岸防兵力（这正是《凡尔赛条约》的意图之一，德国人只能维持一支类似于海岸警备队那样的舰队），但与法国和波兰的战争危险却迫在眉睫，在这种情况下，建造一些有效的载机舰只不失为一种既不引人注目又能悄悄填充实力的明智之举。雷德尔认为，相对于建造敏感的潜艇，建造中等吨位的载机舰只很容易掩盖在民用船只的名义下[①]；至于航母所需的舰载机也不需要太过担心，虽然《凡尔赛条约》在

---

　　① 由民用客船改建而来的"奥索尼亚"号与"百眼巨人"号在这方面无疑颇能给人以启发。二战中，日本海军的"飞鹰"级在作为民用船只设计之初，就考虑到了要改装成航母，所以相对其他由商船改装而来的航母，"飞鹰"级的性能要好得多。

■ 20世纪20年代，满载舰载机的CV-1"兰利"号航母。

形式上剥夺了德国设计和生产任何军用飞机的权利，但因为《拉巴洛条约》的关系，德国早已在苏联境内重建了完整的军用飞机的研发、生产体系。也正因如此，作为新任德国海军司令的雷德尔基于种种考虑，于1929年2月以执行海上"辅助任务"为幌子，向魏玛共和国议会正式提出了建造两艘全通甲板式载机舰只的预算案。令人惊讶的是，一向被认为软弱的魏玛共和国政府似乎在一定程度上接受了雷德尔的建议，并为此专门通过了一项秘密拨款法案，以利用一些比较隐秘的渠道为相关计划提供资金。用雷德尔自己的话说，这是"争取了某种程度的合法性"。

　　几乎所有人都把希特勒的上台看作是德国武装力量复兴的转折点，尽管这是非常有道理的，但却并非完全符合史实。事实上，早在希特勒上台之前，德国军队就已经开始着手为未来的复兴做物质、技术、人员上的准备了。仅以德国海军来看，舰用推进主机、火控系统、通信系统、雷达、鱼雷、重型火炮、装甲钢等各种技术早在经济刚有所恢复的 20 年代末 30 年代初就已经全面恢复，而对潜艇和军用飞机技术的追踪更是在大战刚刚结束不久的 20 年代初期就以各种名义继续开展研究。更令人感慨的是，即便是对于航空母舰这样的时髦舰种，魏玛共和国时期的德国海军也曾经很认真地给予了"足够多"的关注。这样一来，"奥索尼亚计划"也就有了更为非凡的含义，它使德国人认识到了航空母舰的潜在价值，而不是这一舰种究竟要不要被采用。

以今天的眼光来看，"奥索尼亚"号航空母舰的设计固然相当的原始，但即便是最原始的航空母舰，也具有其特定的"双重用途"，即能使海军同时征服海洋和天空。海洋占地球表面的三分之二，在人类试图制海时，掌握有效制海手段的国家往往能获得最大的权益，同样征服天空的权力也属于那些实力强大的国家，但想要同时征服海洋和天空却是难以做到的。大海浩瀚无垠，早期的飞机无法跨越，即便航空技术在日后有所进步，如果要载着重军械在海上进行较远距离的飞行，也会遇到麻烦。所以，虽然天空是没有界限的，但地球上的海空却是海军岸基航空部队无法逾越的一道屏障。如果要打破这道屏障，让处于蛰伏状态的德国海军在未来的战争中执掌海空，除了将机场搬到海上，去建造一些类似于"奥索尼亚"号的载机舰只，别无他途。

水兵的坟墓没有鲜花：纳粹德国的"齐柏林伯爵"号航母

　　2006 年 7 月 12 日，波兰培德罗巴迪克石油公司的勘探船像往常一样缓缓地行驶在浩瀚的波罗的海上。在到达韦巴港附近时，全副武装的勘测队员开始陆续潜入海中。"我们当时正在进行声距测量，为今后的石油勘探做准备。"勘测队员格拉波夫斯基向记者讲述了当时的情况，"到了 250 米深的幽暗海底时，我们突然发现一艘锈迹斑斑的大型船只的残骸。"这让勘测队员感到非常奇怪，因为按照事前的海事情报，这里并没有大型船只沉没过。队员们立即将消息报告给船长，船长迅速组织了更多的潜水员对这艘"大船"进行

■ 在二战反舰作战中颇有成果的FW 200，属于德国空军建制。

了调查。调查的结果让所有人倒吸了一口凉气——这是一个足有 260 米长的庞然大物，沉睡了近 50 年的"齐伯林伯爵"号航母就此再现于世人面前……

德意志第三帝国海军是一支带着诸多"遗憾"和"不甘"走向覆灭的强大海上力量，而在诸多"遗憾"中，"齐柏林伯爵"号航空母舰无疑是最特别的一个。"齐柏林伯爵"号航母的存在，在一定程度上改变了人们对第三帝国海军的看法。通常来讲，尽管拥有"俾斯麦"号、"提尔皮茨"号这类艨艟巨舰，但这支海上力量在整体上仍被认为是偏跛的。究其原因则不难理解——一方面，上千艘 U 艇构成的"狼群"几乎塑造了战争中第三帝国海军无法扭转的整体形象；另一方面，也是更重要的地方在于，真正意义上的海军航空兵在第三帝国海军的战斗序列中仅仅留下了一片刺眼的空白。而恰恰是这片刺眼的空白，使第三帝国海军成了一个跛足的巨人。

要知道，海军这一古老的军种，其原生属性便决定了其只有与人类技术进步紧密结合，才能以一种武装力量的形式存在。而进入工业化时代以来，这种趋势就更为明显了[①]。高强度装甲钢板、火炮、蒸汽机、内燃机、无线电等技术的系统性军事应用，无一不是首先施之于军舰本身或是其甲板之上。至于以固定翼飞机为代表的现代航空技术，同样在其诞生伊始便为各国海军所关注——第二帝国时期的德国海军也不例外。也正因如此，第三帝国最高统帅部对海军航空兵建设的极端"蔑视"，也成了一个不解之谜——海军航空兵在第三帝国海军的战斗序列中缺席，无论从战术还是技术角度上来说，都是不可思议的，甚至可以说是不可理喻的，这也与其他国家的海军建设形成了鲜明的对比。两次世界大战之间，美、日、英等主要海军国家均大力建设海军航空兵，试图使之成为一支独立的战役力量，只有第三帝国海军的航空兵建设近乎一片空白，其拥有的仅仅是一支可有可无的辅助性海军航空力量。不过，幸运的是，"齐柏林伯爵"号航母的存在不但在一定程度上改变了人们对第三帝国海军看法，更为后人提供了一个可供解析的绝佳标本——这究竟是一个刺眼而愚蠢"空白"，还是一个深不可测的"黑洞"？这艘从未完成的航空母舰，其前世今生究竟怎样，来龙去脉又当如何？打造这艘第三帝国头号"平顶船"的过程中，究竟发生了些什么？

⤳ 最初的计划: 仅仅是"应急" ⟵

在近代欧洲历史上，普鲁士乃至后来的德意志帝国通常都被认为是传统陆地强国。地处欧洲中部的地理位置、长期诸侯割据的分裂局面以及对海外利益缺乏强烈的兴趣，这些因素导致一支真正意义上的德国海军直到19世纪末20世纪初才出现在世界各地的海洋上。1871年德意志实现了统一，并借助第二次工业革命的东风迅速跻身列强。在威廉二世继位后，这个新兴的帝国加快了海外殖民的步伐，并以挑战"日不落帝国"为目标，大力扩充海军军备，

---

① 19世纪末20世纪初，丰富多彩的技术发展使一些不太积极的军事专业人员扩大了眼界，提出了新的标准，以应对工业革命为战争带来的前所未有的变化。工业化除具有革新、改进战争工具的直接效果外，对战争指导也有重大影响。

■艺术家笔下航行中的"齐柏林伯爵"号 。

在短短 20 年的时间里，德国海军崛起为世界第二大海军。可惜，在 1914 年爆发的一战中，由于天然的地理劣势和英国海军的封锁，强大的德国公海舰队鲜有作为，最后在一声悲壮的"彩虹"中自沉于斯卡帕湾（当然，斯卡帕湾的"彩虹"之说存疑），随后苛酷的《凡尔赛和约》使德国海军跌入了历史上的第一个低谷。然而德国人对海洋的雄心却并没有彻底泯灭，在 20 世纪 20 年代末经济危机严重的背景下，魏玛共和国议会仍然批准了海军司令雷德尔要求建造两艘全通甲板载机舰的拨款请求。

尽管 1929 年德国海军的"全通甲板载机舰计划"可以被视为后来"齐柏林伯爵"号的"起点"，但这个计划的初衷却称不上如何的宏大。事实上，雷德尔之所以要求建造两艘所谓的"全通甲板载机舰"，绝非出于什么雄心壮志，只是一个无奈中的权宜之计。《凡尔赛和约》以及后来的《洛加诺公约》并没有对德国东部边界作出明确且具有法律效力的规定，波、德两国之间在经济、少数民族等问题上矛盾重重，领土纠纷并没有得到彻底地解决，但泽问题更是成为两国矛盾的一个焦点所在。

但泽是波罗的海流域最大河流维斯杜拉河的出海口，战略地理位置相当重要，历史上但泽的控制权曾多次在德国和波兰之间易手。第一次世界大战后，各协约国云集巴黎凡尔赛宫订立对德和约。根据美国总统威尔逊提出的"十四

54

点原则"中的第十三点,波兰国家成立,但其出海口立即成为纠纷的焦点:法国支持将但泽划归波兰;英国出于均衡政策考虑,不愿屈从法国的观点;美国则附和英国设立自由市的观点。争论本身是一个相当复杂的过程,最后英国的意见占据了上风。根据《凡尔赛和约》(第 100 ~ 108 条)规定,但泽成为归国际联盟保护和监督下的自由市(1920 年 11 月 15 日成立),日内瓦是自由市的军事保护者;委任中立人士担任新成立的水路港口委员会主席。遗憾的是,列强的这种处置办法遭到德国、波兰双方的强烈不满。

在两次世界大战之间的波兰政府看来,只有将但泽置于波兰的控制之下,才能保证它拥有"自由安全"的出海口,即使这意味着背离"巴黎和会"的民族自治原则,它也是合理的,因为但泽问题毕竟是"一个小小的民族诉求(但泽的德意志人)与一个强大国家(波兰)基本生存需求之间的冲突"。因此,但泽市和港口应该"无条件地"授予波兰。可想而知,波兰人对但泽的这种主张在德国人听来是多么刺耳,因为"德意志文化的力量铸就了这座汉萨同盟古城并使它茁壮成长。德意志精神已经渗入但泽的骨髓,她是德意志不可分割的一部分"。波兰人坚决否定但泽自由市的主权地位,并无时无刻地抓住机会合并这座城市,而柏林政府和但泽人早就意识到波兰的这种企图。虽然此时但泽早已被划为一个所谓的"自由市",但这里毕竟是德意志人占据优势的一块特殊的飞地,魏玛共和国急欲通过各种途径收回这座城市。更何况,但泽问题是修约路线的重要组成部分,但泽重回德国就意味着"凡尔赛体系"受到重创和东部边界问题的实际解决。于是,魏玛共和国决定"无情地、毫不妥

■ 后来晋升为海军元帅的雷德尔是德国海军航母计划的关键人物。

协地同波兰的野心决斗"。

结果到了 1928 年，波、德两国又因但泽问题，矛盾进一步激化了。1921 年，在国联的压力下，但泽曾准许波兰在自由市拥有一个由小股精锐部队驻扎的军火库。到了 1924 年，由于有关军火库具体地点的谈判破裂，国联将通往港口的一块海岬地带西盘半岛授予波兰。但泽认为，波兰人会利用这一支驻扎西盘半岛的 88 人小型部队在自由市内获得一个军事据点，而军火仓库也会将城市置于危险境地，因此要求定期检查仓库。1927 年夏，参议院与德国外交部就此问题联合向日内瓦提请申诉，德国人公开支持但泽的论调：波兰人在海岬地带没有治外法权特权，按照法律西盘半岛属于自由市，但泽官方拥有无可争议的管辖权。虽然在英国的压力下，波兰和但泽于 1928 年 8 月 4 日签署了一份协议，协议规定为了城市的安全着想，波兰必须作出一定的妥协，允许但泽警察可以在任何时间到西盘半岛督查安全措施。然而在这期间，波兰却依仗法国的祖护，不止一次地暗示将要对但泽问题"诉诸武力"，这就使军力衰败的魏玛共和国感到了赤裸裸的战争威胁。有关波兰军队动向的报告不断被呈递至德国外交部，德国驻莫斯科大使甚至宣称，已有可靠消息表明华沙已经派军队进入东普鲁士和西里西亚，波兰人在征得法国的同意后将进攻但泽……也正因如此，虽然这一次的"但泽危机"暂时得到了"解决"，但魏玛共和国却清醒地意识到：围绕但泽的归属问题，德国与波兰甚至是与波兰结盟的法国之间，的确存在战争的风险。

在一片风声鹤唳的情形中，雷德尔领导的魏玛共和国国家海军感到尤其的紧张。雷德尔深知，如果与波兰发生武装冲突，惨淡经营的德国海军不可能独善其身。虽然波兰海军的实力不值一提，即便是在《凡尔赛和约》的压制下已经沦落为一支能力有限的区域性海上力量的德国海军也有把握收拾掉波兰人的几条烂船。波兰海军当时最大的一艘主力舰，是 1926 年法国卖给波兰的"丹特尔卡斯托"号（D'Entrecasteaux）防护巡洋舰。这是一艘 1896 年 7 月下水的老爷舰，排水量 7130 吨，装备 6 门短身管 240 毫米舰炮，航速仅仅 19.4 节，与德国海军新建的 3 艘"柯尼斯堡"级轻型巡洋舰无法相提并论。然而问题在于，法国舰队可能对波兰人施以援手，这才是真正令雷德尔感到束手无策的原因。要知道自第三次复国以来，毕苏斯基的波兰便与法国结成了一个明显是针对

56

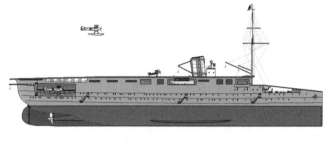

■ 早在1922年，"爱奥尼亚"号舰体刚刚被拆毁时，魏玛时期的德国海军就悄悄地研究了几个将民用船只改装成辅助航空巡洋舰的方案。

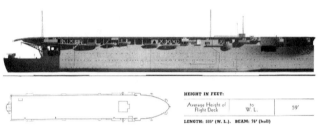

■ 英国皇家海军的"百眼巨人"号，改装于一艘为意大利建造的高速渡轮。

HEIGHT IN FEET:
Average Height of Flight Deck　　to W. L.　　59'
LENGTH: 535' (W. L.).　BEAM: 76' (hull)

德国的军事同盟。1921 年 2 月 19 日，法、波签订条约，波兰维持"凡尔赛体系"的"东方柱石"地位被首次确立，然后又经过《洛加诺公约》重新肯定了法波同盟，使得波兰"取代了 1914 年以前俄国作为法国在德国东翼的同盟国所处的地位"。显然，一旦因但泽问题与波兰发生武装冲突，那么作为波兰盟国的法国势必不会袖手旁观。作为一名老派但却精于计算的海军将领，雷德尔非常清楚，如果法国人决心从他们那除英国皇家海军外的欧洲最强大的海军中，抽调一支仅仅包括 2 艘无畏舰和若干巡洋舰在内的分舰队进入波罗的海，那么不仅残破不堪的德国舰队将遭受灭顶之灾（此刻，6 艘早该解体的前无畏舰和 5 艘较新的巡洋舰是雷德尔的全部家当），整个国家也可能因再次战败而趋于崩溃。在重新获得潜艇的努力暂时受挫的情况下，如何在最短的时间内建造两艘载机巡洋舰，成了雷德尔的一根"救命稻草"。

从战术角度而言，鉴于第一次大战中简陋的水上飞机就赋予海军以巨大的变革，没有任何一个主要海军国家会对这种进步视而不见。虽然保有"世界第四大海军强国"的地位，但两次世界大战之间的法国海军对于航母的态度却非常冷淡。在两次世界大战之间，法国海军仅在 1927 年建成了一艘性能不佳的"贝亚恩"号。如果羸弱的德国海军能够拥有某种形式的海上机场，那

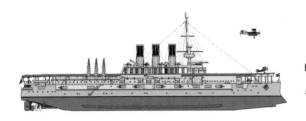

■ 魏玛共和国时期，计划利用
"石勒苏益格·赫尔施坦因"
号等旧式战列舰舰体改造的
"载机巡洋舰方案"。

么在波罗的海这片狭小的海域内，也就对客场作战的法国海军拥有了某种模糊的"不对称优势"。从技术角度而言，作为"奥索尼亚"号航母计划为数不多的知情者，雷德尔从这个项目中受到了启发，利用民船标准建造两艘拥有飞机起降能力的"辅助巡洋舰"似乎不是一件太复杂的事情，不但造价低廉，而且在短期内就可实现——由高速渡轮改装而来的英国"百眼巨人"号当时仍在使用，同样利用高速渡轮改装的"奥索尼亚"号也几乎大功告成。至于飞机的问题，甚至于比建造军舰本身还要简单一些。虽然德国没有空军，雷德尔的海军也没有军用飞机，但德国却在苏联境内拥有几座很不错的飞机制造厂，那里出产的产品，在性能上甚至于比法国军队的同类还要好上一些。更何况，从政治角度而言，这样的一个计划也比建造潜艇更有可行性。尽管《凡尔赛和约》明确禁止德国建造任何"航空母舰"，然而掩盖在"辅助舰只"名目下的类似舰只却未必不是一个好钻的空子……

遗憾的是，作为应急计划，魏玛共和国议会虽然于1929年3月通过了两艘1万吨级"载机辅助巡洋舰"的拨款，但不久之后，国际形势就有所缓和。在魏玛共和国接受了《杨格计划》后，法军提前5年撤出了莱茵兰，波兰对此严重不满，法国则对波兰军舰擅闯但泽港的事件给予了严厉谴责。1931年6月份，从英国正式访问归来的波兰驱逐舰"维希"号在没有事先照会但泽参议院的情况下，强行开进但泽港。波兰与法国之间因此嫌隙渐生，德国面临的现实性战争威胁大大减小了。在这种情况下，两艘"载机辅助巡洋舰"的建造于1931年11月被取消，款项被挪作"德意志"级装甲舰C号舰的建造。虽然一战结束后处于困顿中的德国海军企图获得航空母舰的第一次努力就这样"胎死腹中"，但这次努力也并非一无所获——德国海军已经认识到航空母舰的潜在价值，更在此过程中进行了一些"心理"上的积累……

⟶ 对"航空母舰"的认真思考 ⟵

　　1933 年发生了一件大事。当年 3 月，魏玛共和国国会通过了给予德国民族社会主义工人党（纳粹党）党魁阿道夫·希特勒以独裁权利的《授权法》，该党派的二号人物赫尔曼·戈林在国会会议上高呼道："魏玛时代结束了！"但很少有人意识到，纳粹在德国的全面掌权不仅仅意味着"魏玛时代的结束"，也使得德国航空母舰计划的命运发生了一个巨大的转折。1933 年 10 月，在希特勒的授意下，德国政府借口其他国家不给德国以平等待遇，宣布退出裁军会议和国联。就在这一年的财政会议上，德国的军费比上一年（1932 年）翻了 3 倍，达到了 30 亿马克。在将来的岁月里，这个数字还会不断提高。《凡尔赛和约》的枷锁就这样被悄悄地打破了，而雷德尔的德国海军无疑成了这场"枷锁破坏运动"中，首当其冲的受益者——"绿灯"之下，航空母舰这一舰种第一次作为"海军重建计划"的一部分被严肃、认真地加以考虑。一方面，即便不作为一种权宜之计，随着航空派人士的崛起和飞机在第一次大战中的杰出表现，各主要海军强国无论是否真正重视，都在兴建航空母舰这一舰种。更何况，虽然战后窘迫的经济状况使得军用飞机的产量大幅度萎缩，但发展

■ 正在放飞舰载机的"齐柏林伯爵"号效果图。

■ "齐柏林伯爵"号完工效果图。

民用航空的热情却有增无减。星型发动机、气冷技术、增压器技术、高辛烷值燃料、变矩螺旋桨、可收放式起落架、整流罩、全金属应力蒙皮、全密封座舱……航空技术的进步令人眼花缭乱，目不暇接，飞行纪录一再被轻易突破。空中力量在"技术大跃进"的情况下如何与海军进行配合，形成了新的课题。比如，当时的美国海军军事学院院长威廉.S.西姆斯海军上将就曾十分透彻地预见到未来海战进行的方式，他说："一支舰队，如果它的航空母舰取得了敌舰队上空的制空权，它就能够战胜后者。快速航空母舰是未来的主要舰只。"后来的日本帝国海军名将山本五十六在1928年出任"赤城"号舰长时，曾以其敏锐的眼光意识到这种搭载飞机为主要作战武器的战舰将对海战的形式产生本质的影响。尽管这种思想在当时的海军中并不占主要地位，但山本确实将大量的精力投入到了"赤城"号之中。在这种情况下，雷德尔认为德国海军也不能置身事外。另一方面，尽管纳粹已经上台，但由于海军自成一体的"封闭性"，德国海军一时并没有被纳粹分子过多地渗透，所以雷德尔仍然是按照魏玛共和国时代设定的战略目标去推进德国海军的重建的。也正因如此，在雷德尔的蓝图中，航空母舰这一舰种将作为一种特别的"破交舰"，存在于整支舰队中。

事实上，作为一名参加过第一次世界大战的第二帝国海军的幸存者，雷德尔亲眼看见公海舰队从组建、壮大到灭亡的全过程，因此他深知任何力量都有其局限性——即便伟大如公海舰队亦是如此，无论是作为一支"存在舰队"，还是作为一支"战斗舰队"，这支倾力打造的海上武装力量都没有发挥其预定的价值。也正因如此，魏玛共和国时期的雷德尔才一边小心翼翼地经营着他那支凄惨的小舰队，一边在心里暗暗下定决心——若有复兴之时，德国海军将不可能也没有必要以"夺取制海权"为主要作战目标，而是要痛击敌人的"软肋"。德国海军当时最主要敌人当然是英国皇家海军，英国皇家海军虽然有着庞大且实力强悍的舰队，却也有着漫漫的海上航运线需要守卫。正是这些通往世界各地的航运线，为英国运来了出产自其全球各个殖民地的丰富物产；也正是这些物产，在长达350年的时间里滋养着这个国家。这些航运线可谓是维持着"日不落帝国"最后余晖的关键，"掐断它！"这是德国海军在下一次战争中的主要使命。

在这条思路的引导下，虽然贫弱的魏玛共和国还只能在外国的监视及国内的政治压力下积蓄力量，但德国海军已经在雷德尔的领导下开始着手准备了——他们先是创造了"装甲舰"这一独特的舰种[①]，然后又利用纳粹上台的"契机"，企图将"航母"这一新兴舰种也纳入远洋破交舰队的战斗序列中。在当时雷德尔的脑海中，承担破交任务的德国海军分舰队只能从北海东南部的德国港口或者波罗的海出发，向北作长途航行绕过设得兰群岛，才能到达大西洋的主要作战区。在穿过北海的长途进军中，德国舰只会遭到来自附近英国军港和机场的侧击，极易成为英国机动海军和飞机攻击的目标。在返航途中，这些分舰队还将遭到同样的命运。因此，一艘在航速上足以跟上舰队，能为整支舰队提供沿途空中掩护，还能在与英国护航舰只交战时提供帮助的"载机巡洋舰"似乎是必要的。

显然，雷德尔的主要意图是令一支支游荡在大西洋伺机狩猎的德国海军分舰队成为一个完整而高效的整体——从装甲舰、潜艇到航母一应俱全，从而保证在绝大多数场合下，对参与护航的英国皇家海军形成局部优势[②]。1933年3月，雷德尔要求海军建造局首席工程师威廉·哈德勒按照"军用标准"设计一艘航空母舰，这艘航母与当时其他主要海军国家的同类舰只有着明显的区别，不但强调其航速、续航能力，还要求其拥有重巡洋舰级别的火力和不

---

① 装甲舰具备压倒各国条约型巡洋舰的火力，又拥有超越老式战列舰的航速和续航力，非常适合在远海执行破交任务。

② 与德国海军相比，英国皇家海军的实力的确是雄厚的，然而从维系其帝国的漫长交通线来看，这样的兵力却又不算什么——英国海军需要保卫的商船队规模过于巨大，航线过于漫长。英国拥有一支登记总吨位约2100万吨的商船队，占6600万吨世界商船总吨位的31.8%。英国海上交通线的总里程超过8万海里（约合14.7万千米），每年海上货物运输量达6800万吨，每天航行在海上的船只约有2500艘。英国与世界各国的海上交通线主要有两组：一组是北大西洋航线，连接欧洲、美洲，并经巴拿马运河通往太平洋；另一组是地中海印度洋航线，联系着地中海各国、非洲和印度洋。显然，即便是再雄厚的兵力，如果被用于护航任务，其战斗力也将被严重地稀释。

低于轻巡洋舰装甲的防护，并且搭载的舰载机也要以战斗机和侦察机而不是以轰炸机为主。具体来说，在1933年3月12日德国海军召开的一次内部会议上，雷德尔为这艘"军用标准"的航空母舰制定了如下设计原则：一是，预定作战海域为北海和大西洋；二是，设计排水量在15000吨左右；三是，最大航速为33节；四是，主炮为9门150毫米或者6门203毫米舰炮，以及布设尽可能多的高射炮；五是，续航力要达到12000海里；六是，装甲防护至少达到轻巡洋舰级别；七是，舰载机需达到60架，编为3～4个中队，其中包括1个侦察机中队、1个多用途飞机中队、1～2个轻型轰炸机或是战斗机中队，至少有三分之一的舰载机可以在折叠机翼后推入甲板下的机库进行维修、保养；八是，需安装两个弹射器；九是，飞行甲板的最低长度为180米。

→ 东方的"取经"之行 ←

除了一艘未完工的"奥索尼亚"号，第二帝国海军并没给雷德尔留下什么可以借鉴的遗产。所以，雷德尔关于航空母舰的构思在很大程度上受到了当时海军列强的影响。设计了"百眼巨人"号和"勇敢"号航母的英国设计师古多尔是这样概括英国人的设计思想的："对英国海军来说，这种军舰是重要的……在一支舰队里，应拥有侦察机和战斗机……4门102毫米炮是不够的，应装备数量更多的火炮，装备152毫米炮是可取的，还应有一门或两门高炮。这种军舰虽然不应看作是一艘战斗舰只，但也应有足够有效的火炮，以击退敌轻型舰只，让飞机在比较好的条件下起飞……设计速度至少应该达到30节。"而1921年华盛顿海军裁军会议上装帧精美的文件则第一次给航空母舰下了正式定义："它是一种标准排水量在1万吨至2.7万吨的军舰，为了搭载、起飞和降落飞机的专门目的而设计。航空母舰的火炮口径限制为203毫米，不得超过10门。"对照雷德尔的条条框框，我们很容易发现，尽管这个构思在航速、航程乃至舰载机类别上有着自己的特色，但大体上并没有跳出海军列强们的窠臼，所以设计上的借鉴也就成了一种必然。

■ 20世纪30年代的"勇敢"号。

■ 作为"齐柏林伯爵"号早期模仿样本的"勇敢"号于1939年9月17日被德国海军U-29潜艇击沉。

出于相当充分的理由，英国皇家海军的"勇敢"号成了威廉·哈德勒首先考虑参考的一个范本。首先，第二帝国海军的主要舰只大多是针对英国皇家海军的相应舰只设计、建造的，作为一种历史惯性，选择英国航母作为参考范本符合德国海军的"传统"。其次，"勇敢"号是英国皇家海军在航母空舰这一领域里的最新成就。第一次大战结束后，作为战胜国的英国大有"化剑为犁"之势，这样的大好形势使他们中断了海军航空兵已经取得的一些很有前途的进展。但好景不长，不到一年的时间里，盟友之间潜在的紧张局势便日益加剧——其中一个原因是，成为主要债权国的美国想充当"世界领袖"，开始自然而然地挑战英国原先的"海洋霸主"地位。这种情况下，已经在4年的战争中精疲力竭的英国皇家海军不得不强打精神，重新投入一场"以《华盛顿海军条约》为规则的竞赛"，利用一种不成功的大型巡洋舰舰体改建而来的"勇敢"号就是此背景下的一个产物。作为大型轻巡洋舰，"勇敢"号航速快，火力强①，但其装甲只相当于同时期轻巡洋舰的防护水平。一战的实践证明，这种军舰几乎难以使用，英国皇家海军将其作为改装对象相当明智。当"勇敢"号在1928年2月21日以"航空母舰"的新面貌重新下水时，这艘舰艇就代表了英国皇家海军在这个领域里最新、最高的成就，很多在"百眼巨人"号、"暴怒"号（利用"勇敢"级3号舰改建而来）、"竞技神"号、"鹰"号上得到了验证的设计和技术，都在"勇敢"号上得到了体现。最后也是最

---

① 标准排水量16500吨，航速32节，装备4门15英寸口径主炮。

重要的，重新下水的"勇敢"号设计排水量19230吨，设计最大航速高达32节，与雷德尔的要求较为接近，这也使得"勇敢"号对德国人来说，有着极强的参考价值。

虽然"勇敢"号公开的资料极为有限，但威廉·哈德勒还是在1年的时间内拿出了一个完整的设计。大体来讲，威廉·哈德勒的设计可以视为一艘吨位略小的德国版"勇敢"号，比如位于右舷而不是左舷的高大舰岛[1]、封闭式机库[2]、双层飞行甲板[3]、两部升降机，以及时髦的降落阻拦装置（实际上是几条58米长的拦阻索）都能看到"勇敢"号的影子。当然，威廉·哈德勒参考"勇敢"号的做法也是得到了雷德尔的首肯的，除了以3座3联装150毫米主炮代替了原先的3座3联装203毫米主炮外，这位德国海军的掌舵人为其第一艘航母定下的条条框框大都被融合进这个设计里。虽然雷德尔拿到了初步完整的航母设计，但如何验证这个设计的"正确性"却是个令人头疼的问题。这其中的原因在于，在威廉·哈德勒埋头于绘图板的这一年间，尽管纳粹在突破《凡尔赛和约》的尺度上颇有成绩，但要明目张胆地将一条1万多吨航母的龙骨铺上船台，却差一点"火候"。

令人感慨的是，纳粹的政治手腕很快便令雷德尔如愿以偿。刚刚出生的纳粹德国极像一个残废的孤儿，政局不稳却野心勃勃，但军事力量孱弱。因此，如果高速度、高效率地组建一支庞大的、富有进攻性的武装力量，便成了纳粹政权的首要任务。在此背景下，虽然海军在陆、海、空三军中的重要性最弱，但重建一支强大的海军仍被纳粹视作必不可少的一环。尽管在1932年到1934年的日内瓦世界裁军会议上，英、法等国已经原则上同意德国在海军军备方面享有平等权，以实现欧洲的全面和解，但德国在纳粹党上台后，为了争取更大的筹码，很快便退出了裁军会议和国际联盟，在军备问题上漫天要价。1935

---

[1] 英国人的经验表明，由于某些原因，飞行员在降落失败后，总喜欢折向左舷。因此，采用左舷岛式上层建筑时，造成的降落事故比采用右舷上层建筑时的要多。

[2] 这种机库的通风系统与舰上其他部位的通风系统是单独分开的，这种设计使航母避开了汽油火灾，消除了火灾通过舰上通风系统蔓延到机库的危险。供人员进出机库的通道是气密式的，通道内装了几道隔火闸门，这也保证了封闭式机库更加完整、得体。

[3] 所谓的"双层飞行甲板"包括一块188米长的全通式主飞行甲板，以及用于直接从上层机库中紧急起飞的小型飞机的下层辅助飞行甲板。

年 3 月 16 日，希特勒又向全世界宣布了一个令人震惊的消息：他利用德国所有的电台宣布，德国将重新实行义务兵役制，并建立空军，还将德国海军由"国家海军"更名为"战争海军"。这实际上变相宣布了德国从此将挣脱《凡尔赛和约》所施加的军备枷锁。在这则消息的刺激下，英国与德国单方面达成"海军问题"协议的意愿变得迫切起来。事实上，1935 年 3 月 21 日英国政府外交部中欧司起草的一份文件就很好地解释了当时英国人的心理状态："……凡尔赛和约的军事条款，在技术上说，已经死亡，如果要举行一场葬礼的话，最好在希特勒还愿意为之支付殡葬费的时候，就尽快地将它埋葬……"

到了 1935 年 6 月 18 日，《英德海军协定》正式签署，德国表示自愿将水面舰只的总吨位和潜水艇部队的总吨位限制在英国人的 35% 和 45%。英国人喜气洋洋地认为，这是德国人为了永世和平而表示出的诚意。但事实上，当时德国海军的总吨位不足 11 万吨；而反观英国，他们拥有当时世界上最强大的海军舰队，总吨位超过 120 万吨。就这样，德国海军得到了可以公开扩充实力的"合法性"，航空母舰的建造与否在政治上已经不是问题。按照《英德海军协定》的相关条款，德国海军允许拥有的航空母舰总吨位上限是 38500 吨（一说是 42250 吨），这就意味着只要愿意的话，德国海军可以选择开工建造 4 艘 9000 吨级的轻型航母，或者 2 艘 19250 吨的中型航母，又或者 1 艘 38500 吨的大型航母。在权衡利弊并且考虑了手中已有的设计后，雷德尔选择了前者。

虽然政治上的绿灯已经亮起，资金更不是问题[1]，但雷德尔想要将航母从图纸搬上船台仍然面临困难：由于完全缺乏建造和使用这类舰只的经验，威廉·哈德勒的设计缺乏大量细节来进行支撑，同时预定建造航母的基尔德意志船厂（deutsche werke AG）的船台也正被"沙恩霍斯特"级战列巡洋舰 2 号舰[2]占据着。在这段"空闲"中，雷德尔想方设法地对威廉·哈德勒的设计进行完善。

从第一次世界大战到准备建造已经过了大约 15 年，德国国内从来没有设

---

① 1934 年 3 月 27 日，德国公布了一笔数字大为膨胀的军事预算，与 1933–1934 年度的军事预算相比，增加了近三分之一，达到了 10.89 亿马克，其中海军军费为 2.33 亿马克，约为 1930 年的 180%。
② 即"格奈森瑙"号（Gneisenau）。

计、建造过符合现代化战场条件的此类舰种，因此从设计环节上就存在设计队伍失散这样一个现实问题。也就是说，当面对这样一个具体的现实性任务的时候，不要说具体的建造、施工过程，就连航母的设计方案都没有团队能完成，这其中面临的困难可想而知。为此，雷德尔派出了一名参谋军官利用"英国皇家海军开放日"的机会，亲自登上"勇敢"号进行"考察"。然而，在彬彬有礼的英国皇家海军军官陪同下，这位可怜的参谋军官并没能在"舱面"上看到除诱人的香槟和洁白的桌布以外的其他东西，雷德尔对此深感失望。

俗话说"西方不亮东方亮"，就在雷德尔一筹莫展之际，东方的日本却发来了邀请，这令德国海军不由得喜出望外。当然，日本人并不是慈善家，正如台湾学者钮先钟所说："德、日的接近可以说是一种理所当然的发展"。一战结束后，战胜国为了瓜分战败国，形成了"凡尔赛—华盛顿体系"，德、日两国都是深受此体系约束的国家。1929-1933年爆发的经济危机对这两国的冲击使它们的不满情绪达到了极点，双双走上了法西斯主义的道路，相同的境遇使这两国非常易于结成同盟。当时，德、日都在国际上处于被孤立的状态（两国同在1933年退出国联），双方又都急需同样具有扩张性意图的合作者。在这种情况下，日本海军向德国海军施以"援手"，其动机显然是以自身利益为出发点的——日本人在战略上需要德国在欧洲尽可能地吸引英、美的力量，

■ "凤翔"号被认为是世界上第一艘真正意义上专门设计的航空母舰。

以利其在亚洲和太平洋展开行动。即便如此，对于经过了十几年海军技术断档的德国海军来说，日本的海军技术特别是在航空母舰方面的技术优势还是有着不可抵挡的诱惑——毕竟在当时的主要海军列强中，日本是德国唯一有可能获得全套技术资料，并学习到相关经验的国家。日本人抛出的"橄榄枝"，雷德尔断然没有不接的道理。

有意思的是，这件事情对于身为政客的希特勒却颇经历了一番踌躇。众所周知，希特勒是"种族优越论"的鼓吹者。在《我的奋斗》一书中，希特勒提到"只有雅利安人才是一切高级人类的创始者"，他无知地把日耳曼人看成了现代的雅利安人，鼓吹日耳曼人是"地球上最高级的人种"，"世界上凡是不属于优良种族的人都是些糟粕。糟粕就是犹太人和斯拉夫人"。很明显，日本人虽然还没有到"糟粕"那么糟，但肯定也不属于"精华"。这就使希特勒的内心很难接受"高级"的日耳曼人要从不那么"高级"的日本人那里去学习先进技术——譬如航空母舰的设计、建造和使用——这样一个事实。对日本人，希特勒终其一生都处于矛盾状态中。他一方面认为，按人种来说，日本人相对于雅利安人是属于下等的，或者至少是与雅利安人不同的；同时，他又认为日本人不像犹太人那样，不是破坏力量……他们不是布尔什维克主义的执行者。而且，他对日本人还怀有一种敬佩的心理，这种敬佩在本质上反映出了希特勒对日本认识的其他方面。正如1920年5月，希特勒在一次演讲中谈到的"日本要使东亚不受白种人的伤害"对他的启示，即日本当局所追求的和他打算在德国进行的一样，都是关于人种问题的所谓的"种族的净化"。除了这些敬佩的评价外，希特勒还因为日本在一战中的态度而对日本另眼相看。希特勒认为，在一战中，日本没有刻意隐藏对德国的敌意，于是它对德宣战了，但是它并没有因为对德有敌意并且已经宣战就义无反顾地参加了对德国的战争，而是积极利用当时的局势为本国谋求更多的利益。正是因为日本的这种举动，希特勒认为其具有强烈的民族主义精神，因而对其产生了敬佩之情。

无论是因为找到了一种"情感上的借口"也好，还是由于迫切的现实性需求"被迫低下了雅利安人那高贵的头颅"也罢，希特勒在经过了一番不为人知的内心挣扎之后，最终对日本人的"善举"表达了由衷的感激之情。至此，雷德尔终于可以将他的军官们派到遥远的东方，向日本人学习如何建造那些

■ "竞技神"号。在与"凤翔"号竞争"第一艘真正航母"的比赛中，"竞技神"号失利。

"平顶船"了。

　　在此之前，德国海军与日本人基本上没打过交道，不过日本人手里的确有几条"相当像样"的航母——被派往日本的德国海军军官很快就意识到了这一点。日本人对于载机舰的关注很早，起步也不算晚。在第一次世界大战中，皇家海军的榜样激起了日本人极大的热情，他们在1919年便设计了第一艘航空母舰。该舰的吨位和速度都与"竞技神"号相仿，只是在飞行甲板的右舷安装了3个小烟囱；烟囱上有铰链，飞机起飞时可以放倒。它同样采用了岛式上层建筑，有两部中线配置的升降机，火炮装备不多，可载机26架。1923年试航后，为了得到平甲板，日本人又按照"百眼巨人"号的设计，拆掉了岛式上层建筑。由于"凤翔"号赶在"竞技神"号之前服役，甚至被因此被认为抢了"世界上第一艘真正航空母舰"的名头。此后，根据《华盛顿海军条约》，日本人又获准把两艘41200吨的战列巡洋舰"赤城"号和"天城"号的船体改装为航空母舰。不过，"天城"号船体下水后不久，便在1923年9月1日的东京大地震中遭到了严重破坏，接替它的是舰体稍小的"加贺"号战列舰。

　　和当时日本的其他舰种一样，"赤城"号和"加贺"号有着一些看起来稀奇古怪的设计。比如它们有着夸张的三层飞行甲板[1]，除下边两层甲板的前面部分是起飞甲板外，其余部分是两个机库。除此之外，两舰还各自装备了10门重巡洋舰上采用的200毫米炮，只是炮管更长一些。再一个突出的特点则是烟囱："赤城"号的前部烟囱向下弯曲，第二个烟囱则平直外伸；"加贺"

---

　　① 三层飞行甲板呈阶梯状分布：上层是起降两用甲板，全长190米，宽30.5米；中、下两层与双层机库相接，可供飞机直接从机库起飞。中层甲板供小型飞机起飞，长约15米。下甲板层较长，供大型飞机起飞，长56.7米，宽23米。

号的烟囱则一直通到舰尾。当然它们的载机架数比美国航空母舰略少，只有72架，这是过于注重军械系统造成的恶果之一。不过，得益于比"凤翔"号大得多的战列巡洋舰舰体作基础，"赤城"号和"加贺"号还是让日本人初步尝到了拥有一种大型快速舰队级航母的"快感"①。"赤城"号和"加贺"号也由此与当时美国的"列克星敦"号、"萨拉托加"号，英国的"勇敢"号、"光荣"号、"暴怒"号，并称为"世界七大航母"。

作为向德国方面示好的一种诚意，日本人决定向雷德尔展示"赤城"号（而不是"凤翔"号）的"全部秘密"。这不但令希特勒对日本人的好感急剧上升，为不久后两国缔结同盟关系埋下了一个深深的伏笔，也让德国海军大开眼界。值得注意的是，1935年7月，雷德尔向日本方面派出了一个25人的"便装考察团"，但这些德国海军军官首先参观的却是"龙骧"号，而不是"赤城"号。这其中的原因在于，作为一艘于1929年11月才动工建造的新舰，"龙骧"号起初曾被德国方面认为代表了日本航空母舰的最新技术成就，并且其较小的吨位也被认为更符合德国海军的"入门标准"，舰体更为庞大的"赤城"号反而没能引起德国海军军官们的太多兴趣。要知道，"龙骧"号的设计排水量只有8000吨，但载机量却高达48架②，尽管尺寸有限，日本工程师却仍给它塞进了双层机库和12门127毫米高炮，并具有和美国"突击者"号一样的航速——这实际上是日本海军在战舰数量处于劣势的情况下仍然力图在单舰战斗力上超过对手，并且充分利用《华盛顿条约》"不包括1万吨以下航母"条款的空子进行"深度挖掘"的产物。可想而知，如此一种"小而强"的设计思路是相当符合德国人胃口的。

可惜的是，几乎就在德国海军军官对"龙骧"号进行考察的当口，这条船出了大洋相。日本人在这艘新航空母舰的排水量上其实费了不少心思，在竣

---

① 20世纪20年代，日本海军在"渐减邀击"作战中，计划将航母用于侦察警戒和对美军舰队进行前期打击。因此，他们将2个航空战队（每队各有1艘大型航母和1艘小型航母）分别配置在小笠原群岛以东及马里亚纳群岛以西的水域。为应对与美军先头侦察巡洋舰的遭遇，"赤城"号还安装了10门射程为26700米的200毫米主炮，其中6座单装炮分别配置于舰艇两舷每侧3个的炮廊内，2座双联炮安装在中层飞行甲板前端。1927年3月25日，"赤城"号在佐世保海军工厂完成改装，正式加入联合舰队，担任第一航空战队旗舰。

② "龙骧"号实际载机量为40架，其中战斗机32架（含预备机8架）和轰炸机8架（含预备机4架）。

工时，"龙骧"号的标准排水量仍远远超过了8000吨（"龙骧"号竣工时的标准排水量为10600吨，1934年改装后又增加了1000吨）。可即便如此，龙骧"号还是在1935年9月26日联合舰队进行对抗演习时遭了殃。对抗演习当天，日本本州以东海域遭到了强台风的袭击，两艘驱逐舰被大浪拦腰截断，多艘巡洋舰和其他舰只受伤，死亡约60人。"龙骧"号由于前甲板较低，飞行甲板被巨浪砸塌，尾部的机库壁被海浪冲破，大量海水翻卷着涌入机库，情况十分危险。幸亏应急处置措施成功，"龙骧"号才免于沉没——这便是日本海军史上有名的"第四舰队事件"。事件发生后，日本人对这艘新航空母舰的稳性进行了严格检查，拆除了4门火炮，以及其他可以拆除的重物。为了提高其适航性，还应增高前甲板的高度，但这样做，又抵消了减轻重量获得的大部分好处。最后，为了增加舰体的稳性，"龙骧"号还是被迫加了大约500

■ "第四舰队事件"中，"龙骧"号几乎沉没。

吨的压载，这样一来它的航速又受到了严重影响。如果说"突击者"号不属于成功之作，那么"龙骧"号的设计就几乎是场悲剧了——从头到尾目睹了整个事件的德国海军考察团也因此对"龙骧"号的印象大打折扣。

有意思的是，缺乏经验的德国海军并没能从"第四舰队事件"中真正看到问题的本质——"龙骧"号几乎沉没的根源，在于日本海军在造船方面单纯追求火力和战斗力，忽视了舰体稳性及船体强度[①]。但德国海军通过此事件意识到，吨位过小的航母对他们来说并不适用——德国海军主要活动的北海区域因北大西洋暖流的冲击而波涛汹涌，海况常年不好，且水面相对狭窄，这对于小吨位航母的适航性是个极大的挑战，而且也不利于舰载机的起降、回收作业，只有吨位较大一些的中型甚至是重型航母才能较好地适应这一海域的海况。

受"第四舰队事件"影响，雷德尔派往日本的考察团重新将考察的重点转回了预定的"赤城"号[②]上来。日本人也的确没有对德国人隐瞒有关"赤城"号的任何"秘密"，除了"忘记"告诉德国人这艘航母即将进行改装——雷德尔的军官们登上了"赤城"号，将这条船的里里外外看了个遍，甚至还获得了近1吨重的图纸资料（主要是100份航母甲板设计蓝图的复印件）。可想而知，日本制造的"赤城"号对德国航母项目产生了多么深远的影响。事实上，除了"赤诚"号宏伟的舰体、别出心裁的三段式飞行甲板以及强大的军械系统给德国军官留下了深刻印象外[③]，还有很多设计上的细节在不断地启发着德国人的思维。比如为了消除烟囱排烟对飞机着舰造成的不良影响，"赤城"号的烟囱经由右舷伸向舷外并向下弯曲；又如"赤城"号不仅在上层飞行甲板前端下面设置了横跨舰体两舷的主舰桥，还在右舷甲板上方设置了一个小型的辅助舰桥等等，这些细节对德国人日后反思自己的航母设计有颇多好处。

[①] 在条约时代，日本海军在舰船吨位上要劣于"假想敌"美国海军。因此，他们想方设法地提高舰船的品质，以弥补数量上的不足。他们的具体做法是在有限的排水量范围内，尽量配备重武装，增强战斗力。于是，在大正末年、昭和初年出现了一系列武备强大、外观雄壮的军舰。但是，在"最大限度追求武器威力"的建造方针下设计出来的舰艇，普遍上层重量过大，重心升高，复原性下降。

[②] "赤城"号航空母舰于1925年4月22日下水，1927年3月25日完工，标准排水量29500吨，航速31.7节。

[③] 特别是当时的"赤城"号安装了10门200毫米口径炮，用来打击巡洋舰等水面目标，其中两座双联装炮塔并列安装在舰桥之前的甲板上，单装炮廓式炮组分别装在舰体后部两侧，这与德国人的思路相当吻合。

事实上，雷德尔的军官在"赤城"号杂乱的甲板上看到了比"诱人的香槟和洁白的桌布"更有吸引力的"好东西"——日本海军的那套完全不同于欧美海军的航空甲板作业方法也许才是德国海军此次"取经之行"的真正收益，这远比舰艇平台设计本身更有价值。相比于从有限的资料上了解到的英、美航母甲板作业流程①，日本人的方法称得上既简单又高效：飞行长②和另外两名军官在舰桥上负责指挥，一名军官在飞行甲板上指挥飞机做出如滑跑等运动。起飞程序很简单：飞行长或者他的助手举起一面小白旗，这就是向飞行员发出的起飞信号；每隔20秒钟起飞一架，不再发令；如果飞行长打算结束起飞作业，他就放下小白旗。需要降落的飞机要在离航空母舰大约400米到600米的地方作反降落航向飞行，表示它要求降落。在飞行甲板做好准备后，甲板飞行军官（日本人称"甲板整备员"）通过闪光灯通知飞机降落。距上层建筑最近的飞行员在离航空母舰大约800米远的地方从200米的高度开始降落。飞行甲板并不发出什么信号来帮助飞行员判断他的降落方向是否准确，飞行甲板的前端有一个蒸汽喷管，它喷出的蒸汽显示了甲板上的风向；飞行甲板的中央和边缘有一排灯，用以标识飞行甲板的高度……飞行员可以依据这些作出自己的判断。德国海军军官从"赤城"号上忙碌却有序的甲板作业和飞机引擎持续发出的轰鸣声中，第一次直观地感受到什么才是航母，德国海军的航母项目也由此驶入了正途。

---

① 美国和英国在航空母舰上设置了降落引导官和甲板降落指挥官。后者是一位经验丰富的飞行军官，手里挥动乒乓球拍形状的两个指挥拍，通知飞行员修正高度、对准中心线和飞机接近拦阻索时放尾钩的高度。如果飞机看来不能准确降落，他便及时发出复飞信号，让飞行员飞开，再进行降落。再次降落时，如果尾钩仍然没有挂上拦阻索，飞机可以撞进拦阻网。

② 即舰上航空部门（第6战斗部门）的长官。

→ A 号舰与 B 号舰的建造 ←

1935 年 10 月底，德国海军考察团带着近 1 吨的"旧"图纸资料满载而归。以威廉·哈德勒为首的德国设计师们，迅速对自己的设计进行了修正和完善。有意思的是，虽然威廉·哈德勒的设计是在 1935 年 11 月 22 日被官方宣布技术冻结的，但早在《英德海军协议》签订以前的 1934 年 4 月，首批两艘的建造就被分别列入了 1935 年度和 1936 年度的海军军费预算，德国海军对于扩军备战的迫切心情由此可见一斑。

1935 年 11 月 16 日，基尔（Kiel）的德意志船厂（Deutsche Werke AG）与第三帝国海军部签订了"A 号舰"和"B 号舰"的建造合同（"A 号舰"的工程代号为"252"，"B 号舰"的工程代号为"555"）。此时，基尔德意志船厂预定建造"A 号舰"的船台仍被"格奈森瑙"号战列巡洋舰占据着，直到 1936 年 12 月 28 日该舰舰体下水，"A 号舰"才得以铺放第一根龙骨。这就出现了一个奇怪的现象——"B 号舰"的建造工作反而走到了"A 号舰"的前面。早在 1935 年 2 月，预定建造"B 号舰"的船台就已经开始修建，并于 1936 年 3 月 20 日基本建成。虽然由于图纸印刷错误，直到 1936 年 9 月 30 日才开始铺设龙骨，但这个时间也比"A 号舰"早了近 3 个月。虽然"B 号舰"开工更早，但按照计划，要以建造"A 号舰"的经验对"B 号舰"进行修正，因此"B 号舰"的建造进度在开工后不久便被有意放慢了。值得一提的是，就在"A 号舰"和"B 号舰"相继铺设龙骨的同时，一些重要的子系统（比如飞机升降机的建造）也同步展开，并于 1937 年 2 月装在一个驳船平台上进行了成功的试验；帝国航空部（RLM）在雷赫林测试中心建成了一条带有拦阻系统的试验跑道，计划在"A 号舰"下水之前，完成 2500 次起降试验……

■ 前往汉堡港出席"齐柏林伯爵"号下水典礼的纳粹党政军高层，包括希特勒、戈林、雷德尔、布劳希奇、马丁鲍曼等等。

　　由于缺乏建造此类舰只的经验，"A号舰"舰体直到1938年12月8日才宣告下水①。显然，作为结构最复杂、建造难度最大的大型水面舰艇，航母需要极其厚重的工业基础沉淀。德国造船工业经历了一战后长达20年的萧条，在设计和建造如此复杂的战舰上多少有些力不从心。

　　对于德国海军和纳粹政权来说，"A号舰"舰体的下水都是一件非同寻常的大事。在《凡尔赛和约》的压制下，全球只有英、美、日拥有真正意义上的航母，德国航母的下水在纳粹看来，不但意味着德国重回海军列强的行列，更意味着彻底打破了《凡尔赛和约》的枷锁，其政治意义非同小可。也正因如此，当天的下水典礼除希特勒本人和一众纳粹军政高官出席外②，更有一位身份特殊的女士主持了该舰的受洗命名仪式——此时的"A号舰"已经被以斐迪南·冯·齐柏林伯爵（Count Ferdinandvon Zeppelin）的名字命名，主持命名仪式的正是齐柏林伯爵的大女儿，这也突显了纳粹对这艘航空母舰所寄予的希望③。汉堡港也挤满了赶来参加这次下水仪式的群众，女人们手捧鲜花、男人们喝着啤酒来庆祝这艘"平顶船"的下水。多少年了，自从"彩虹事件"后，德意志帝国海军一蹶不振，那曾经强大无比却最终沉睡于斯卡帕湾的公海舰队，十几年来一直如毒刺般深深刺在每个德国人心间。但是今天"齐柏林伯爵"号航空母舰的下水，标志着德国海军将再次出现在全世界的大洋上——对德国人来说，这是多么振奋人心的时刻呀！在"齐柏林伯爵"号航空母舰伴随着军乐、掌声和四处飞溅的香槟酒沫缓缓滑下船台时，希特勒兴奋异常，情不自禁地对着这艘巨舰行了一个标准的纳粹举手礼。

　　下水后的"齐柏林伯爵"号航母舾装工程进展迅速，虽然主装甲带、舰桥还没有安装，但汽轮机和锅炉却已安装到位，150毫米舰炮、升降机和其他一些辅助系统也已经运抵船厂，完成度接近80%。然而，1939年9月1日，战争的"突然"爆发却打乱了"齐柏林伯爵"号的建造节奏。虽然在战争开始

---

　　① "沙恩霍斯特"级战列巡洋舰一号舰"沙恩霍斯特"号1935年5月开工，1936年10月下水；二号舰"格奈森瑙"号1935年5月开工，1936年12月下水。
　　② 前往汉堡港出席该舰下水典礼的纳粹党政军高层，除了希特勒外，还包括戈林、雷德尔、布劳希奇、马丁鲍曼等等。
　　③ 齐柏林伯爵设计的巨型硬式飞艇，构成了第二帝国海军空中舰队的主力，将不可磨灭的"齐柏林恐慌"带给了英国人。

■ "A号舰"下水前的命名仪式。

■ 礼毕后缓缓滑下船台的"齐柏林伯爵"号。

后的一段时间里，"齐柏林伯爵"号航母的舾装还能按部就班地进行，但在不久后，施工进度还是因为战争的影响受到了拖延。按照纳粹最高统帅部的盘算，他们要打的将是一场激烈、残酷但却短促的"短期战争"，海洋只是一个不重要的辅助战场。而在这场所谓的短期战争中，生产周期短、成效快的U艇被认为比大型水面舰只更为重要，因此德意志船厂只得将大批本应用于"齐柏林伯爵"号建造的人力、物力资源投入到U艇的建造。这样一来，"齐柏林伯爵"号的优先级别自然被降低了，"B号舰"甚至干脆在1939年9月19日被勒令停止建造①。不过，德国海军的掌舵人雷德尔海军元帅对此显然有着自己的看法。经过同希特勒本人一番言辞激烈的争论后，雷德尔于1939年10月多少争取到了一些东西——U艇建造的优先级别将被调到最高，不再继续开工任何新的大型水面舰艇项目，作为交换，包括"齐柏林伯爵"号在内的5

---

① 停工前两天，作为"齐柏林伯爵"号及其"B号舰"早期模仿样本的英国皇家海军"勇敢"号刚被德国海军的U-29潜艇送入海底。

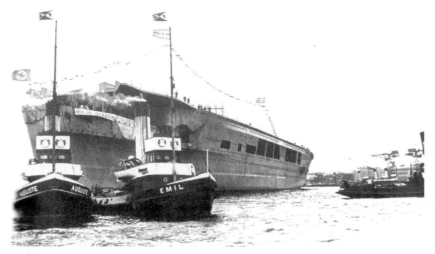

■ 刚刚下水的"齐柏林伯爵"号舰体。

艘在建的大型水面舰艇将继续建造下去直到完工。

可惜，1940 年 4 月德军对挪威和丹麦的"征服"，成了"齐柏林伯爵"号航母命运的"绊脚石"。丹麦位于波罗的海和北海之间，扼海上交通要冲；挪威地处斯堪的纳维亚半岛的西北部，北临巴伦支海，西滨大西洋，南濒北海，战略地位很重要——挪威和丹麦对德国而言显然是至关重要的。只要将这两个国家牢牢掌握在手中，纳粹德国就可以限制英国舰队在大西洋和波罗的海的行动，德军舰艇也可以畅通无阻地进入大西洋和北海。而且，瑞典开采的铁矿石会从挪威港口纳尔维克装船，在一连串小岛的掩护下运送过北海，最后被送到德国鲁尔区的兵工厂里。这一海上线路被称为"利兹航线"，大部分处于挪威国境线内。更何况，挪威境内的维摩克水力发电厂生产的重水，对纳粹德国的"U 工程"是关键中的关键。夺取斯堪的纳维亚前进基地，可使德国加强北翼，确保从瑞典运来的铁矿石的安全，并从东方对英国造成战略包围的威胁。同时，斯堪的纳维亚半岛前进基地对德国预定发动的侵苏战争也有着非常重要的战略意义，斯堪的纳维亚半岛最适于封锁苏联北极圈地区的海上通路，以便德国陆军入侵苏联北部地区，控制波罗的海的出口。

令人"感慨"的是，如果说雷德尔对希特勒发动这场战争的意义并不完全理解，在海军建设的思路上也存在诸多分歧，但关于是否应该攻占并且守住斯堪的纳维亚半岛的问题上，两人却达成了一致——"作为第二帝国海军的幸存者，雷德尔对一战中德国公海舰队被死死锁在波罗的海有着切肤之痛。他认为，德国的海洋地理位置比较特殊，主要面对的是北海和波罗的海，而北海一向被英国人视为大英帝国的后花园，对此拥有绝对的制海权；波罗的海则像一个大口袋，袋底是封死的，唯一的出海口很狭窄，还被德国的北方邻国丹麦控制着。德军占领了丹麦，就等于是把波罗的海变成了德国的内海。再往北一点，坐落在斯堪的纳维亚半岛上的挪威，则有一长串面对大西洋的优良港湾。这些港湾大多位置较为隐蔽，终年都有浓雾掩护，这对舰艇出入非常有利。这对德国海军来说，无论是实施大规模无限制潜艇战还是大型水面舰艇编队进行远洋破交作战都非常有利。"显然，即便从海军自身发展的角度，以雷德尔为代表的德国海军精英也同样十分看重斯堪的纳维亚半岛，乃至整个波罗的海对德国的意义[1]。对此，雷德尔形象地比喻道："北海的德国舰队原是没有马的骑士，现在应当让他骑在地理的马鞍子上。"

然而问题在于，虽然从陆上占领挪威和丹麦是轻而易举的——德军地面部队和伞兵仅仅用了 4 个小时便占领了丹麦全境，奥斯陆和整个挪威南部则在几天之内也沦陷了，后续零星的抵抗只持续了 2 个月——但要守住从北极圈内纳尔维克到北海沿岸的克里斯蒂安桑这条南北长达 2000 公里的海岸线却是一件令人头疼的事情。事实上，在攻占丹麦和挪威的斯堪的纳维亚战役中，德国海军自己便有着切肤之痛——"布吕歇尔"号重巡洋舰、"柯尼斯堡"号轻巡洋舰、"卡尔斯鲁厄"号轻巡洋舰以及 10 艘驱逐舰、4 艘 U 艇都在此役中折损，"格奈泽瑙"号战列巡洋舰也身负重伤。即便如此，德国海军还是无法阻止盟军在漫长海岸线上不断实施的突袭。这令雷德尔意识到，斯堪的纳

---

① 邓尼茨海军元帅在战后接受采访时，也曾这样对波罗的海战场加以评论："波罗的海对于我们在第二次世界大战中的战略和军备来说，意义十分重大。我们在波罗的海的制海权是为了保护我们的德国北部和东部漫长的海岸线免受敌人的入侵，从而防止敌人在德国的领土上建立一条新的陆地战线。这种制海权就需要我们使用军事力量保证波罗的海入海口的安全，从而使敌人不能从西面侵入波罗的海。此外，我们封锁了芬兰湾，使俄国的海军以及运输部队的船只不能从列宁格勒和喀琅施塔得进入波罗的海。我们掌握了波罗的海的制海权，那就毫无问题，只要波的尼亚湾化冰后，就可以立刻从中立国瑞典越过波罗的海得到矿砂的供应，这对我们的战时经济具有决定意义；通过波罗的海，也同样可提供其他的瑞典商品。不言而喻，我们在俄国的东方战场也可以通过波罗的海的海上运输得到人力、物力和武器的支援，我们的部队及其武器装备也可通过波罗的海调回西线。"

维亚地区海岸线防御作战成功的关键取决于能否为德国海军及时补充大量适于在狭窄水域活动的中小型舰艇。不过这样一来，本已有限的资源又要分去相当部分用来建造驱逐舰（或者说是大型鱼雷艇），包括"齐柏林伯爵"号在内的在建的大型水面舰艇也就无可避免地要受到波及。

事实上，早在 1940 年 4 月 29 日的一次军事会议上，雷德尔便给希特勒"算了一笔账"。雷德尔指出，即便按照最快的时间，"齐柏林伯爵"号完成剩余的舾装工作也要到当年年底，更何况之前生产出的一套火控系统已经卖给了苏联，再生产一套并将其安装到舰体上进行调试又要花去几个月时间。即便不考虑舰载机的问题，"齐柏林伯爵"号最快也要用 10 个月时间才能真正完工，而这段时间恰恰是入侵斯堪的纳维亚半岛之后，必然要展开的海岸防御作战最为吃紧的关键时期，胜负将取决于德国海军是否拥有足够的驱逐舰和海岸炮。结果，在雷德尔的主动要求下，已经完工近 85% 的"齐柏林伯爵"号舾装工作被"暂停"。在斯堪的纳维亚战役进行间的 1940 年 5 月，其舰体上已经安装完毕的 150 毫米舰炮和大部分高射炮还被拆下，准备运往挪威作为岸防炮使用。

讽刺的是，虽然"齐柏林伯爵"号已被其"东家"雷德尔海军元帅"废去武功"，变回一只"空船壳"，但一向对海军兴趣索然的希特勒却对这艘航空母舰念念不忘。在 1940 年 7 月的一次军事会议上，因法国战役进展顺利而心情不错的"元首"突然来了兴致，对身边的雷德尔元帅表示："德国海军还是要有一艘'有飞行甲板的巡洋舰'。"雷德尔当时虽然只能报以苦笑，但在散会后，还是指示海军建造局准备了一个被称为"M 级航空巡洋舰"的方案，以满足希特勒的虚荣心——这个所谓的"M 型航空巡洋舰"与"Z 计划"中的"M 级巡洋舰"其实毫无关系，舰体由"柯尼斯堡"级轻型巡洋舰修改而来，设计排水量 9000 吨，包括主炮在内的前部舰体不变，只在后部舰体铺设飞行甲板，载机 14 架……不过，即便是如此敷衍的设计，在"齐柏林伯爵"号的舾装都无力完成的情况下，想要开工建造也只能是痴人说梦，这个计划很快便不了了之，希特勒也没对此发表任何评论。

为了躲避英国皇家空军的打击，1940 年 7 月 12 日，"齐柏林伯爵"号在"纳提鲁斯"号扫雷舰（M81）的护卫下，由 3 艘拖船从基尔拖往总督辖区北部的戈腾哈芬港（即今波兰的格丁尼亚）。在经过萨斯尼兹锚地修整时，"齐柏林

■ 1941年夏季，位于斯坦丁锚地的"齐柏林伯爵"号。从照片中可见，包括烟囱在内的岛式上层建筑已经大体完工。

■ 1941年夏，斯坦丁港的航拍照片。巨大的"齐柏林伯爵"号非常容易识别。

伯爵"号被临时装上了两门双联装 37 毫米 SK C/30 高炮，准备作为到达戈腾哈芬后的自卫武器。这种 37 毫米 SK C/30 高炮采用手动单发装填，射速 3 ~ 4 秒一发，性能十分低下，因此"齐柏林伯爵"号装备的两门 37 毫米 SK C/30 高炮，实际上仅具有象征性意义。不过，原本是被"暂时"中止舾装的"齐柏林伯爵"号，在戈腾哈芬港的海水中一泡就是一年，直到"巴巴罗萨"开始前不久，才被人想起该"挪挪窝"了。1941 年 6 月 16 日，由于有情报显示苏联空军和海军航空兵很可能对戈腾哈芬港实施先发制人的空袭，于是第三帝国海军司令部指示要在 19 日之前，将"齐柏林伯爵"号拖到更北边一点的地方重新下锚。1941 年 6 月 19 日中午，"齐柏林伯爵"在两艘扫雷舰的护卫下，被匆忙拖离戈腾哈芬，于 6 月 21 日下午到斯坦丁（即波兰人口中的什切青）的临时锚地，并在这里被伪装成一艘驳船。当然，由于"巴巴罗萨"战役进展异常顺利，苏联飞机空袭的可能性很快就被排除了，所以"齐柏林伯爵"号在斯坦丁的海水中并没有泡上多久，在两个月后的 11 月 17 日又被拖回了戈腾哈芬。

→ 停建、续建、停建…… ←

可惜的是，再次回到戈腾哈芬的"齐柏林伯爵"号并没有继续享受到"国宝"级待遇。苏联红军的一溃千里，让所有人都认为这场"短期战争"已经接近尾声了，"齐柏林伯爵"号的完工与否已经不再重要。结果，这艘本已接近完工的航空母舰不但被废物利用式的用作浮动仓库，甚至还被屈辱地改名为"祖格维克"号。不过，短短1个多月后，"齐柏林伯爵"号的命运却再次发生了转折。然而，究竟是什么拨动了"齐柏林伯爵"号的命运之弦呢？首先来讲，德军在莫斯科城下受挫是"齐柏林伯爵"号再被想起的原因之一。于1941年6月22日开始的"巴巴罗萨"战役，德军取得了毋庸置疑的巨大成功，波兰西部、白俄罗斯大部、乌克兰、波罗的海三国被完全占领，5个月内苏联红军主力损失超过了250万人——仅仅在基辅会战中被俘虏的人数就高达60万，技术装备的损失更是不计其数[①]。然而，当希特勒企图攻占莫斯科，给"苏联这块破门板踹上最后一脚"时，却"意外"地踢到了坚硬的石头上。

德军统帅部认为莫斯科在政治和军事战略上具有重大意义，占领莫斯科关乎整个战争之命运。德军在攻占斯摩棱斯克和基辅、推进至列宁格勒附近后，想在战争最初几周内从行进间夺取首都的计划以遭失败，于是德军准备了代号为"台风"的大规模进攻战役。计划规定，以各坦克集团分别由杜霍夫希纳、罗斯拉夫利、绍斯特卡等地域向东和东北方向实施3个强大突击，割裂苏军防御，并在维亚济马、布良斯克两地域合围歼灭西方面军、预备队方面军和布良斯克方面军，尔后以强大快速集群从北面和南面包围莫斯科，在步兵兵团实施正面进攻的同时，攻占苏联首都。为达此目的，德军基本力量集中于斯摩棱斯克以东"中央"集团军群（司令为博克元帅）地带。战役之初，德军推进迅猛，很快地占领了莫斯科外围，摧毁了数道苏联防线，在亚赫罗马地域前出到莫斯科运河，在纳罗福明斯克以北及其以南强渡了纳拉河，从南面逼

---

① 开战头4个月苏联红军损失数字1941年6—9月，苏联红军一共损失2817303人，其中纯减员（指阵亡与失踪）2129677人，这其中阵亡236372人，因伤死亡40680人，因病死亡153526人，失踪1699099人；受伤687626人，其中受伤665951人、因病受伤21665人。据不完全统计，装备损失如下：轻武器417.28万件，坦克与自行火炮15601辆，各种火炮70574门，作战飞机7237架。

近卡希拉，甚至在 1941 年 11 月 30 日，一支小规模的德军地面部队冲到了距离莫斯科中心只有 8 公里的一处郊区，德军侦察兵已经能从望远镜中看到克里姆林宫的尖顶了！

然而，此时的德军已经成了强弩之末。仅 11 月 16 日–12 月 5 日，德军在莫斯科附近就死伤15.5 万余人，损失坦克约 800 辆、火炮 300 门、飞机近 1500 架，苏联红军的反攻随即开始了。反攻开始于 1941 年 12 月 5–6 日，此时德军进攻能力显然已经衰竭。尽管天寒雪深，反攻发展却很顺利。在加里宁战役、克林—索尔涅奇诺戈尔斯克战役、图拉战役、卡卢加战役、叶列茨战役中，苏军在最初几天内就从德军手中夺得了主动权。12 月 8 日，希特勒签署了在苏德战场全线包括莫斯科方向转入防御的训令。12 月 9 日，苏军解放了罗加切沃，11 日解放了伊斯特拉，12 日解放了索尔涅奇诺戈尔斯克，15 日解放了克林，16 日解放了加里宁，20 日解放了沃洛科拉姆斯克。苏联实施反攻的部队前出到勒热夫、拉马河、鲁扎河、博罗夫斯克、莫萨利斯克、别廖夫、韦尔霍维耶一线，德军被打退 100 ~ 250 公里，38 个师，包括 15 个装甲师和摩托化师遭重创，只得转入防御。希特勒企图就此结束东线战事的构想完全破灭，战争不可避免的有向长期化发展的趋势。结果在这种情况下，西线孤悬于欧洲一隅的英伦三岛，就成了希特勒的心腹大患——如果不尽快解决"英国问题"，两线作战的局面下，这个地方很可能成为一块危险的"溃疡"。然而，"不列颠空战"的结果又表明，仅仅依靠从法国沿岸起飞的空中力量，不足以保证登陆英国本土的"海狮"计划的顺利实施，海军力量特别是海基航空力量的辅助也被认为是必要的。结果，那艘几乎就要被遗忘的"平顶船"，又被想起也就成了很自然的事情。

另一方面，1941 年 12 月 7 日，在日本人对珍珠港进行的成功偷袭中，航空母舰起到了无可替代的决定性作用这一事实，令雷德尔和希特勒都倍感意外。在策划此次作战的过程中，日本人曾以极大兴趣，研究了英国皇家海军使用航空母舰对意大利塔兰托进行的袭击[1]。他们从中显然受到了极大的启发和

---

[1] 德国人也对塔兰托事件进行了关注，但他们最后的结论认为，这次胜利不过是英国人侥幸碰到了好运气而已。

鼓舞，于是决定将自己最好的 6 艘航空母舰也用于偷袭锋芒毕露的美国太平洋舰队。结果，将"赤城"号、"加贺"号、"飞龙"号、"苍龙"号、"翔鹤"号和"瑞鹤"号集中起来使用的威力，是令人瞠目结舌的。珍珠港内，"亚利桑那"号爆炸，"俄克拉荷马"号倾覆，"加利福尼亚"号和"西弗吉尼亚"号沉没，"内华达"号、"马里兰"号、"田纳西"号和"宾夕法尼亚"号全都受到不同程度的重伤。紧接着到来的第二波日本舰载机群，又摧毁了停在机场上的大量陆基飞机，给美军造成重大伤亡。整个美太平洋舰队的存在几乎可以从军用地图上被忽略了。然而，珍珠港发生的事情仅仅是一个开始。此后的半年时间里，日本航空母舰在整个太平洋地区掀起了一阵又一阵可怕的风暴。成功地令整支美太平洋舰队瘫痪后，南云率领以航母为主力的日本海军"机动部队"转战千里。先是在 1942 年 1 月，投入了对荷属东印度（即现在的印度尼西亚广大地区）的进攻。南云部队从加罗林群岛的特鲁克新基地出发，于 1 月 20 日轰炸了新不列颠岛的腊包尔。3 天后，腊包尔便被日军占领（1 月 23 日，日本人占领了军事重镇腊包尔）。同时，"龙骧"号轻型航空母舰的飞机在苏门答腊海域重创了由美、英、澳、荷等国的舰艇组成的盟国联合舰队。"飞龙"号、"苍龙"号和"瑞凤"号航空母舰则掩护了日军对安汶的进攻。

1942 年 2 月 15 日，日本第 1 航空母舰战队又开始攻击澳大利亚大陆，188 架飞机空袭了澳大利亚北岸的达尔文和布鲁姆两地。澳大利亚海军最重要的基地达尔文港遭到浩劫，实际上被整个摧毁了。此时，就连日本人自己也惊奇地发现，由于集中和果断地使用了航空母舰而不是传统的水面舰艇，在夺取菲律宾、马来亚和荷属东印度的石油、橡胶和矿物资源过程中，他们只付出了很小的代价：3 艘驱逐舰，不到 100 架海军飞机，一些运输船和辅助舰船。1942 年 3 月 26 日，南云的航空母舰再次逞凶。这次的敌手是早已在印度洋上全线后撤的英国人，"赤城"号、"飞龙"号、"苍龙"号、"翔鹤"号和"瑞鹤"号航空母舰的飞机攻击了锡兰的亭可马里皇家海军主要基地和科伦坡大型商港。与此同时，"龙骧"号轻型航空母舰和 4 艘巡洋舰则在印度洋沿岸进行了一系列破交战。1942 年 4 月 5 日，科伦坡遭到南云的飞机轰炸。科伦坡港口受到的破坏不大，但兼程向南驶往阿杜环礁的"康沃尔郡"号和"多塞特郡"

号重巡洋舰却被"赤城"号、"飞龙"号和"苍龙"号航空母舰的99式舰载俯冲轰炸机击沉。三天后,南云的舰载机又对锡兰亭可马里海军基地进行了空袭。虽然像在科伦坡那样,英国侦察机及时发出了警报,对商船作了疏散,使得基地受到的破坏较轻,但从日本"榛名"号战列舰起飞的一架水上飞机还是在距离亭可马里65海里的海域发现了英国"竞技神"号航空母舰和其他舰只。日本人的第二波飞机当即从航空母舰上起飞,在第一波飞机攻击亭可马里后不到两小时,第二波85架俯冲轰炸机攻击了"竞技神"号和其他舰只,"竞技神"号、1艘舰队油船和2艘护航舰全被击沉。

日本航母在太平洋和印度洋的一系列"大手笔",令希特勒颇为感慨,不由得对航空母舰这一舰种进行了重新评估。事实上,较之日本人在海上战场取得的辉煌,此时德国海军的战场表现并不令人不满——1941年5月"俾斯麦"号巨型战列舰的沉没,就几乎让希特勒对德国海军水面舰艇部队失去了信心,而进入1942年4月以来,同盟国利用北极航线向苦战中的苏联运送了大量援助物资,德国海军水面舰艇在北方战场的破交行动又不断遭遇挫败,英国皇家海军成功地将"提尔皮茨"号赶出了摩尔曼斯克附近的运输线。只有日本航母的表现,让希特勒感到眼前一亮。在这种情况下,1942年4月16日,希特勒亲自在东普鲁士拉斯滕堡附近的大本营中主持了一个有关航母的会议。作为这次会议的结果,仓库船"祖格维克"号摇身一变,又变回了国宝"齐柏林伯爵"号。同时,无师自通的"海军专家"希特勒,还对"齐柏林伯爵"号的完工进度重新设定了严格的时间节点:1943年7月之前,"齐柏林伯爵"号的动力系统要全部安装调试完毕;1943年10月之前,Me 109T和Ju 87C-1两型舰载机要完成量产和上舰的一切准备。整条航母应在1943年年底,达到堪用状态。

1942年5月13日,"齐柏林伯爵"号的舾装工作重新开始了。不过,作为一条战前下水的"老舰",再次开工的"齐柏林伯爵"号在设计上已经显得有些不合时宜,必须根据几年的战争经验进行修正。比如,原先的甲板防弹能力被认为过于薄弱;机库的消防系统也被认为需要加强;此外,原设计中的舰桥被认为过于简陋,需要增加雷达设备和装甲防护;同时,在考察了战争中英日两国航母的损失情况后,德国海军还认为原有的防空火力严重不足,需要将性能不佳的37毫米SK C/30高炮替换下来,并对舰体水线以下的部分进行改造，以增加防雷能力[①]。结果这样一来，也就意味着"齐柏林伯爵"号要进行的不仅仅是"续建"，实际上是一种变相的改建，工程量远远超过了剩余的12%（按照原设计，此时的"齐柏林伯爵"号已经完成88%）。为此，希特勒要求，将部分为U艇准备的人力、物力资源，重新转向"齐柏林伯爵"号。1942年8月，已经安装完一多半动力机组的"齐柏林伯爵"号首次进行了自主航行测试，这无疑是一个令人鼓舞的进展。然而，下面的工程在戈腾哈芬却是无法进行的，必须将整条舰体拖回"娘家"基尔才能继续开展。不过，由于此时从戈腾哈芬到基尔的航线上，遭遇英国或是苏联飞机空袭的可能性非常大，这使"齐柏林伯爵"号"回家"的行程被一再推迟。直到1942年年底，才终于得以成行。

1942年11月30日，临时加装了3座37毫米高炮、3座20毫米高炮以及4具防空探照灯的"齐柏林伯爵"号，由3艘拖轮拖带，在3艘扫雷舰（M3/M14/M37）、6艘其他辅助舰只的护卫下，浩浩荡荡地离开了停留了近两年半的戈腾哈芬，紧贴海岸向基尔驶去。经过了几天东躲西藏的航行后，"齐柏林伯爵"编队总算于1942年12月3日平安抵达了基尔港。由于几个月时间在无所事事的等待中被白白浪费了，"齐柏林伯爵"号几乎刚刚下锚安顿下来，续建工程便争分夺秒地开始了。到1942年12月30日，"德意志船厂"向雷德尔报告说，"齐柏林伯爵"号已经可以以25～27节的航速航行了。遗憾的是，此时的"齐柏林伯爵"号已经错过生命中最后的机会。由于战局在几个月间再次发生了剧烈的变化，对德国海军水面舰艇部队感到彻底失望的希特勒于1943年1月30日愤怒地决定，将德国海军水面舰艇部队所有残存的大型舰只退役，同时取消所有未完成舰艇的建造——"齐柏林伯爵"号航母的命运就这样注定了，再无回转的余地！1943年2月2日，正在干船鹅中加装水下防雷隔舱的"齐柏林伯爵"号被勒令停止施工。1943年4月15日，再次被改名为"祖格维格"号的"齐柏林伯爵"号先是被拖回戈腾哈芬，然后在4月23日又转移到斯坦丁（即今天波兰的什切青），最后在奥得河口的一处锚地被伪

---

① 1940年9月17日，作为"齐柏林伯爵"号模仿原型之一的英国皇家海军"勇敢"号航母，便被德国海军的U-29号潜艇用3枚鱼雷轻松送入了海底。

装成一个小岛。纳粹就这样放弃了自己唯一一艘已经接近成形的航母，任由那巨大的舰体在海水的浸泡中腐蚀生锈。

→→ 结构设计 ←←

要说清"齐柏林伯爵"号是一条怎样的船，并不是一件容易的事情。这不仅仅是因为"齐柏林伯爵"号最终没能建成，更重要的原因在于，作为"摸石头过河"的一个试验品，"齐柏林伯爵"号实际上是边设计、边建造的。当它在1936年12月28日开始铺设第一根龙骨时，整个设计远没有冻结，发图工作量只完成了不到65%。接下来在其曲折的建造过程中，命途多舛的"齐柏林伯爵"号更是经历了2次原因复杂的停建和续建，每一次转折都伴随着绘图板的修修改改，直至1943年2月被彻底遗弃时，德国海军建造局的工程师们仍然在"肆意"发挥着"来源多样的想象力"。这就使"齐柏林伯爵"号的真面目随着时间的推移，越发模糊起来。然而，"齐柏林伯爵"号毕竟有着一个完工度高达88%的舰体实物，遗存下来的相关资料也堪称丰富，这就为最大限度地还原其本来面目提供了条件。

舰体线型与结构设计

出于"破交战"的需求，高航速和适航性成为"齐柏林伯爵"号设计理念

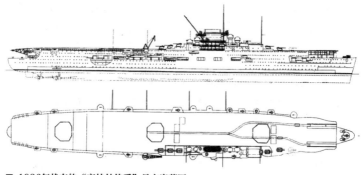

■ 1936年状态的"齐柏林伯爵"号方案草图。

中被反复强调的重点。然而，除了一个半途而废的"爱奥尼亚"号，德国对于航母这一新兴舰种再无任何设计建造经验，是一个不折不扣的后来者。再加上在《凡尔赛和约》的约束下，德国对于大型水面舰艇的设计荒废了近 15 年的时间。如此长的一段空白使得他们无法了解，更无法理解新形势下的大型水面舰只将要面对怎么样的战斗、将以如何方式展开，也无法真正认识到现有的打击力量将如何摧毁一艘战舰。结果，第二帝国的遗产——公海舰队尘封的设计图被取了出来。"齐柏林伯爵"号的舰体很自然的参考了其中一些吨位相近的高速舰艇，很难说是一个全新设计。事实上，根据现有资料汇总，在威廉·哈德勒设计之初，德意志第二帝国海军时期"马肯森"级、"约克"级等战列巡洋舰舰体都成了其参考的范本。也正因如此，后来人们在"齐柏林伯爵"号的舰体设计中，从舰体线形到舱室布置、装甲布置、防雷结构布置中看到了很多"似曾相识"的东西。

具体来说，"齐柏林伯爵"号航空母舰标准排水量 24500 吨、满载排水量 31367 吨，吃水深度 31.5 米。该舰全长 262.5 米，飞行甲板宽 24 米。舰体受基尔运河①水深限制，适度加宽舰体以减少吃水，长宽比为 9.26∶1。为了适应北海的恶劣海况，"齐柏林伯爵"号放弃了早期德国大型水面舰只常用的长艏楼构型，改用高干舷平甲板构型。这种构型的主甲板和甲板两舷都有艏艉贯通的通道，相比长艏楼型，内部空间更大，通道性更好，尾部干舷不足导致上浪的缺点也被解决，即便在恶劣海况中航行时海浪也打不到飞行甲板，显然十分适合航空母舰这一舰种的特性。出于同样的原因，大西洋型舰艏也出现在"齐柏林伯爵"的设计中，由于舰艏易受到弹击和水雷爆炸的损伤，因此还采用了适度的外张和干舷，这样即使受到损伤，造成舱区进水，也能保持足够的储备浮力。同时值得一提的是，舰艏还装了一部很大的水听器，用以探测敌潜艇。不过，军舰只有低速航行时，水听器才能有效地进行工作。按照第二帝国时期海军主力舰的建造标准，"齐柏林伯爵"号舰体从前到后共

---

① 基尔运河是 19 世纪末德国为了缩短由北海到波罗的海的航程，和能够在战时自由航行于北海与波罗的海之间而开挖的人工运河，一战时进行扩建挖深，但工程直到 1935 年才完工。

分为 19 个细致的主要水密舱段，其中主舰体划分为 17 个水密舱，舰尾 2 个水密舱，舱室尽量小型化水密化以提高水密结构增加浮力储备，隔仓间的支撑壁采用强化钢结构以提高隔仓的强度和韧性，隔板装甲厚度高达 200 毫米。水线下和水线处的舱室间全部取消横向联络门，水密门的数量被尽量缩减，各水密隔舱之间使用电气控制的林奈式水密门，在有战损的时候可以通过中央控制系统将所有的水密隔舱门全部关闭，舰员的进出只能通过纵向的水密门，以最大限度地保证抗沉性。舱内配置水泵、消防系统、沙袋和其他损管设备。部分舰底采用了双重船底结构，其长度占到航母舰体水面线长的 68%（或者说是 170 米），并装有金氏通海阀，在面临被俘、起火等危急情况下，可向各舱室内注水将舰体坐沉。

作为一条事实上的"破交舰"，"齐柏林伯爵"号由于一出生就注定要以少敌多，以寡敌众[1]，所以在装甲防护的设计上，德国海军并没有像其他海军强国那样采用"重点防护"的装甲设计概念，而是沿袭了第二帝国时期德国海军传统的"全面防护"的装甲设计概念。一旦开战德国海军注定要在数量上处于劣势，在面对敌海上优势兵力的围歼时，采用全面装甲防护的设计更有助于提高战舰在战斗中的耐久度。事实上，德国在二战爆发之前所建造的战列舰与重巡洋舰也均采取了这一装甲布置理念，这一装甲布置理念除了在传统的水线、指挥塔等关键要害部位布置主装甲带以外，还对战舰有可能被命中的其他非关键区域，也加装有一定厚度的装甲予以防护。虽然这种采用"全面防护"理念建造的战舰在关键要害部位的主装甲厚度往往较同一时期其他海军强国采用"重点防护"理念建造的战舰要低，但全面的装甲防护却可以避免战舰因非关键部位的受损而丧失战斗力，这一点从北角海战中，"沙恩霍斯特"号强悍的生命力就可见一斑。"沙恩霍斯特"级的主装甲带有可观的 350 毫米之厚，覆盖全部水线以及船体的其他少量地方，其他地方的船体普遍也有 170 毫米厚，炮塔以及射击指挥室装甲基本在 250 毫米之上。德国的设计师们

---

[1] 即使在作战区，在大西洋上作战，德国海军与英国海军相比也是一开始就处于劣势。德国海军不像英国海军那样在大西洋沿岸拥有基地和修理场所，如果德国舰艇中弹的话，将会产生严重的后果，因为负伤的德国舰艇在返航时还必须穿过北海，经过一段漫长而危险的航道。

认为，"沙恩霍斯特"级的装甲能抵御11千米外射来的1016千克以下的406毫米炮弹，事实上他们说对了，也正是因为有强大的装甲以及优秀的水密结构，在北角之战中"沙恩霍斯特"号才能在绝对的劣势之下支撑长达3小时之久。直到上层舰岛被全部摧毁之前，"沙恩霍斯特"号一直都在反击，让包括"约克公爵"号在内的多艘战列舰以及巡洋舰吃足了炮弹。

具体来说，"齐柏林伯爵"号舷侧的装甲防护以机库、弹药舱和舯部的轮机舱的装甲最厚，达150毫米（也有资料称102毫米），形成占水面线长度48%的主装甲带。装甲厚度越靠近舰体的艏、艉处，厚度就越薄，其舰艏与舰艉区域的装甲厚度仅分别为60毫米和80毫米。由于吸收了部分英国航母的设计思想，飞行甲板也铺上了一层厚达40毫米的装甲。在1942年5月第二次决定继续建后，为了进一步提升生存能力，机库两侧不但加装了30毫米厚的装甲内衬，而且舷侧主装甲带的下方还加设了由两层防雷壁与一层装甲壁组成的防雷击系统，足可抵御250千克装药量的鱼雷或磁性水雷的攻击。其中最内层装甲壁的厚度为45毫米，与水平方向主装甲垂直相接，形成一个盒形装甲区域，外部的两层防雷壁各厚170毫米，其间的隔舱内填充有燃油或水以作为该舰被鱼雷击中后的爆炸缓冲区之用。舰桥指挥塔顶部的装甲厚度为220毫米，周边部分装甲厚度为350毫米，其下方包含在上层建筑之内的垂直通道由70毫米的装甲予以保护。此外，在各主炮的测距仪及雷达火控塔等指挥部件均有一定厚度的装甲进行保护，甚至就连舰上烟囱两侧的探照灯都有专门的半球形装甲防护罩。从这些枯燥的数据来看，"齐柏林伯爵"号舰体的装甲防护水平至少接近于重巡洋舰。

值得注意的是，单纯的防护设计和装甲厚度，并不能完全说明"齐柏林伯爵"号的实际防护水平。这其中的原因很简单，在决定防护性的诸多元素中，材料是不可回避的。要知道，造舰冶金材料主要分为结构用钢、匀质装甲钢、表面硬化装甲钢三个类别。而在两次大战之间，虽然德国可能在大型水面舰艇的设计上落后于时代，但当时最好的船舶结构用钢、最好的舰用匀质装甲钢和最好的舰用表面硬化装甲钢却均出自于德国。这就使人们对于"齐柏林伯爵"的实际防护水准，有必要重新评价。"齐柏林伯爵"号舰体的结构用钢主要采用的是St42（Schiffbaustahl 42）和St52（Schiffbaustahl 52）两种。St42

造船钢于1931年在传统的2号造船钢基础上改进而成,用于建造"齐柏林伯爵"号的上层建筑和非装甲舱段舰体结构。其硬度为140～160HB,抗拉强度为420～510MPa,屈服强度为340～360MPa,延展率21%,性能不低于其他国家的同类产品。St52造船钢于1935年在著名的3号造船钢的基础上改进而成,用于建造"齐柏林伯爵"的装甲舱段和轻装甲舱段舰体结构,是当时最先进的船舶结构材料。其硬度为160～190HB,抗拉强度为520～640MPa,屈服强度为360～380MPa,延展率21%,具有极佳的韧性、弹性,及很强的抗断裂和撕裂能力。虽然其较软的材质抵抗动能穿甲弹的能力较弱,但它拥有优秀的构造强度保持能力和优良的鱼雷爆破冲击波抵抗能力。St52是二战各国造船钢中性能最优秀的材料,战后被全世界造船界广泛采购,至今仍是德国和奥地利的重要出口钢材。它也被用于U型潜艇的耐压舱壳制造,从当时德国潜艇与其他国家潜艇的潜深差距上,也可以看出St52钢明显的性能优势。

"齐柏林伯爵"号舰体采用的匀质装甲钢,主要是Ww(Krupp Wotan Weich Homogeneous armour steel)高弹性匀质钢与Wh(Krupp Wotan Hart Homogeneous armour steel)高强度匀质钢两种。Ww高弹性匀质钢,于1925年在传统的KNC装甲基础上发明,用于建造"齐柏林伯爵"的主防雷装甲。其硬度为190～220HB,抗拉强度为650～750MPa,屈服强度为380～400MPa,延展率27%,是专职抵抗鱼雷爆破冲击波的优秀材料,同时对速度较慢的动能穿甲弹也具有良好的防御能力,能够有效抵挡从水下射入防雷隔舱的炮弹进入内舱。Wh高强度匀质钢,于1925年在传统的KNC装甲基础上发明,其中的高性能部分(Wotan Starrheit,简称Wsh)被用于建造"齐柏林伯爵"号的所有水平装甲和首尾水线装甲带以及内部纵横向装甲。到二战时代,它们仍然是硬度、抗拉强度和屈服强度最高,抗弹性能最好的舰用匀质装甲。其硬度高达250～280HB,抗拉强度为850～950MPa,屈服强度为500～550MPa,延展率20%,是同时兼顾对炮弹和航空炸弹的穿甲防御以及抵抗大型弹片和爆破冲击波的最理想材料。与St52造船钢的地位相似,Wh装甲的高性能部分明显超过同时代美国ClassB、英国NCA和意大利NCV(后三者性能基本相等)。仅仅依靠这一点,"齐柏林伯爵"号的水平装甲就可能以优异的防弹性能给对手留下深刻印象。

不过，"齐柏林伯爵"号舰体在装甲材料上的优势并不仅仅于此。其高品质的 KCn/A（Krupp cementite new type A）表面渗碳硬化钢，为"齐柏林伯爵"号带来了进一步的防护性能增益。这种由克虏伯生产的 KCn/A 表面渗碳硬化钢，于 1928 年在传统的 KC 装甲基础上发展而成，用于建造"齐柏林伯爵"号的舷侧、炮座、炮塔立面、舰桥指挥塔立面装甲，是二战时代表面硬度最高，在中等厚度下防弹性能最好的舰用表面硬化装甲。其表面硬度高达 670 ~ 700HB，递减渗碳深度为 40 ~ 50%，基材硬度为 230 ~ 240HB，基材抗拉强度为 750 ~ 800MPa，基材屈服强度为 550 ~ 600MPa。事实上，克虏伯装甲的领先地位，要追溯到 1895 年它的发明之时。新生的德国镍铬锰合金表面渗碳硬化钢立即压倒了全世界所有的装甲，它等效于 125% 厚度的当时最新式的美国哈维装甲，等效于 208% 厚度的之前普遍使用的英国人基于施奈德钢发明的装甲钢，成为这一时代装甲领域的最高成就。在此后长达半个世纪的时间里，克虏伯装甲钢始终在同时期同类产品中占有极高的地位。当时，性能唯一接近 KCn/A 的只有英国发明于 1935 年的 P1935CA（post-1935 casehardening armor）表面渗碳硬化钢。该装甲钢的表面硬度为 600HB，递减渗碳深度为 30%，基材硬度为 225HB，基材抗拉强度为 820MPa，基材屈服强度为 550MPa。但除了基材具有更好的韧性和延展性外，P1935CA 在大部分性能指标上也都不如 KCn/A。得益于克虏伯更精确的调整加工工艺来确保装甲品质的优良与均一，在厚度约为 220 ~ 350 毫米的范围内，KCn/A 抗弹性能最高，较之 P1935CA 优势明显，更是远远超过了同时期美国的 ClassA 钢。

评估大型水面舰艇的防护性能，装甲材料的品质可能比单纯的对比装甲厚度更为重要。事实上，对于装甲抗弹性能，涉及的因素非常多，但保证装甲品质的意义则是第一位的。而在保证装甲质量的前提下，并不是想做多厚就能做多厚，也不是"厚"的就一定会比"薄"的防弹性能要好。显然，在当时的世界造舰冶金材料技术领域，德国人是独占鳌头的。希特勒曾经说过："未来的德国男孩必须修长，像狗一样迅速，坚韧如皮革，硬如克虏伯钢铁。"（der deutsche Junge der Zukunft muß schlank und rank sein, flink wie Windhunde, zäh wie Leder und hart wie Kruppstahl.）这一切都反映了克虏伯装甲钢的质量是多么的深入人心。这些钢材为"齐柏林伯爵"号打造一个异常坚固的舰体奠定了基础。另外，需要指出的是，德国人从"德意志"级的建造开始，便广泛采用了焊接技术。在"齐柏林伯爵"号的制造工艺上，舰体结构的焊接量更是达到了95%。这种焊接工艺不但使舰体结构重量比采用铆接工艺的同类舰艇轻15%左右，更重要的地方在于，它更有利于高强度钢材的采用，从而提高整舰的装甲防护强度。这一点意义重大，毕竟在海战中，只有注重生存力的战舰才能存活下来。

动力系统

设计之初，"齐柏林伯爵"号的动力系统曾存在着多种选择。当时德国在柴油机技术和高温高压燃油蒸汽锅炉汽轮机的发展上均有优势。"德意志"级袖珍战列舰（袖珍战列舰也称"装甲舰"）当时就已经采用了柴油机为推进装置的动力系统，并使其获得了强大的远洋续航力，但由于受柴油机的单机功率所限，战舰的最高航速难以提高，如"德意志"级袖珍战列舰的最大航速也只有28节。况且使用柴油机为动力的战舰的主轴过长，会影响到舰体内的布置，占用过大的空间。相比之下，虽然蒸汽轮机较之柴油机在热效率上要低，且存在高温高压锅炉爆炸而可能使全舰瘫痪的隐患，降低了舰艇的可靠性，如德国的 Z–3 号驱逐舰就曾经因为高温高压锅炉蒸汽受阻爆炸而在挪威沿海执行任务时丧失动力，险些漂入德军布有水雷的海区。但蒸汽轮机的单机功率较大，且蒸汽轮机允许有一定的主机过热冗度，可使战舰在短时间内通过主机过热来实现航速的提高，达到极速状态。此外，采用蒸汽轮机的战舰主轴相对较短，同时蒸汽轮机所使用的重油也比柴油机所使用的轻柴油更不易引起燃烧和爆炸。考虑到德国海军在数量上的劣势，作为一条拥有航空甲板的"破交舰"，在海战中如果没有高航速的话，是无法逃脱敌海上优势兵力的围歼，所以"齐柏林伯爵"号设计最大航速被要求高达 35 节！再加上缺乏在如此庞大的战列舰上采用柴油机为动力的先例和经验，在权衡了两者的优缺利弊后，最终德国人还是决定以传统的常规燃油蒸汽轮机作为"齐柏林伯爵"号的动力系统。

为此，德国工程师们在位于"齐柏林伯爵"号舰体中部的 4 个锅炉舱内共布置了 16 台瓦格纳高温高压锅炉，其工作压力为 35 千克 / 平方厘米，工作温度为 475℃，每个锅炉舱内各安装有两台，并以一前一后纵向布置于主机舱的前面，6 个锅炉舱以每3 个舱并列成一排，前后共分为两排，其间有隔舱相分隔。16 台高温、高压锅炉由 4 条主烟道集中从舰体中部的大型独立烟囱排出废烟。共有 4 个呈倒前后纵列布置的主机舱，

■ "齐柏林伯爵" 号采用四轴驱动。

位于锅炉舱的后方，前面两个并排布置的主机舱同后面两个分别单独布置于中轴线左右两侧的主机舱之间有隔舱分隔。每个主机舱各装备有一台布隆·富斯蒸汽轮机，总输出功率达 20 万马力[1]。4 台主机均配备有独立的减速齿轮组，每台蒸汽轮机各驱动一根传动主轴，每根主轴上各有一具直径 4.7 米（一说 4.4米）的螺旋桨，3 轴推进，其后为两具大小为 18 平方米，平行相距 24.2 米的方向舵。电力系统由 14 台发电机所组成，为全舰的各系统提供电力，总发电量为 2280 千瓦，电流为 220 伏的交流电。其中 8 台 350 千瓦柴油发电机布置在后主机舱两侧的 2 个机舱内，每个机舱各安装有 4 台，分成两排，每排两台。另有 5 台 460 千瓦的涡轮发电机和一台 690 千瓦的涡轮发电机分别布置在前排锅炉舱的前面两侧的 2 个机舱内，其中一个为混装有两台 690 千瓦和一台460 千瓦的涡轮发电机，每个机舱平行布置着 3 台涡轮发电机，两个机舱之间也有隔舱相隔开。值得一提的是，为了保证操舰的灵活性，除了舰艉的 4 轴螺旋桨外，德国设计师还为该舰设计了一个可收放式的舰艏辅助螺旋推进器，采用一前一后的双桨结构，具有 3 个自由度；由电动机提供动力，功率达 450马力，在主机不开机的情况下，可为舰体提供 4.5 节的航速。

军械与火控系统

　　"齐柏林伯爵" 号在设计伊始，便被定位为一艘拥有强大火力的 "航空巡

---

① 相比之下，排水量 5 万多吨的俾斯麦级战列舰，总功率才区区 14 万马力。

洋舰"——破交作战中，遇到无武装的商船或是战斗力较为弱小的敌方舰艇可直接用舰炮击沉。事实上，这种设计理念并非是德国海军独有，当时的日本和美国海军在发展自己的重型航母时，也都遵循了这种设计理念，"列克星敦"号、"萨拉托加"号、"加贺"号、"赤城"号普遍装有"重巡洋舰级别的主炮"。德国海军实地考察了日本人的"赤城"号后，更加坚定了这种设计理念的"正确性"[①]。结果，最初的"齐柏林伯爵"号曾被要求安装4座双联装203毫米炮塔，虽然后来出于舰体适航性的考虑，改为8门SK-C/28型55倍口径双联装150毫米舰炮，但这样的火力依然是相当可观的。

SK-C/28型55倍口径150毫米双联装舰炮，该炮于1928年设计，1934年研制成功并定型生产。单门火炮全重9080千克，身管内刻有44条深1.75毫米，宽6.14毫米的膛线，膛线长度为6588毫米，膛压为3000千克/平方厘米，同样可发射穿甲弹和高爆弹，其中穿甲弹弹重45.3千克，长度为67.9厘米，高爆弹重41千克，长度为65.5厘米，最大射速6~8发/分，最大有效射程23000米/40度，炮口初速为875米/秒。俯仰角度为-10~+40度，炮塔水平旋转速率为8度/秒，高低俯仰速率为9度/秒，射击时的火炮后座距离为37厘米，装填角度为+2.5度。按照1939年年底的设计状态，"齐柏林伯爵"号的8座SK-C/28型55倍口径150毫米双联装舰炮均以炮塆而不是炮塔的方式被布置在下层机库甲板的同一平面上，每舷各4座，其中布置在前部两座的射界为150度，布置在后部的两座射界为135度。8个炮座的重量也并不一样，其中布置在前部的4座炮塔各重131.6吨，后部的4座炮塔因各安装有一座光学测距仪而各重150.3吨。全舰备弹18000发，每座炮塔各300发。值得一提的是，该炮并不兼具防空能力，主要用来对付诸如驱逐舰这类装甲防护较弱的中、轻型水面舰艇，或是无武装的商船；至于防空能力，则由大量的专用高炮来提供。

事实上，"齐柏林伯爵"号的防空火力呈现出了一种逐步强化的趋势。在1936年年底的方案中，这条航母将主要由6座SK-C/33型65倍口径105

---

① 讽刺的是，日本人当时并没有告诉德国人，他们将在不久后的改造中把"赤城"号的这些重炮拆除。

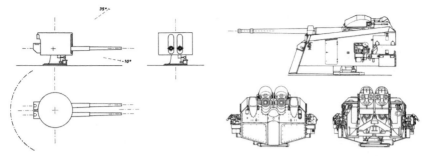

■ SK-C/28型55倍径150毫米双联装舰炮。　　　■ SK-C/33型65倍口径105毫米双联装高炮。

毫米双联装高炮炮塔提供远程防空火力，由 12 座 SK-C/30 型 83 倍口径 37 毫米双联装高炮炮塔提供近程防空火力。SK-C/33 型 65 倍口径 105 毫米双联装高炮由德国莱茵金属公司生产，1933 年设计，1935 年研制成功并定型生产，每座炮塔重 26.425 吨，单门火炮全重为 4560 千克，总长度 6.84 米，身管内刻有 36 条长 5531 毫米的膛线，身管长 6.825 米；膛室容积为 7.31 升，发射药为 6.05 千克，最大发射膛压为 2850 千克 / 平方厘米，可发射重 15.1 千克，长116.4 厘米的专用防空高爆炮弹，最大射速为 16 ~ 18 发 / 分，最大有效射高为 17700 米 /45 度，最大仰角时射高为 12500 米 /85 度，炮口初速为 900 米 / 秒；火炮俯仰角度为 -8 ~ +85 度，炮塔水平旋转速率为 8 度 / 秒，高低俯仰速率为 10 度 / 秒，6 座 SK-C/33 型高炮均装备有各自独立的炮瞄设备。至于 SK-C/30 型 83 倍口径 37 毫米双联装高炮同样由德国莱茵金属公司生产，于 1930年设计，1934 年研制成功并定型生产，每座炮塔重 3670 千克，单门火炮全重243 千克，总长度 8.2 米，身管内刻有 16 条长 2554 毫米的膛线，身管长 3.071米；膛室容积为 0.5 升，发射药为 0.365 千克，最大发射膛压为 2950 千克 / 平方厘米；射弹重 0.745 千克，长度为 1620 毫米，最大射速为 80 发 / 分，最大有效射高 8500 米 /45 度，最大仰角时射程为 6750 米 /80 度，炮口初速为 1000米 / 秒；俯仰角度为 -10 ~ +80 度，炮塔水平旋转速率为 4 度 / 秒，高低俯仰速率为 3 度 / 秒，全舰共备弹 32000 发，12 座 SK-C/30 型 37 毫米高炮炮塔也均装备有各自独立的炮瞄设备。

　　不过，在 1938 年舰体下水不久，德国海军就认为由 6 座 SK-C/33 型 65倍口径 105 毫米双联装高炮与 12 座 SK-C/30 型 83 倍口径 37 毫米双联装高炮

构成的防空火力，有些单薄。因此，在 1939 年 10 月、1940 年 3 月和 1942 年
6 月，3 次对"齐柏林伯爵"号的防空火力配置进行了调整。根据 1942 年 6 月
的状态来看，此时的"齐柏林伯爵"号的防空火力将由 6 座 SK–C/37 型 65 倍
口径 105 毫米双联装高炮，替换掉原先的 6 座 SK–C/33 型高炮，构成中远程
防空火力（全舰备弹 6720 发，每座炮塔 840 发），24 座 SK–C/30 型 83 倍口
径 37 毫米双联装高炮、7 座 MG–C/38 型 20 毫米四联装高炮和 10 门 MG–C/30
型 20 毫米单管高炮构成近程防空火力。其中，SK–C/37 型 65 倍口径 105 毫米
双联装高炮于 1937 年设计，1939 年研制成功并定型生产，其主要参数与 SK–
C/33 型基本相同，只是每座炮塔比 SK–C/33 型要略轻一些，炮塔水平旋转速
率提高为 8.5 度 / 秒，高低俯仰速率为 12 度 / 秒，射击时需由舰上的 4 座专
用光学测距仪提供目标参数。MG–C/30 型 20 毫米单管高炮于 1930 年设计，
1934 年研制成功并定型生产，每座炮全重 420 千克，单门炮重 64 千克，总长
度 2.2525 米，身管内刻有 8 条长 720 毫米的膛线，身管长为 1.3 米（即 65 倍
口径），膛室容积为 0.048 升，发射药为 0.12 千克，最大发射膛压为 2800 千
克 / 平方厘米，射弹重 0.132 千克，长 7.85 厘米，最大射速为 200 ~ 280 发 /
分，最大有效射高为 4900 米 /45 度，最大仰角时射高为 3700 米 /85 度，炮口
初速为 900 米 / 秒。火炮高低俯仰角为 –11 ~ +85 度，火炮的水平及俯仰方向
的旋转均由人工手动操作完成。至于 MG–C/38 型 20 毫米四联装高炮实际上
是 MG–C/30 型 20 毫米单管高炮的衍生型号，将单管改为了四联装，火炮增重
至 2150 千克，射速提高到 480 发 / 分，俯仰角度改为 –10 ~ 49 度，其他技术
参数均与 MG–C/30 型基本相同。

　　需要指出的是，按照如此配置，"齐柏林伯爵"号的防空火力堪称豪华，
但实际作战效能却要另当别论。比如，构成近程防空火力的 20 毫米高炮大多
为单管装，仅有 7 座为四联装，且两型高炮均采用的是弹夹式供弹，在实际
的使用过程中 MG–C/30 型与 MG–C38 型的射速仅分别为 120 发 / 分和 220 发
/ 分，射击时还必须由专人在炮位左侧用手持式小型光学测距仪为炮手提供目
标参数，炮手用常规准星瞄具对目标瞄准，实战中难以形成足够密度的近程
对空火力。而 SK–C/30 型 83 倍口径 37 毫米双联装高炮更是著名的"手拉机"，
在德国海军中早就臭名昭著。另外，SK–C/33 型及 SK–C/37 型 105 毫米高炮的

身管由于采用了复杂的双节套管结构，不仅制造工艺烦琐，生产成本高，制造周期长，交付缓慢，而且在海上维护复杂，困难重重。这些都为"齐柏林伯爵"号的防空火力系统能否发挥预定的效能，打上了一个大大的问号。

当然，大量的舰炮和防空火炮，还需要一个完善的火控系统来配合，在这方面，"齐柏林伯爵"号倒是充分体现了德国人的技术特长。具体来说，"齐柏林伯爵"号位于舰体中部右舷的舰桥桅塔顶端，布置有一座主火控塔，混装了一座 FUMO 23 型雷达和一部基线长 7 米的光学测距仪。FUMO 23 型雷达设有一具长为 4 米，宽为 2 米的矩形网状雷达天线，工作频率为 368 兆赫，脉冲频率为 500 赫兹，波长为 81.5 厘米，功率 9 千瓦，有效探测距离为 25 千米（即 13.5 海里）。鉴于 20 世纪 40 年代初的舰载雷达技术刚刚出现不久，其工作效能并不高，甚至工作时的稳定性也十分欠佳，在海战中的对舰炮战仍然主要依靠光学测距仪来提供目标参数，舰载雷达一般仅用于对海上目标的搜索和夜间炮战为主炮指示射击目标之用。7 米的光学测距仪则主要为 8 座 150 毫米舰炮提供射击参数。另外，6 座 SK–C/37 型 105 毫米高炮也拥有 4 座基线长 4 米的 SL–8 光学测距仪，并由半球形的装甲防护罩保护。值得注意的是，虽然德国人在精密光学仪器上的优势使得其所使用的光学测距仪能够获得非常高的测距精度，但在实战中战舰往往需要先以校射模式进行半齐射，再依照数次齐射的弹着点及目标的相对航速、航向和相对距离来及时校正主炮的炮射参数，所以其主炮的首次齐射或半齐射的命中概率极低，即使是在射击过程中不断依照上次弹着点校正主炮的炮射参数，其是否能命中目标更多的情况下还是要凭借着运气。

舰桥、飞行甲板与机库

尽管在技术细节上不乏闪光点，但由于极度缺乏此类舰只的建造经验，德国人只能将"勇敢"号和"赤城"号这两艘于"海军假日时期"建造（或是改建）的老舰作为设计上的模仿蓝本，这就使"齐柏林伯爵"号这艘巨型航母先进与落后并存，优点和缺点兼收，成了一个怪异的大杂烩。这些怪异的风格，在舰桥、飞行甲板与机库的设计里被集中体现了出来。当然，德国人曾经细致地考察过日本人的"赤城"号，甚至还获赠了近 1 吨的相关图纸资料，但如果

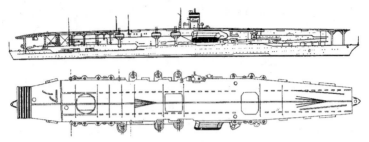

■ 完成现代化改造后的"赤城号"采用的右舷舰岛布局。

就此将"齐柏林伯爵"号说成是对"赤城"号的剽窃，却是有失公允的。舰桥与飞行甲板的布局就说明了这一点。就舰桥而言，当德国人参观"赤城"号时，这艘舰还保持着"彻底的平甲板原貌"——其航海舰桥位于飞行甲板之下。然而，德国人对此保有自己的看法——如此设计在为飞机起降创造了方便的同时，过于低矮的舰桥却必然造成了更多的不便，像英国人那样坚持在航母甲板的一侧建造一个舰岛还是很有必要的。不久后，日本人对"赤城"号的改造也证明了德国人的判断——一个舷侧式上层建筑出现在这条航母的甲板上。

"齐柏林伯爵"号的舰桥设计并没有照搬"赤城"号的改建方案——"赤城"号的舷侧式上层建筑位于左舷而不是英国式的右舷。对此，日本人的理由是，如果一条舰岛左舷布置的航母与一条舰岛右舷布置的航母并列编队航行，那么在舰载机降落时将有利于避免冲突的发生。然而，英国人对日本人的"天真"并不买账，英国航空母舰的实践已经表明，飞行员在降落过程中一旦碰到麻烦，由于某些原因，他们都往往向左转，左舷岛式上层建筑造成的降落事故比右舷多一倍。在一旁冷眼旁观的德国人显然更赞同英国人的观点。于是，包括一个巨型烟囱在内的"齐柏林伯爵"号的岛式上层建筑被设计在舰体中部右舷的位置，同时为了平衡这个岛式上层建筑的重量，机库甲板和飞行甲板都从纵轴往左舷移了50米。与日本人或是美国人不同，德国人在设计"齐柏林伯爵"号时，非常重视空气动力学因素。"齐柏林伯爵"号的岛式上层建筑经过了特别优化，以减少湍流，这对于当时结构脆弱的舰载机来说非常必要。相比之下，当时其他的航母拥有国，特别是美国人的航空母舰并没有留意这样的问题——他们的飞行甲板呈方形，上层建筑呈长方形。一位德国的造船工程师后来评论说，美国航空母舰的设计看来不是在消除湍流，而是在制造湍流。

值得注意的是，由于考虑到"齐柏林伯爵"号建成后，可能需要经常穿越基尔港附近的贝尔特（Belt）大桥，因此在最初的设计中特别限制了烟囱高度。但是后来随着设计的深入发现，除了烟囱外，要限制所有必需的桅杆、天线和可伸缩天线的高度是不可能的，最后只得作罢。同时，最初的直立桅杆在1939年也改为了一个类似于飞剪式的结构。差不多出于同样的原因，"齐柏林伯爵"号既没有照搬"赤城"号的三层飞行甲板设计，也没有延续最初的两层飞行甲板方案，而是认真观察了英、日、美三国改建或是新建航母的情况，并且考虑到多层飞行甲板会造成干舷过低，有损于适航性。当1936年"齐柏林伯爵"号开工时，其设计已经变成了开放式舰艏的单层直通飞行甲板（长244米，宽30米）。值得一提的是，日本"赤城"号并没有安装弹射器，但德国海军的设计人员认为日本飞机较轻，他们打算为"齐柏林伯爵"号配置的飞机要重一些，借助弹射器起飞是有必要的。也正因如此，在"齐柏林伯爵"号开工时，其飞行甲板前端按照设计应装有两部以压缩蒸气为动力的FL24飞机弹射器。具体来说，这种弹射器导轨长23米，能将一架2.5吨的舰载机在不到10秒的时间内，以145千米/小时的速度送入空中。不过，由于提供弹射器动力的压缩蒸气汽缸在连续弹射9架飞机后就将耗尽，将汽缸重新充满需要耗时50分钟，这也就意味着装有2台弹射器的"齐柏林伯爵"号一次只能紧急出动18架舰载机；如果还想出动更多的舰载机，就要从跑道尾部的起飞区域进行常规滑

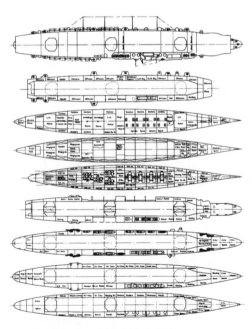

■ "齐柏林伯爵"号各层甲板布局示意图。

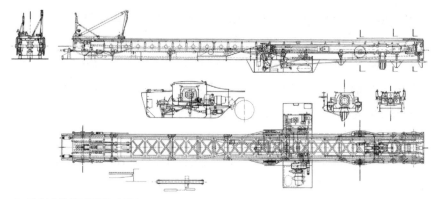

■ FL24飞机弹射器结构示意图。

跑，这会让甲板作业程度复杂，效率大打折扣。同时需要注意的是，虽然德国海军从来没有在航母甲板上起降飞机的经验，但他们从日本同行那里了解到，降落将是一个比起飞更为危险的过程，因此参照日本和英国航母的相关设计，德国人为"齐柏林伯爵"号配备了一套有模有样的拦阻系统——在飞行甲板的第22.5米、44.5米、54.2米和66.0米处，分别安装了一条拦阻索。

不过，德国人在设计航空母舰上的精明也就到此为止了。为了提高航母的生存性，"齐柏林伯爵"号宽30米、长244米的全通飞行甲板是用Wh装甲钢板制成，再用木质材料对表面进行覆盖。这块飞行甲板既是强力甲板，也是舰体的上桁材，看起来颇为合理，更是德国人的独创（即飞行甲板也是舰体承力结构的一部分）。可惜，升降机的布置却使这一切成了一个败笔——沿飞行甲板纵轴线，按从前到后的顺序，德国工程师为"齐柏林伯爵"号设计了3个5吨级的飞机升降机[1]。问题在于，作为飞行甲板的一部分，这些升降机势必要在飞行甲板中线主桁材上开三个大大的口子，这在结构上是行不通的，大大降低了飞行甲板的结构强度和抗弹性能，即便在升降机平台上铺设了同样的装甲钢板也无济于事。

另外，由于舰体设计参考自一战末期的"马肯森"级、"约克"级战列巡

① 每个升降机呈不规则对称的八角形，13米长，14米宽，可以以0.75米/秒的速度举起一架飞机。

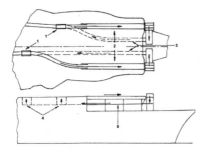

■ "齐柏林伯爵"号弹射器安装结构及运行原理示意图。

洋舰，受结构所限，"齐柏林伯爵"号的机库设计显得相当"别扭"：机库总面积达 5450 立方米，共分为大小不一的上下两层，大一些的在上层，185 米长，15.5 米宽，6 米高；小一些的在下层，172 米长，14.1 米宽，5.66 米高；两个机库间由 2 个小型升降机相互沟通。德国人如此设计的本意，是将下层机库作为维修机库使用，上机库则用于提升飞机。这听起来倒不错，实际上却忽略了一个基本事实——把一架受伤的飞机送到修理车间，必须首先把它送到上机库，从大升降机卸下后，升起升降机，然后装到小升降机上，送入下层机库。这些过程不但需要时间，降低了运送飞机的速度，而且小型升降机对于尺寸稍大一点的舰载机就无能为力，只能将飞机拆解后才能运送，这就进一步降低了飞机维护保养和转运的效率。

再一个需要指出的是，出于战场生存性的考虑，"齐柏林伯爵"号的机库设计效仿英国人，以牺牲舰载机的数量为代价，采用了封闭式机库而不是日本人和美国人喜欢的敞开式机库。然而矛盾的是，德国人对机库的防火问题考虑的却不周到。虽然安装了单独的通风系统，为了更好地解决通风问题，还采用了百叶门，以提高通风效率，并注意到了从隔离式汽油舱通向机库和飞行甲板的汽油管路的布局，同时为了控制机库内的火灾，还装了钢板隔火墙，以隔开火势，但却始终拒绝采用扑灭机库火灾的唯一有效手段——盐水喷雾器，而是配置了一个人数多达 150 人的机库灭火队。德国海军对此的解释是，盐水对铝合金飞机构架和布质机翼蒙皮有腐蚀作用……相比之下，早在 1929 年，英国人便在其"鹰"号航空母舰上率先开始采用盐水喷雾器，这标志着航空母舰上的损管措施已经有了很大改进，机库内没有必要再设立灭火队。1933 年，"鹰"号又在飞行甲板上采取了防火措施，装了 4 台泡沫灭火机，能使整个飞行甲板覆盖一层厚厚的灭火泡沫。德国人在观念上的差距由此可见一斑。

■ 飞行中的Fi167。

关于舰载机

虽然通常认为，德国人只打算为"齐柏林伯爵"号配备三种型号的舰载机，总计 39 ~ 41 架，即 8 架 Fi167 侦察 / 校射机 / 鱼雷轰炸机（位于下层机库后部区域）、8 ~ 12 架 Me 109T 战斗机（位于上层机库后部区域）以及 13 架 Ju 87C 俯冲轰炸机（位于下层机库前部区域）。然而，更多的资料却显示，德国人对于航母舰载机的问题，有着一个更为庞大、更为野心勃勃的计划，其涉及的型号和用途远远超过了上述所列。不过，由于内容过于庞杂，这部分将在本书中单独成章，进行详细讲解。

其他辅助系统

为了对付来自水雷封锁的威胁，"齐柏林伯爵"号在两舷共装备了 6 具扫雷具，这些扫雷具从外形上看就如同一架小飞机一样，使用时吊放入水中，在展开其水翼后，钢缆将拖曳其前行，一遇锚雷便利用扫雷具上的割刀将系留锚雷的钢索割断，待锚雷浮出水面以后，再用舰上的小口径火炮将其击爆。此外，全舰共装备有 8 座探照灯，其中 7 座的直径为 1.5 米，分别布置在指挥塔中部、烟囱前部和后部的两侧以及主桅后方的平台之上。其探照灯除平时用于导航、信号联络外，还可用来在夜战中为火炮指示目标。同时，在舰体的中部第二层甲板之上，还布置了两部可折叠的 7 吨级起重机，在该舰进行补给作业时，吊装诸如弹药、食品等物资之用。为了能够方便该舰的泊驻作业，在"齐柏林伯爵"号上共布置了 4 个重达 9500 千克的铁锚，用直径 72 毫米的铁链环连接，其中 3 个铁锚布置在舰首的前方和左右两舷，另一个布置于舰艉的左舷一侧。最后需要指出的是，作为一艘建成后实际排水量可能高达 3 万吨的巨舰，"齐柏林伯爵"号共配备有各种交通艇、联络艇、工作艇及舢板共计 18 艘。

⊶ 一场麻烦的葬礼！ ⊷

当 1945 年 4 月东线的战局彻底崩溃，苏联红军接近斯坦丁时，已经被废弃 2 年的"齐柏林伯爵"号（已经改名为"祖格维格"号）正处于这样一个状态：军械和大部分辅助设施都已经被拆除了，火控系统没有安装，电气设备和弹射器也只安装了一部分。不过，70% 的动力系统在稍事整修后，已经可以运作，操舰系统也是完整的，将整个舰体恢复到堪以航行的状态并不困难。然而，此时的斯坦丁港已经一片混乱，正在忙于组织撤退的德国海军无暇他顾，只制定了一个紧急情况下解决"齐柏林伯爵"号的应急计划。1945 年 4 月 25 日下午 6 点，当罗科索夫斯基元帅的白俄罗斯第 2 方面军先头坦克营冲入斯坦丁城区时，时任纳粹德国海军"北线"集群司令，奥拓·施尼温德海军上将马上下令，将"齐柏林伯爵"号炸沉以免落入敌手。下午 6：20 分，一个德国海军 10 人特别行动小组登船，开始实施作业，先是为预先安装在舰体内部的深水炸弹安装了雷管和起爆装置，然后又开打了船底的金氏通海阀，整个行动在 35 分钟内结束。人员撤离后，在港口的一个起重机旁亲自监督的奥拓·施尼温德海军上将按下了起爆按钮，在连续的 10 次爆炸后，舰体四处火苗蹿出，缓缓坐沉于 7 米深的海底。

不过，"齐柏林伯爵"号的故事并没有就此结束。1945 年 8 月 17 日，苏联波罗的海舰队第 77 打捞救援团检查了这条船，发现情况比想象中要复杂，但并非是一条"废船"。坐沉的航母姿态基本保持了水平，仅向右舷倾斜了 5°。

尽管在右舷船壳上有 36 个大约 1 平方米的小洞，但动力舱舱底一个伴有 3 米裂口的 8×3 平方米的大洞才是这条船的致命伤。此外，德国人的爆破还破坏了至少 4 个水密舱的舱壁，3 个升降机中的 2 个倒在机库里，飞行甲板也有一定程度的扭曲，大部分的锅炉、涡轮机和发电机也被炸烂了。至于 3 个直径 4.4 米的螺旋桨则早在实施爆破前 2 个月就被拆下来放到了飞行甲板上，此时也有一个在爆破中不知所踪……显然，"齐柏林伯爵"号并非完全失去了打捞价值，但要让其浮出水面也并不容易。然而，斯大林在获悉德国人的这条航母有可能被修复后，下令要在 7 天内将其打捞出水，然后拖回苏联港口。这样的要求在和平时期是不可想象的，但最高统帅的命令不可违抗，于是一项紧急的打捞计划随之展开，在对水下的漏洞进行了简单的修补，并将水线以上的裂缝和破损的舷窗用金属片焊接封死后，又花了 2 天时间将全部 19 个水密舱中的 12 个排干，1945 年 8 月 19 日下午 3:45 分，"齐柏林伯爵"号奇迹般地上浮了！随后，成功被打捞起来的"齐柏林伯爵"号，在 1945 年 8 月 19 日当天午夜便被急忙拖往喀琅施塔得（有资料说，甲板上还堆着大批从东普鲁士缴获的物资）。不过，在战争已经结束的情况下，苏联人行动为什么却如此诡异仓促？

事实上，这其中有着原因复杂的"隐情"。德国投降后，同盟国在 1945 年 7 月 17 到 8 月 2 日，召开了一个有关战利品分配问题的国际会议。会议商定，纳粹德国海军的现存可用舰只[①]，将被英、美、苏三国瓜分（法国也要求获得同等权利，但却无人理睬），并为此组成了一个三国委员会负责具体的分配事宜。而苏联人之所以急急忙忙地将"齐柏林伯爵"号打捞起来拖走，显然正是与此有关。在经过了几个月时间的磋商后，1946 年 1 月 23 日，负责分配轴心国海军遗产的三国委员会正式运作起来，苏联方面派出了一名海军少将作为其全权代表。委员会开始运作后，对基本情况进行了全面的排查，认为能分配的德国舰只，仅占其舰队总规模的三分之一左右，其余不是战沉（大约 50%），就是在投降前被自行凿沉（大约 13%）。而那些被认为可供分配的舰只，又被

---

① 既包括状态尚算良好、具有航行能力的舰只，又包括被认为可在短时间内修复的舰只。

细分为三个类别："A类"——可以自主航行的完好舰只；"B类"——利用当地现有资源，维修时间不超过6个月的舰只；"C类"——利用当地现有资源，维修时间超过6个月的舰只。根据苏联人提供的资料，"齐柏林伯爵"号被归为"C类"（显然，苏联人撒了谎）。然而，根据协议，所有"C类"舰只都要在1947年12月之前，于委员会的监督下被销毁完毕。这就使已经被拖走研究的"齐柏林伯爵"号在苏联人手中成了一个"烫手的山芋"——作为一个珍贵的标本，从来没有过任何一艘航空母舰的苏联海军深知"齐柏林伯爵"号的价值（斯大林同样知道这一点），然而由于政治上的原因却又不能与"战时盟国"撕破脸面。结果，苏联人最终做出了决定——将之毁尸灭迹。

不过，白白放过"齐柏林伯爵"显然不符合苏联人的性格，即便在"葬礼"上也要将其最后一滴价值榨干。为此，在1947年2月2日，已经被拖到列宁格勒研究了近18个月的"齐柏林伯爵"号，被改名为"浮动平台PB-101"，同时一边进行最后一轮测绘，一边对舰体进行加固和维修，准备在几个月后，将之作为模拟美国航空母舰的靶舰击沉，从而获得最后也是最宝贵的第一手数据。苏联人是这样想的，也是这样做的。1947年8月14日下午2：45，PB-101在4艘拖轮、1艘破冰船的帮助下，离开了列宁格勒。然而，编队一出港，就让人惊出了一身冷汗，苏联人发现尽管试验还未开始，PB-101却已经向右倾斜3°，整个编队不得不临时停在港外5公里的海面上，待专家上船检查后，确认并无大碍后才继续起航。经过了整整一天的秘密航行后，到1947年8月15日晚，PB-101抵达预定海域，虽然期间又发生了无法下锚的小插曲，但试验还是在16日一早便正式开始了。首次试验，以引爆预置在舰体上的大量弹药拉开了序幕。1枚FAB-1000和3枚FAB-100航弹被置于烟囱附近，2枚180毫米舰炮炮弹被置于飞行甲板下方，1枚FAB-1000、1枚FB-500航弹置于飞行甲板上，1枚FAB-250、3枚FB-100航弹和2枚180毫米舰炮炮弹被置于机库内部。在这些弹药以15秒一组的间隔被分批引爆后，虽然PB-101的飞行甲板被撕裂，可怕的火苗冲天而出，烟筒整个倒在了甲板上，舷侧装甲也被大块的剥落，舰体内部更是不断的发出可怕的"格格"声，但在这一切过去之后，苏联人惊奇地发现，PB-101仍然在海面上稳稳当当地漂浮着，没有任何将要倾覆或是沉没的迹象。于是，在抢修队上舰扑灭了火焰后，一个人数众多的专家组对 PB-101 的受损情况进行了详细评估，并为接下来的测试进行了必要的准备。

1947 年 8 月 17 日，以空袭为主的第二轮测试又开始了。承担此次任务的是苏联海军红旗波罗的海舰队航空兵第 12 近卫轰炸机团，其 39 架 Pe-2 在 3 架美制"卡塔林娜"水上飞机的引导下，向甲板上标有一个巨大"X"标志的 PB-101 实施了 5 次攻击。当天上午实施的 3 次攻击中，第一个 Pe-2 编队在 2070 米的高度，扔下了 28 枚 PAB-50/100 航弹，第二个 Pe-2 编队在差不多相同的高度扔下了 38 枚 PAB-50/100 航弹，第三个编队则以俯冲轰炸的形式扔下了 34 枚 PAB-50/100 航弹。然而令人汗颜的是，在全部投下的 100 枚航弹中，尽管飞行员声称命中了至少 11 枚[①]，但随后的上舰勘测表明，只找到了 5 枚航弹命中的痕迹，而且由于 PAB-50/100 航弹威力过小，基本上没有对拥有装甲飞行甲板的 PB-101 造成值得一提的严重破坏，大多是 5～10 厘米直径的小坑，只有一枚航弹在右舷位置，炸开了一个 1 米见方的大洞，然而即便是如此，对于 PB-101 这样的巨舰来讲，也仍然是无关痛痒的。在吸取了上午的教训后，下午实施的两次空袭改为使用更重的 FAB-250/500 甚至是 FAB-1000 航弹，同时飞行高度也被降低，2 个波次均以 700 米左右的高度进场，实施精确的俯冲轰炸。这样的改变很快被证明产生了立竿见影的效果。

相比于当天上午进行的轰炸，下午的 2 个波次低空空袭，不但在命中精度上大有改观，而且毁伤效果更是令人鼓舞——至少一枚 FAB-500 航弹，将飞行甲板炸出了一个直径 8 米，深达 1.3 米的大坑，另有一枚 FAB-500 则在击穿了飞行甲板后，又炸掉了机库的 2 层防火隔壁。然而，不得不说，在经历了 16 日的静态爆破和 17 日的 5 次轮番空袭后，PB-101 的主体结构特别是水线以下的部分仍然大体完好，完全没有沉没的迹象，这让在场的苏联人既兴奋又沮丧。本来按照苏联人的计划，在 18、19 日还将继续安排空袭，直至 PB-101 从海面消失。然而，到了 17 日晚上，天气突然得变糟糕起来，由于海面风力高达 7 级，一直没能好好定锚的 PB-101 发生了舰体飘移。在这种情况

---

① 这个数字也不见得怎么光彩，因为 PB-101 既没有实施机动规避，更没有任何防空炮火的掩护。

■ 通过对"齐柏林伯爵"号的分析研究，苏联在1947年年底便推出了设计理念类似的"科斯特罗姆辛诺夫"级航母方案。

下，由于担心航母可能漂到无法淹没整个舰体的海域[1]，这使负责整个行动的苏联海军指挥员决定放弃后续的空袭，召唤鱼雷艇提前结束"测试"。于是，在18日凌晨3：45分，苏联海军波罗的舰队的TK-248、TK-425、TK-503三条鱼雷艇赶到现场，并在30分钟后，对PB-101实施了近距离鱼雷攻击。不过，首先发射鱼雷的TK-248运气欠佳，打出的两枚鱼雷虽然命中，却并没有爆炸。15分钟后，TK-503的"补射"才算是解除了"尴尬"，两条鱼雷在PB-101右舷先后炸响，但整个舰体却仍然没有发生明显的倾侧。此后又过了1个小时，一艘赶来的驱逐舰再次向PB-101右舷补射了2枚鱼雷。在吃了整整4条533毫米重型鱼雷后，PB-101才开始慢慢朝着被破坏的右舷倾斜，并在15分钟后达到了25°，逐渐露出了船底，此后又过了8分钟，PB-101的倾斜角度已达90°……当1947年8月18日清晨的太阳升起来时，人们在海面上已经看不到PB-101那巨大的舰体了。至此，命运多舛的"齐柏林伯爵"号航母终于找到了她最后的归宿[2]。

⚓ 评价与思索 ⚓

"齐柏林伯爵"的命运，几次在"王子"与"弃儿"的角色间辗转，并不是没有原因的。首先来讲，在设计理念上的特立独行就注定了这一点。"齐柏

---

[1] 试验开始时，PB-101位于水深113米的海面上，而在17日晚上，舰体已经漂到了水深只有83米的地方。

[2] 关于"齐柏林伯爵"号航母沉没的具体位置现在说法不一，一说在北纬55°48'，东经18°38'（按波兰资料）；一说在北纬55°48'，东经18°30'的位置。

林伯爵"号可能是历史上唯一一艘按照所谓"破交舰"标准设计建造的重型航母——高达 35 节的航速、厚重的装甲以及区区 40 架的舰载机，清晰的指明了这一点。事实上，德国海军从未仔细考虑过使用舰载机本身作为航母打击力量的主体。"齐柏林"号的设计更像非主流的"载机巡洋舰"，其舰载机只是瘫痪英国运输船队护航舰艇的"钝化剂"和"空中保护伞"，破交舰队中的高速主力舰才是海战的主力。所以在纳粹的盘算中，如果德国海军能够在 1940 年或者是 1941 年年底之前，获得两艘"齐柏林伯爵"级航母，那么作为小型破交舰队的旗舰，分别与"俾斯麦"号、"提尔皮茨"号、"希佩尔海军上将"号、"欧根亲王"号等德国海军主力舰组成特混袭击舰队，轮流出击，再以一定规模的 U 艇艇群相配合，北大西洋运输线被彻底切断是可能的。毕竟"俾斯麦"级战列舰的威力有目共睹，"希佩尔海军上将"级的威力对付"盟国条约"型重巡轻而易举，而"齐柏林伯爵"级航母本身也具有高航速①、强火力②、不错的防护力③和 40 架性能良好的舰载机。

这样的一支编队尽管规模可能不大④，但却五脏俱全，相对于绝大部分盟军护航舰队，都可能拥有从空中、水面到水下的全面优势；而盟军为对付这样一支编队就要集结 3 艘战列舰、1～2 艘航空母舰的重兵。可问题在于，即便到了 1944 年，盟军又能组织起几支这样的编队进行密集护航呢？更何况，破交作战的精髓在于，打得过就打，打不过就跑，包括"齐柏林伯爵"级航母在内，大部分德国海军主力舰为此对航速和续航力进行了普遍的优化，在漫长的海上交通线完全可以随心所欲的四处出击，盟军将很难承受由此带来的持续压力……于是我们可以想象，一旦北大西洋航线不能保证安全可靠，战局恐怕就不仅仅是拖长几年的问题了！可惜的是，这样的一个如意算盘最终却并没有打成。虽然"齐柏林伯爵"级航母首舰舰体早在 1938 年 12 月 8 日已经下水，但直到 1943 年却仍然没有建成——此时，以"俾斯麦"为首的几艘

---

① 设计航速高达 35 节，由于动力高达 20 万马力，实际航速也被认为不会低于 33.8 节，仍要略高于英国同期重巡洋舰。
② 16 门 150 毫米舰炮，12 门 105 毫米高平两用炮，超过 2 艘英国轻巡洋舰的火力。
③ 水线装甲 150/102 毫米，但由于装甲钢板质量更好，实际防护能力可能仅仅是略低于同期英国重巡洋舰。
④ 由 1 艘"齐柏林伯爵"级航母与 1 到 2 艘主力舰构成核心，外围战场辅以几支规模适中的 U 艇艇群。

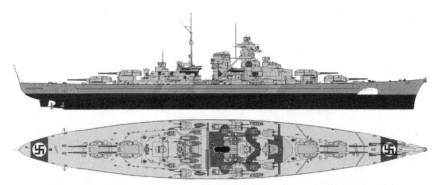

■ "俾斯麦"级战列舰侧视及俯视图。"齐柏林伯爵"级航母与强大的"俾斯麦"级战列舰将一同构成"破交舰队"主力。

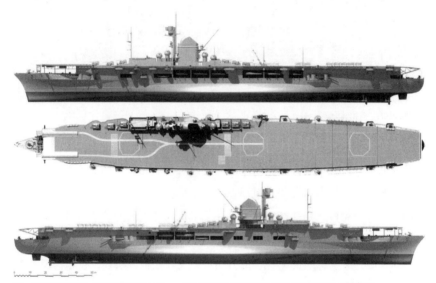

■ "齐柏林伯爵"号可能是历史上唯一一艘按照所谓"破交舰"标准设计建造的重型航母。

主力舰相继折损，"提尔皮茨"龟缩不出，希特勒本人已经对德国水面舰艇部队彻底绝望，最终破交任务完全交给了 U 艇的"狼群"。这就令原本作为破交舰队配套舰只建造的"齐柏林伯爵"级彻底断了"生机"，结果不但完工度已达 88% 的"齐柏林伯爵"号被永久性废弃，重新开建 2 号舰乃至计划中的 3 号、4 号舰更是无从谈起（"齐柏林伯爵"级 3 号、4 号舰被列入了 1939 年 1 月的"Z 计划"）。

然而，这就引出了一个更深层次的问题。"齐柏林伯爵"号的建造周期为

■ 建造中的"齐柏林伯爵"号。

什么如此之长？究竟是什么原因造成了不可理解的拖沓？按照"破交舰"的
标准建造航母，技术指标要求过高、经验不足可能是一个因素，各种技术上
的问题似乎令德国人焦头烂额，戈林在舰载机问题上的所谓"刁难"更是被
广为流传。不过，不知有多少人能够真正意识到，这些说法其实远没有触及
问题的关键——纳粹对海军建设的方向性迷失才是根源所在，技术甚至是人
际方面的问题其实是被过分夸大了。前文反复提及，包括"齐柏林伯爵"级
航母在内，绝大多数德海军大型水面舰艇都是按照"破交战"这个大的战略
理念设计建造的。换句话说，这实际上意味着德国海军是要以英国皇家海军，
而不是法国或是意大利或是苏联海军为主要假想敌的。只有英国，才将海上
交通线视为维系其"日不落帝国"的生命线。然而问题在于，纳粹对于英国的
态度却始终是矛盾的，甚至是心存幻想的。希特勒骨子里对英帝国始终充满
了敬畏，无论是上台前还是上台后，都不止一次或明或暗地表示过，作为"与
日耳曼人几乎同样优秀的一个种族，英国人有资格与德国人一起行使对这个
世界的统治权"。结果这就使德国海军的建设方向，不可避免地发生了混乱，

"齐柏林伯爵"号之于德国海军的意义也就模糊了起来。

早在掌权之初，希特勒就向海军总司令雷德尔表示，他"不想追随第一次大战前的海军建设政策去建立一支强大到足以和英国制海权挑战的舰队，但是他要抗击法国正在进行的造舰计划"，并且多次向英国人暗示"德国海军的政策将不是针对英国的"。所以在取得英国人的信任，两国签订了《英德海军协定》后，他之所以授意海军停止建造于1934年开工建造的"德意志"级 D 号舰和 E 号舰，很大程度上就是为了向英国人示好——这种因使用柴油机而具有可观续航能力的万吨级舰只，当时被普遍认为是为"破交战"量身定制的。也正因如此，虽然两条"齐柏林伯爵"级航母在1936年年底相继开工，但我们可以认为，这很大程度上只是为了满足希特勒的虚荣心，标志着德国对《凡尔赛和约》的公然蔑视和重回海军列强的荣耀。毕竟当时的一流海军国家都拥有这种"最时髦的军舰"，由此激起的民族自豪感，对当时纳粹政权合法性的巩固显然大有裨益。然而，希特勒真的重视这两条航母的军事用途么？显然不是的。既然无意于挑战英国人最为看重的海权（至少纳粹自己是这样认为），对法作战又派不上用场[①]，那么"齐柏林伯爵"级航母对纳粹的吸引力，暂时也就止于一场华丽的下水典礼了。于是很少有人意识到，1938年12月8日一经下水，"齐柏林伯爵"号的身份便从"王子"变成了可有可无的"鸡肋"。

事实上，按照当时的设想，"齐伯林伯爵"号建成后将首先用于北海。然而，英德双方对峙的北海因北大西洋暖流的冲击波涛汹涌，海况常年不好，且水面相对狭窄，航空母舰在这个海区应用不仅严重缺乏回旋余地，而且舰载机的起降就是大麻烦！在陆基空军完全能够实施掩护的情况下发展航空母舰在北海争夺制海权，不仅是技术、资源上的浪费，而且由于舰员、飞行员都需要长期培训，仅仅这个时间周期就根本无法跟上德国军事战略的步伐。更何况当时整个世界也没有这方面的先例，德国海军更不是这方面的领军人物，既缺乏理论支持，也没有技术和经验的依据。"齐伯林伯爵"号能否冲出

---

① 对纳粹德国来讲，如果陆上战场就有把握战胜法国，在海上战场与法国舰队拼个你死我活就毫无必要。

■ "齐柏林伯爵"号可能是历史上唯一一艘按照所谓"破交舰"标准设计建造的重型航母。

北海这个风景欠佳的"澡盆"是令人怀疑的，并因此在德国海军内部引发了激烈的争论。更何况，早在 1936 年 7 月，"齐柏林伯爵"号尚未开工之时，希特勒就对雷德尔亲口说道："在我的政治蓝图中，1946 年以前不需要动用海军力量。"到了 1938 年 5 月，德国海军更是明确得

到指示，称对英作战将不会早于 1948 年。可想而知，这样一种政治许诺对于德国海军建设，对于"齐柏林伯爵"号的建造会产生一种什么样的效果——既然还有 10 年的时间可以细细打理，那么本来就缺乏经验、设计也欠完备的"齐柏林伯爵"号，她的建造不妨放得慢一点、再慢一点，完全没有紧迫感……

可惜的是，熟读历史的希特勒却忽略了一点——英国人究竟是根据什么来判断敌友的？事实上，自中世纪以来，英国的欧洲政策就在于对付这一大陆的最强大的国家。因为这个国家势必会在欧洲大陆上取得优势地位，从而危及英国这个岛国的全球政策。英国历史学家富勒在他的《第二次世界大战》

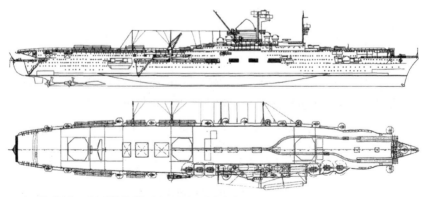

■ 由于缺乏经验，"齐柏林伯爵"号实际上边设计边建造。

一书中曾对这个观点作了这样的阐述："从都铎王朝直到1914年，大不列颠的政策就是旨在保持强国之间的均势。这就是说，让这个大陆上的强国通过互相争夺处于分离状态，从而在它们之间自然地形成均势。这种均势作用会很自然地使英国认定谁是敌人。这个敌人并不是名声最坏的国家，而是在政策上比其他国家对大不列颠或英联邦具有更大威胁的国家。"1935年6月，为了向英国明确表示德国无意与英国为敌，希特勒与英国签订了海军协定，该协定规定，德国舰队限制在仅为英国舰队的35%以内[①]。但是，当德国在20世纪30年代中期以后的政策使它在欧洲大陆扩张意图越来越明显时（如苏台德区和合并奥地利），即使有了这个纳粹自以为高明的海军协定，也不能阻止英国对德国的敌意日益增长。

对英国的这种观点，下面的例子可能是个很好地说明：1870年9月2日的色当战役之后，英国立即更换了战线，从此以后，它在政治上转而为祖护法国（见此次战役前后数天的《泰晤士报》）。而在此以前，英国在这场德法战争中在政治上一直是支持普鲁士和其他德意志邦国的，因为它们对抗的是当时欧洲最强的国家、殖民势力最强大的竞争者——大法兰西帝国。到了色当战役后，眼看法国就要被打败，这时英国就不得不改变态度，转而为全力反对战胜国（普鲁士—德意志）。诚然，从英国的立场出发，这是对的，因为一个胜利的、统一的德国在经济和工业方面都具有不可轻视的发展前途，从而有可能成为英国的一个强劲的竞争者。所以，1870年9月2日以后，英国就开始对德国抱有敌意，直到第一次世界大战前，这种敌意随着德国的日益强大而愈加强烈了。而根据英国历史上这种态度，早在第二次世界大战爆发之前的几年，虽然政治上的绥靖主义氛围看起来是主流的，但英国对于希特勒在欧洲大陆所取得的政治成果迟早还会采取同样的态度。然而，尽管以邓尼茨为代表的一部分德国海军军官意识到：在不久的将来，德国将很容易同英国发生一场战争，虽然在政治上必须尽一切力量来避免这样一场战争，可在军事上，作为德国武装力量的一部分，德国海军有责任为对付这样一个迫在

---

① 很多人将希特勒签署这个协定的用意理解成为德国海军的公开扩军寻求"合法性"，不过在很大程度上，向英国示好恐怕才更符合其本意。

眉睫的战争危险做好准备；但作为当时德国海军的掌舵人，雷德尔却宁愿相
信希特勒在政治上对英国的"怀柔"已经取得了成效，深信至少在1946年甚
至是1948年之前，德国与英国都不会发生真正意义上的军事对抗。

结果，这就使雷德尔的心态发生了变化，实际上意味着在设计"齐柏林
伯爵"号时，德国海军所奉行的既定战略已经开始发生动摇。已经下水的那
个巨大舰体，其存在也就变得越发"尴尬"起来。令人感到更为吃惊的是，到
了1939年1月，尽管希特勒已决定要在几个月后进攻波兰，但当雷德尔向他
提交了那个庞大的"Z计划"时，好大喜功热衷于搞惊人之举的心理因素，对
希特勒起到了神奇的作用，这个即便在最顺利的情况下，也要到1948年才能
完成的浩大工程居然很快得到批准。在雷德尔的清单中，Z计划包括下列各类
舰艇：10艘巨型战列舰、3艘战列巡洋舰、8艘装甲舰或重巡洋舰、4艘航空
母舰、44艘轻巡洋舰、68艘驱逐舰、90艘鱼雷艇和249艘潜艇。显然，这个
计划的重点是建立一支足以与英国皇家海军正面抗衡的强大水面舰队，以图
用10年时间，再打造一支强大的"公海舰队"，偷鸡摸狗的"破交战"已经
被放弃了。于是，同年7、8月两艘标准排水量高达6.25万吨的"H"级超级
战列舰开始铺设龙骨。从科隆到柯尼斯堡密布的高炉群日夜加温，强大的工
业帝国似乎再次爆发出惊人的能量。结果，资源的分散又造成了"齐柏林伯爵"
号后续工程的进一步拖沓——此时的"齐柏林伯爵"号已经成了"Z计划"中
4艘同型舰只的先导舰，带有浓厚的试验色彩，雷德尔更不急于将之投入现役。

在1939年1月批准"Z计划"时，好大喜功的希特勒向雷德尔保证，建
设这支强大的水面舰队所需的和平时期，即使不能持续到1948年，至少也能
持续到1945年。然而，事实很快证明这种信口开河的断言是毫无根据的，希
特勒只是个靠赌博为生的政客，雷德尔在政治上更是幼稚得可以，他们对于
未来的把握都只是基于自欺欺人的想象。1939年4月26日，希特勒便宣布了

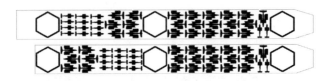

■ "齐柏林伯爵"号上下层机库舰载机存放位置布局示意图。

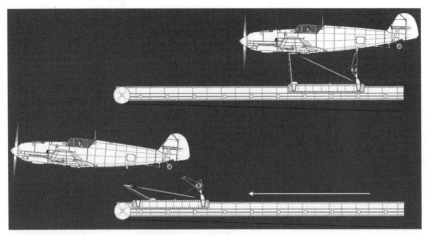

■ "齐柏林伯爵"号Me 109T舰载机弹射过程示意图。

废除德英海军协定。这其实已经很清楚地表明,在这种急剧逆转的政治形势下,今后几年绝不可能有稳定的和平时期,但这种稳定的和平时期对于建造Z计划所规定的大型水面舰艇又是必要的。结果,当1939年9月1日,第二次世界大战随着德国"石勒苏益格·赫尔施坦因"号旧式战列舰上11英寸大炮的鸣响而提前爆发,英国毫不犹豫地对德国宣战,并像1914年那样,开始向法国派出远征军,这对雷德尔的打击是可想而知的——他的舰队远远没有为这样一场战争做好准备,希特勒也匆忙对"Z计划"和包括"齐柏林伯爵"号在内的所有在建大型水面舰艇叫停,转而将资源用于更为急需的驱逐舰和U艇。虽然在雷德尔的争取下,"齐柏林伯爵"号的续建勉强还在维持着,但实质上却已经沦为了"弃儿"。对此,英国海军历史学家罗斯基尔在他的《1939—1945年海战》(提供英文书名)一书第1卷第52页上写道:"雷德尔的关于那个长期计划的决定连同希特勒对战争爆发时间的错误估计,其后果对我们非常有利。它使得德国丧失了它在英德海军协定中所获得的许多有利条件,结果,在1939年欧洲的战火全面点燃之前,德国海军削弱而不是增强了它本已拥有的一些力量。"

当然,此后欧洲战场的局势一度令人"意外"。虽然在入侵挪威的行动中,德国海军水面舰艇部队损失惨重,然而1940年5月10日开始的法国战役,仅仅经过了40多天便以德军的大获全胜而告终结,不但法国"彻底退出了战争",英国远征军残部也"光着屁股"逃回了不列颠。这让开战以来,承受着皇家海军巨大压力的雷德尔看到了希望。事实上1940年夏天,对法战争结束,这对德国人民、德国的政治领导和军事领导来说,都发生了极大的心理影响。当时的德国从上到下普遍产生了这样的想法:一个多么了不起的胜利啊!马上也要同英国实现和平了!一切都朝着有利于我们的方面发展,它比我们所想象的要快得多!当然,最后一点是正确的。例如,德国陆军参谋部的一些领导人在1938年就有过这种看法:"一场对法国的战争将意味着德国陆军要在马其诺防线经历两年的浴血奋战。"在陆军总司令部,同样也在海军领导部门中,都有相同的看法,这种看法与德法停战后希特勒的期望,即德国马上也将同英国媾和,是相符合的①。雷德尔自然也抱有同样的乐观,西线的战争似乎可能就此终结的情况下,如果解决掉英国已经成了一个政治问题,"齐柏林伯爵"号的建成于否已经无关紧要了。结果,勉强维持着舾装的"齐柏林伯爵"号,其重要性进一步下降,先是在1940年5月"暂时停工",然后又在法国正式投降后的1940年7月,以防备空袭的借口被拖走"闲置"了起来。

然而,希特勒和雷德尔想的是一回事,但英国人民和丘吉尔想的却完全是另一回事。在失去了法国这个仅有的西方主要盟国——尽管这是不利的和痛苦的——之后,英国还有什么必要应当在政治上做出让步呢?大不列颠还在自己的手里,它在大西洋的生命线几乎还完好无损!如果英国现在接受德国的条件,它将丧失它在世界上积聚了几百年的政治威望,承认德国在欧洲大陆的"支配权"。况且,如果在这个时候向敌方屈服,同样也是完全违背英

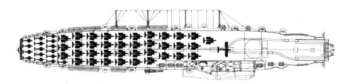

■ "齐柏林伯爵"号舰载机甲板排列示意图。

① 1940年6月22日算是希特勒一生事业的最高峰。他在法国福煦元帅1918年11月11日接受德军投降的同一地点接受了法军的投降。法国已经完全被打倒,英国虽未遭受最后失败,但也被逐出了欧陆。

国人民所具有的顽强而富于反抗精神以及未获全胜不甘罢休的民族特性的。今天看来，希特勒对英国的确有谋和的诚意，但是此种试探的必然失败又可以说是毫无疑问。希特勒此时正是一帆风顺，趾高气扬，要他平心静气，用理智和正义为基础来和对方进行谈判，这似乎是很不容易办到的，甚至连俾斯麦在普法战争之后都不能贯彻其化敌为友的政策，所以对于希特勒实不应有如此的奢望。相对应地，英国的民族性极为坚忍，可谓宁死不屈——丘吉尔本人即为典型的代表。在打了败仗之后，要他们甘心认输，那可以说是绝无可能。因此，英国政府于 1940 年 7 月 18 日声明，他们不论在什么情况下都要继续作战，这是完全符合英国人民的这种态度的。可惜的是，被欧洲大陆的一连串胜利冲昏了头脑的德国人，忽略了英国人这份声明中表达的决心，并没有估计到同英国还要进行一场长期的决定性的战争，即便是不列颠空战的挫败也没能引起足够的重视。希特勒更是宣称，对任何不能在 6 个月内完成的项目，都不再给予理睬。结果，被认为已经无关紧要的"齐柏林伯爵"号就这样在戈腾哈芬的海水中，无所事事地泡了两年，直到 1941 年底 –1942 年初在莫斯科城下碰壁，"短期战争"的梦想已然破灭，英国开始利用其海军优势对苏联进行"输血"时，为"破交战"量身定制的"齐柏林伯爵"号才被重新想起[1]。

可惜的是，虽然"齐柏林伯爵"号在 1942 年 4 月 16 日被决定继续建造，然而将这个巨大的舰体从戈腾哈芬拖回基尔却用了太多的时间。当它在 1942 年 12 月 3 日好不容易回到"娘家"时，情况又再次发生了变化。此时的德军在东线陷入苦战，一度危如累卵的英国也仍然在顽强地支撑着，而希特勒则将这一切归结为大西洋和北方航线盟军交通线那惊人的运力。事实上，随着美国海军的参战，大西洋上的实力对比已经呈现出一边倒的局面——依靠小规模的大型水面舰艇编队实施"破交战"，已经失去了意义。此时兵力得到缓解的皇家海军，又加强了对北方航线的护航力度，"英王乔治五世"级高速战列舰的全面服役更是令德国大型水面舰艇仅有的性能优势也黯淡了下去。

---

[1] 此时的"齐柏林伯爵"号已经被用作浮动仓库，甚至还屈辱地改名为"祖格维克"号，"弃儿"的身份是无可置疑的。

强大的"提尔皮茨"号战列舰大部分时间只能畏缩在港中,这引起了希特勒的强烈不满,进而对德国海军水面舰艇部队存在的价值也产生了怀疑。不得不说,希特勒此时的质疑并不是没有道理的。当战争进入1942年下半年,以雷德尔为首的一部分德国海军高层已经对战局感到悲观失望,"Z计划"的雄心早已泯灭,认为德国海军实力远远不及对手,大西洋海战又必然是长期的,艰巨的,因而德国海军的任务绝对不是与英国舰队交锋,而是要把攻击英国商船队,切断英国商船运输线作为唯一的战略任务,并贯彻到战术行动中来。为此海军总司令部甚至给各水面袭击舰舰长下达了这样精心拟制的命令:"用一切可能做到的手段,来阻挠并摧毁敌人的贸易航运……如果遇到敌人的海军,即使敌人处于劣势,也只有在有利于完成主要任务的情况下,才可以和他们交锋……在作战地域,应时常变更所在的地点,这样就可以使得敌人捉摸不定,而且即使没有获得明显的成果,至少也可以限制敌人商船的行动……仅就敌人的航运受到这种限制而言,也足以表明我们已经大大地损害了敌人的补给状况。"但可想而知,这样的一道命令,在希特勒眼中究竟意味着什么。

　　1942年12月31日的巴伦支海海战成了压垮骆驼的最后一根稻草——"吕佐夫"编队和"希佩尔海军上将"号编队被指责为"怯战",希特勒彻底失去了对德国大型水面舰艇部队的信心,威胁要将所有德国海军的水面舰艇拆掉回炉造坦克。在随后与雷德尔爆发的激烈争吵中,这位德国海军的灵魂人物

■ 舾装中的"齐柏林伯爵"号。

被愤怒的希特勒解除了职务。"齐柏林伯爵"号随之成了一个牺牲品。这样一来，就不得不提及雷德尔的人个性格，在"齐柏林伯爵"号命运中所起到的作用。长期以来一直担任海军司令一职的雷德尔元帅是个性格古板的老派普鲁士军人，尽管他富有卓越的组织才能，精通海军战略战术，但同几乎所有的老派传统普鲁士军人一样不善于交际、不善于争论，对上级命令不打折扣地执行，对下级发布命令不商量、不交流。德国海军虽然制订出了相当符合实际的"远洋破交战"战略，雷德尔却不能充分利用其在统帅部中唯一海军代表的地位将海军袭击战的重大战略意义和影响评估传达给希特勒和统帅部其他成员。一次大战中地位丝毫不亚于陆军的德国海军因此在二战德国武装力量排名中居然落在了第三位，是最不受重视的。与后来的邓尼茨不同，雷德尔这种老派普鲁士军人恰恰是希特勒最讨厌的。雷德尔对希特勒也有同样的厌恶，这种感情因素会带来怎样的负面效果是可想而知的——在战局顺利时，两人关系尚能维持，对于雷德尔的海军战略希特勒大体也能接受，然而一旦战局恶化，两人关系也就随之陷入"困境"。"齐柏林伯爵"号建造过程中的几次反复也很难说与此无关。也正因如此，随着雷德尔的解职，"齐柏林伯爵"号的最终命运也被彻底注定了——作为潜艇部队的指挥官，接替雷德尔的邓尼茨完全无法容忍"齐柏林伯爵"号这类大量吞噬资源的"怪物"。结果，到了1943年2月2日，"齐柏林伯爵"号的命运之钟走到了尽头，再无起死回生的希望。随后的"祖格维格"号只是作为一具没有生命的"尸体"，在奥得河上继续飘荡了近2年的时间……

　　战争是政治的一种延续，但是就具体到战争过程中的装备来说，并不是一句口号就能立刻解决的，它需要一个长期积累的过程——对于海军来讲更是如此。海军与陆军、空军有着极大的不同，由于其主要作战装备是凝结了国家全部工业精华的战舰，故而不可避免地成为三军中耗资最大、营建周期最长、见效也最慢的军种，以至于有着"百年海军"之说，政策的连续性和稳健性是至关重要的。然而在"齐柏林伯爵"号航空母舰的建造过程中，我们却看到，作为国家决策者的希特勒，在海军政策上却尽显短视，对于海军战略的态度始终是晦暗不明的，这就造成了"齐柏林伯爵"号航空母舰的"悲剧"，就像那句水手们低声吟唱的古老歌谣："水兵的坟墓没有鲜花……"

无根之翼:
纳粹德国的舰载机项目

第二次世界大战爆发时，德国海军远没有做好战争准备。正如海军总司令雷德尔所说："就 1939 年秋与英国的一场大规模战争来说，海军的装备显然极不充足……水面舰队的数量和实力都远远落在英国舰队之后。"当时的潜艇部队司令、后继任海军总司令的邓尼茨说得更干脆："德国海军在战争爆发时，只是一个残缺不全的躯体。"然而，很少有人意识到，即便如此一个"残缺不全的躯体"，也在努力让自己"健全"起来。对此，纳粹德国在战争中展开的一系列舰载机项目很能说明问题。

　　由于地缘环境所致，德国的海上军事行动从来都具有很大的"相对独立性"。所以，雷德尔一直坚持海上战争的领导权应集中在一方，即集中在海军手中。可惜由于政治原因，这种想法并没有得到纳粹头子希特勒的支持。作为这种"斗争失败"的结果之一，便是纳粹德国海军航空兵的发展缓慢，在戈林"凡能飞者皆属我"的口号下，海军能够支配的航空资源十分有限。本来从 1935 年起海军就经常把优秀干部派到空军里去，戈林也答应在 1942 年之前分两批将海军所要求的 62 个航空中队（约 700 架飞机）交给海军。但这 700 架飞机最终并未交给海军，而是编为"第 6 航空兵群"（海军航空兵战斗群），只在作战方面隶属海军总司令雷德尔或者他所指定的首长。到了 1939 年 1 月，海空军总司令联席会议更是规定：空军只给海军留下了海上航空侦察和与敌舰编队接触时对敌军舰进行战术行动的权利，其他如在大西洋上袭击军舰、空投水雷、破坏海上运输、突击敌港口和基地及袭击敌造船工业均由空军进行。海军只有担任远距离侦察的 9 个航空中队、担任侦察并和潜艇进行斗争的 18 个航空中队……不过有意思的是，虽然戈林试图将手中"对航空力量的垄断"当作剥夺德国海军独立性的一个筹码加以利用，但在两次大战之间德国空军内部，主张实施独立空中战争的呼声甚高——认为对敌人战争潜力的空中进攻能够给敌国平民抵抗意志造成巨大影响，独立空军的作战见效快，战争初期就能取得巨大成果，这种成果对民族存亡有重大影响——所以在两次世界大战之间，受此影响的戈林对发展舰载机表现出了一定的兴趣。这种兴趣虽然随着战争进程的发展逐渐消散，但在有限的资源投入下，纳粹德国在舰载机领域还是取得了一定的成果。

■ Bf 109T1 舰载战斗机。

■ 停机坪上的 Ar 197V3 原型机（机腹下的附加油箱清晰可见）。

⇢ 战斗机部分 ⇠

Ar 197

随着 1935 年 11 月 16 日，基尔的德意志船厂与第三帝国海军部签订了"A号舰"和"B号舰"两艘航母的建造合同，有关舰载机的研制也被德国海军提上了日程。由于不难理解的原因，早在航母建造启动前的 1935 年 3 月，帝国航空部便在德国空军的授意下，准备从短距起降性能出色的现役双翼战斗机中，为海军建造中的航母挑出一型进行改装。虽然此时 He 51 是德国空军战斗机的主流装备，但帝国航空部深知该机的设计已经严重过时，所以将目光投向了短距起降性能相当，但整体设计略为现代化的 Ar 68 双翼战斗机，准备以其为基础，衍生出一型舰载战斗机，项目代号"Ar 197"。1936 年 3 月，首架基于 Ar 68E 的 Ar 197 V1 原型机组装完毕。与 Ar 68E 相比，Ar 197 V1 保留了 Ar 68E 的大部分设计特征，包括固定式起落架、610 马力的 Jumo 210 液冷式 V 型活塞式发动机，以及两挺 7.92 毫米 MG 17 机枪（每挺备弹 500 发）。具体来说，Ar 197V1 采用双翼设计，机长 9.2 米、机高 3.6 米、翼展 11 毫米，最大起飞重量 2.67 吨，机身为钢管结构加上蒙皮，机身前后有部分则是以薄钢板取代蒙皮。机翼则是以木材和蒙皮共同组成，上翼位于飞行员的前方，下翼位置稍后，在飞行员的正下方。起落架为固定式，但是有流线型构造包覆以降低阻力。不过，与 Ar 68E 有异之处在于，考虑到海上任务的特殊性，Ar 197V1 的座舱改开放式为封闭式。垂直安定面的形状也有所不同，安定面的后半部为曲线而非直线形状，这成为 Ar 197 后续几架原型机的共同特征。

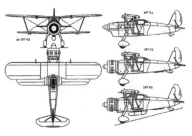

■ 三架Ar 197原型机对比示意图。

■ Ar 197V1 由Ar 68E 衍生而来。

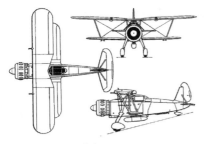

■ Ar 197V3三面图。

■ Ar 197V2/V3原型机由 Ar 68H衍生而来。

　　不过，Ar 197V1 实际上只是一架技术验证机，并没有安装航母起降所需的着舰钩（尾钩），这引起了德国海军方面的不满，另外 610 马力的 Jumo 210 也被认为动力不足，而且液冷发动机结构过于复杂，不利于海上环境的保养和使用。于是，在 1936 年 5 月，阿拉多先是为 Ar 197V1 换装了 910 马力的戴姆勒·本茨 DB 600 液冷式 V 型活塞式发动机，随后又在 Ar 68H 二号原型机的基础上，改装出一架 Ar 197V2 原型机。与 Ar 197V1 相比，Ar 197V2 的主要变化在两点：一是将 610 马力的 Jumo 210，升级为 880 马力的 BMW 132Dc 星型风冷活塞式发动机；二是在尾轮之前安装了尾钩，从而使 Ar 197V2 成为一架真正意义上的"舰载机"。动力配置各有不同的两架 Ar 197 原型机，先后于 1937 年 3 月展开对比试飞，随后军械系统进行了强化的 Ar 197V3 原型机也加入试飞行列[1]。虽然三架 Ar 197 原型机的试飞表现令人满意，特别是设备完善的 Ar 197V3 被认为达到了量产标准。但遗憾的是，由于在此时的西班牙战场上，"黑马" Bf 109 在风头上完全压过了包括 Ar 68E 在内的所有双翼机，结果随着双翼机时代的迅速逝去，Ar 197V3 的量产也成了镜花水月之事。

BF109T/ST

　　1938 年 7 月，为了给正在建造中的"齐柏林伯爵"号航空母舰提供一款

---

　　[1] 与 Ar 197V2 相比，Ar 197V3 在螺旋桨桨毂内安装了一挺 20 毫米 MG FF 机炮，并在翼下安装了两个可挂载 50 千克炸弹的挂架，机腹下也加装了一个可携带 190 升燃油的附加油箱。

性能优秀的舰载战斗机，帝国航空部指示巴伐利亚飞机公司以 Bf 109E 为基础进行适合舰载使用的改进，这便是 Bf 109T 的由来。与 Bf 109E 相比，Bf 109T 将翼展由 9.8 米延伸到了 11.08 米，并加大前缘缝翼与后缘襟翼的行程以提高起降性能；对主翼梁进行修改，以便机翼可以在舰上停放时进行折叠，节省宝贵的机库空间；对体机主框架结构的 17 处位置（包括起落架）进行结构强化，以适应大大高于陆上使用环境的着舰冲击，同时安装舰载机特有的必需品——尾钩。另外，Bf 109T 的尾段也重新设计，方向舵面积稍微缩小，对称型的断面也改为翼型产生机尾向左的侧向浮力，这有助于增加方向舵的有效性，同时起飞时不再需要因为抵销引擎和发动机的扭矩，必须施加右舵。移除了尾翼明显的支架，尾翼也从原来位置稍微降低和前移。尾轮改为可以半收藏的形式，主轮架向前多了 6 度，以改善地面的操控。相比于 Bf 109E、Bf 109T 还有一些细节上的变化，如机翼散热器较浅并移向机翼较外侧后方，采用新的冷却系统，由一个与可变入口和出口襟翼相连的热感应阀自动调节，以平衡最低阻力和最有效的冷却能力。新冷却器比 E 型浅但更宽，有边界层导管使空

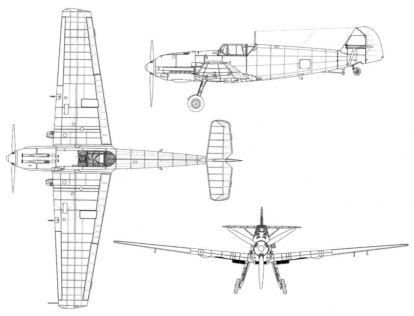

■ Bf 109T 三面图。

气连续流经散热器上方的机翼，由上襟翼后翼缘离开，下襟翼机械式地连到中央"主襟翼"。同时，这个热感应阀还增加了一个截止阀，让驾驶员可以在系统受损时关闭整个机翼散热器系统，以保存残余的冷却液让飞机返回基地。1939 年冬，菲斯勒公司（Fieseler）受命按照巴伐利亚飞机公司的设计将 10 架 Bf 109E-1 改装为 Bf 109T-0 用于飞行试验（实际完成 7 架），此后生产型 Bf 109T-1 开始投产[①]。

在"齐柏林伯爵"号航空母舰的建造被终止前，Bf 109T-1 共完成了 63 架，此后这批飞机被拆除了舰载机专用设备后改称为 Bf 109T-2[②]，并于 1941 年春被转交给挪威的 I/JG 77[③] 作为普通的陆基战斗机使用——1941 年，德国人在赫尔戈兰岛[④] 附近的两个沙丘上各建造了一条短跑道，只有具备良好短距起降性能的 Bf 109T1/2 被认为可以在这里部署，因此 I/JG 77 装备了这批颇为奇特的舰载型 Bf 109。虽然几个月后，该部被抽调前往东线参与对苏联摩尔曼斯克港的进攻，但 I/JG 77 装备的这批 Bf 109T2 在 1941 年 5 月被留在当地作为储备，由隶属于德国海湾战斗机指挥部（Jagdfliegerführer Deutsche Bucht）的训练中队代为保管，直到 1943 年，大部分状态良好的 Bf 109T2 又被新成立的 JG 11 接收（作为 JG1 的"亲儿子"，JG 11 的任务是保卫德国北部海湾、挪威南部和丹麦西部），作为教练机和"海岛防御战斗机"发挥余热……直至 1944 年底，仍有大约 20 架 Bf 109T-2 在由部分 I/JG 77 人员组建的 IV/JG 5 服役，并在该部投降时被炸毁。

至于 Bf 109ST 则是在 1939 年底，为了进一步提高 Bf 109T 的舰上起降性能而出现的一种改进设计，主要是将翼展伸展 1.5 米，换装带有废气涡轮增压器的 DB 628 液冷发动机[⑤]。为了与升级后的发动机相匹配，梅塞施米特博士

---

① Bf 109T-1 装备的是 DB 601N 引擎及 ECT 250 火箭助推器，而 Bf 109T-0 装备的是 DB 601A 引擎。
② 在机腹装上挂架，可以挂上标准的 300 升副油箱，或者 4 枚 SC50 炸弹，或者 1 枚 SC250 炸弹。
③ 基地位于挪威的斯塔万格（Stavanger）。
④ 赫尔戈兰岛在德语中音译"赫尔戈兰"（Helgoland，末尾的 d 发 t 音），英语中则为"赫里戈兰"（Heligoland）。赫尔戈兰岛位于德国近海湾的咽喉位置，逼近德国各主要港口和河流入海口，拥有与其面积极不相称的重大战略价值。
⑤ 戴姆勒·本茨为该引擎设计了全新的冷却系统及 2 级 3 速的机械增压器，根据纸面数据显示，DB628 将能够达到 12000 米高度 1560 马力的动力稳定输出水准。

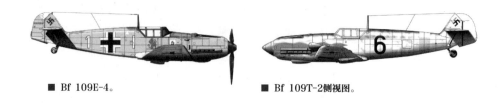

■ Bf 109E-4。　　　　　　　　　　　■ Bf 109T-2侧视图。

除了将机身拉长到 7.8 米以增强纵向稳定性外，尾翼面积也得到了扩大，并为其设计了一个特别的宽桨幅可变距金属螺旋桨以充分发挥该引擎的最大效率。同时为了改善该机的舰上起降性能，梅塞施米特博士将 Bf 109ST 的起落架支柱承力于机翼内侧约三分之一处而不是机身框架以扩大轮距，同时相对于 Bf 109T 采用弹簧固定式的收放尾轮，Bf 109ST 的尾轮被改为可收放式，以进一步改善舰上起降性能。Bf 109ST 的详细设计在 1941 年 10 月完成，但由于种种原因（主要是要集中力量生产更多的 U 艇），"齐柏林伯爵"号航空母舰的舾装完成将推迟到两年后（事实上是被终止了），Bf 109ST 项目因此被"暂时"搁置。由于已花费了大量人力和物力，梅塞施米特博士并未将 Bf 109ST 项目完全放弃。1942 年 11 月，根据空军需要一种高速单座轰炸机的要求，将 Bf 109ST 被改为可携带一枚 1000 千克级别的 SC1000 炸弹对目标进行精确轰炸的高速轰炸机 Bf 109STA（甚至于超重型的 BT 1400 鱼雷或 SD 1400 穿甲弹也被要求能够承载），但遗憾的是该方案未能被帝国航空部采纳。

Me155

　　"齐柏林伯爵"号航母的舾装工作在 1942 年初曾短暂重启，然而当年以 Bf 109E-4 为基础衍生而来的 Bf 109T1 在性能上已经严重过时，无法满足需要。在这种情况下，梅赛施米特博士只得在 Bf 109G-4 的基础上重新设计舰载机。重新设计的 Bf 109T 被非正式地称为 Bf 109T3，从 Bf 109G-4 机身上继承了将近 65% 的部件及其 DB605A。其机身可以分成前、后、尾三部分，前部包括发动机支架、发动机防火墙和驾驶舱，发动机防火墙呈梯形，但并没有将发动机和驾驶舱完全分隔开，而是为了容纳一些辅助部件不得不在防火墙上开口，使之能延伸到驾驶舱。在驾驶舱地板的下面是工形主梁，由一根硬铝板

■ Bf 109G-4。

■ Bf 109E的起落架结构示意图。

和两根横梁铆接而成①。不过，由于有之前 Bf 109ST 的经验，Bf 109T3 的起落架和机翼进行了彻底的重新设计。包括 Bf 109T1 在内，Bf 109 系列各型的主起落架支柱是通过复杂的锻造钢制构架直接连接在前部机身的两侧，并由一组支撑杆加固，而这组支撑杆同时还支撑着两个倾斜的发动机支架，以及机翼的前部连接点。这种将承力系统三合为一的设计能将机身载荷（特别是着陆时受到的载荷）集中在一个相对较小并且经过加固的区域，使得机体结构强度有了大幅增加，但这种设计却使任何一部分的连接部件断裂都可能会对整个机体结构造成严重的破坏。此外 Bf-109 为了增加轮距，主轮支柱被设计成各向外撇开 17 度。但即使如此，轮距还是太短了，比如 Me-109E（即 Bf-109E）上主轮轮距是 1.97 米，G 型是 2.06 米，而 K 型是 2.1 米。而且这种措施在扩大了轮距的同时，还在液压收放作动筒的压力头上施以很强的横向应变，一旦出现事故，轻则使机身翻覆，重则使起落架折断。同时由于主轮支柱过于靠前，使飞机的重量分布不均，尾轮支撑着很大的一部分机身，所以在着陆时飞机的重心更靠近尾轮，如果正好遇到凹凸不平的地面或是转向过猛极易使飞机转向失控甚至是原地打转。

　　相比之下，彻底更改了起落架设计的 Bf 109ST 则无此问题的困扰。要知道，要想解决 Bf 109 原始设计中存在的起落架问题，可能的选择只有两个：一是加大起落架支柱直径以及轮胎厚度，但这样一来就必定会在机翼上形成难看的突起才能容纳加强后的起落架；另一个选择则是保留原起落架全部构

---

　　① 硬铝于 1909 年由德国的杜拉公司研制，所以也称为"杜拉铝"，它是由纯铝掺入少量铜、镁、锰等制成的轻质高硬度合金，最初用于"齐柏林"飞艇上，之后用在容克公司的飞机上，由于不能焊接，所以只能通过铆接的方式连接。

件，既不需要加粗起落架支柱也不需要加厚轮胎厚度，但必须要将主起落架承力点改在新增加的翼根段结构，其目的是减小起落架支柱与地面的夹角，以便着陆时的撞击载荷可以通过主轮支柱传导到转轴上，从而避免在脆弱的液压收放作动筒的压力头上形成一个侧向力矩。Bf 109ST 选择的正是后者。Bf 109T3 则在 Bf 109ST 的起落架设计上又进行了进一步的改进。Bf 109T3 的主翼仍以单根翼梁为承力中心，但为了给主轮腾出空间，这根翼梁并不在机翼最厚的地方，而是在机翼的 45% 弦长处[①]。这使 Bf 109T3 的起落架间距扩大到了前所未有的程度——5.6 米的数字再加上带有前后缘襟翼的大翼展所带来的低进场速度，使 Bf 109T3 成了当时起降性能最佳的单座战斗机之一。但值得注意的是，Bf 109T3 的主翼仍通过 3 个连接点与机身相连接，2 个在主梁突出部的两侧，另一个在机翼前部，主要用来传递扭转载荷，却由于拉长了的主梁突出部连接点而牺牲了整个机翼的结构强度。另一个很不为人知的细节是，由于垂尾和水平安定面的机翼面积很小，所以 Bf 109T3 采用了非对称的机翼曲面用以抵消螺旋桨扭矩。

此外，梅塞施米特博士在将 Bf 109T3 翼展加大到 15.1 米的同时，还为 Bf 109T3 在两翼各增设了 3 个燃料箱，其中左翼内侧 70 升燃料箱是 MW50 的水 / 甲醇混合液，右翼的 3 个和左翼外侧的 2 个都是燃料。这样就可以使 Bf 109T3 同时携带 GM1 的一氧化二氮 85 升和 MW50 的水甲醛混合液 70 升，以便靠这两个辅助装备达到让发动机高低通吃的目的。不过，虽然这个设计确实是非常别出心裁，但也可以看出德国航空发动机工业在涡轮增压器上发展失误与技术储备不足所造成的影响是如何的严重。至于 Bf 109T3 的尾翼结构则很标准，垂尾和水平安定面是全金属结构的，方向舵和升降舵采用的是由冲压合金翼肋组成的轻型框架结构，布质蒙皮。值得注意的是，考虑到舰载机进行海上飞行的特殊性，梅塞施米特博士在 Bf 109T3 的驾驶舱内塞入了大量机载设备，从西门子公司的 K23 自动驾驶仪、FuG125 无线电导航着陆装置、电热防雾防弹玻璃、到 RKS12 自动驾驶仪等等，使 Bf 109T3 成为当时 Bf

---

① 翼梁与上翼面铆接在一起，并由相对较少的翼肋和桁条加固。下翼面则由若干可以轻易拆卸的翼板组成，并在中部开有一个很大的舱口，以容纳起落架和散热器。

109 系列中机载设备最为完善的一个型号。在 Bf 109T3 方案得到帝国航空部的初步认可后，1942 年 2 月，梅赛施米特公司内部正式为其分配了 Me 1091 的项目编号以及相应的人力物力资源，设计工作全面展开。按照梅塞施米特博士的基本设想，Me P.1091 项目将是一架根据此前基本设计，尽可能地利用 Bf 109G–4 机体部件，进一步拉伸机身与翼展后的 Bf 109ST，以戴姆勒·本茨（Daimler Benz）DB 605B 发动机为动力，装备 3 门 MG 151 20 毫米机炮。然而，虽然在 1942 年 9 月 Me P.1091 的设计基本完成，并被帝国航空部非正式地赋予了 "Me 155" 的官方编号，但此后的 Me 155 却随着 "齐柏林伯爵" 号舾装工程的停止而再度沉寂，梅塞施米特对于这个并没有多少现实需求的项目也不再理睬。

　　不过，到了一年以后，这个 Me 155 却又一次借尸还魂。时间进入 1943 年，随着美国陆航第 8 航空军出现在德国上空，德国空军发现自己既缺人又缺油，而盟军的轰炸机群成天在头顶盘旋，鲁尔在燃烧。虽然不乏防空作战中的亮点，但日耳曼巨人的失血却是不可逆转的。德国要扭转颓势，必须先阻止盟军的战略轰炸——高空战斗机已经成为德国空军的急需。在这种情况下，梅塞施米特博士决定利用在 Me P.1091 舰载机项目、Bf 109H 高空战斗机项目中取得的一系列成果充填 Me 155 这个空壳，以旧瓶装新酒的方式在竞争中同 Ta 152 作一次真正的 "较量"。于是，原本是作为舰载机设计的 Me 155 很快演进成了一架翼展达 19.4 米，机身长 13 米的巨型 "风筝"——舰载机已然是面目全非了。

　　在 1943 年 9 月之后，由于英美战略空军的打击力度进一步加深，帝国航空部对于能够即刻堪用的高空拦截战斗机需求变得更为迫切起来，但 DB

■ 由舰载型衍生而来的新版高空截击型Me 155侧视图（1943年2月版）。

■ 由舰载型衍生而来的新版高空截击型 Me 155侧视图（1943年9月版）。

605DBM 发动机无论在性能上还是产量上都无法满足新 Me 155 项目的需要，于是梅塞施米特博士先是将希望寄托于技术先进但不成熟的 DB 628A[①]或是期盼值更高的 DB 625（DB 605 的两级两速涡轮增压型号），并为之搭配了新型 4 叶正反对转螺旋桨（正反对转螺旋桨可以抵消扭矩，提高发动机做功的效率）。随后，梅塞施米特博士又打算将进展情况较为乐观的 DB 603U 或是 DB 632 引擎[②]搬上 Me 155 的机体，同时缩短机体并提升座舱位置以改善后向视界，如此大改之后，整个 Me 155 项目名称也随之变为 Me 155B（之前的 Me 155 自然便是 Me 155A）。然而不久后，梅塞施米特博士便懊恼地发现，根据研发中遇到的诸多麻烦，DB 603U 与 DB 632 的拖沓仍将使 Me 155B 成为一个看得见但摸不着的镜花水月（至少在帝国航空部期望的时间内会是如此），相比之下 Ta 152 进度上的优势却越来越明显。结果此消彼长之下，帝国航空部果断下令梅塞施米特公司彻底中止有关活塞动力高空截击机的一切工作，将全部技术资料转交布洛姆 & 福斯（Blohm & Voss），以便使前者能够专心于 Me 262 的发展。至此，由舰载机发展而来的 Me 155 的一切努力在梅塞施米特公司内部算是告一段落，而随着 Me 155B 技术资料的移交，Me 155B 的生命在布洛姆 & 福斯公司的努力下虽然得到了延续，以 BV 155 的名义重出江湖，但这已经是完全不同的另一个故事了。

↦ 轰炸机部分 ↤

Ju 87C/E

出于对俯冲轰炸战术的痴迷，以及用战术飞机执行战略任务的盘算，戈林

---

① DB 628A 拥有全新的 2 级 3 速机械增压器，但必然要有全新的冷却机制相配合，不然不但燃烧效率不佳，还可能导致混合后的油气在尚未进入汽缸就引燃的情况发生，可惜的是，DB628A 的问题正是出在这里。从理论上讲，两级增压器的冷却装置有两种类型，也就是前冷（Intercooler）和后冷（Aftercooler）。这两种冷却方式的差异是：前者是在两级增压器之间冷却气体，后者则是在两级之后进入汽缸前冷却气体。DB 628A 选择了后冷式，但从实际效果看，这种选择对于 DB 628A 的结构来讲显然是不恰当的——该引擎在 Bf 109HV-54 的试飞中表现恶劣。

② DB 603U 与 DB 632 都是带有两级两速涡轮增压器，并配有正反对转螺旋桨的 DB 603 实验型号。

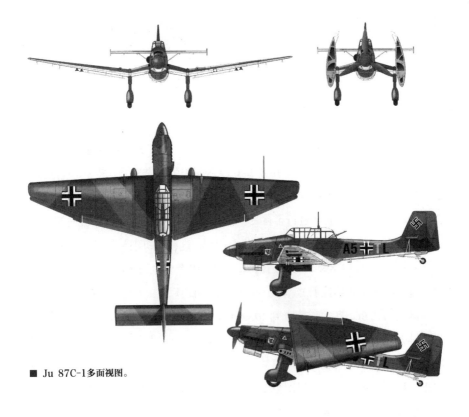

■ Ju 87C-1多面视图。

要将 Ju 87"斯图卡"搬上"齐伯林伯爵"号的甲板是很自然的事情，而他是这样想也是这样做的。作为一种特别的舰载版本，Ju 87C 的设计工作于 1937 年 8 月 18 日全面展开。该机机体基本设计取自 Ju 87B-1[①]，以俯冲轰炸为主，但也拥有实施鱼雷攻击的能力，不过考虑到舰载部署和海上飞行任务的特殊性，衍生自 Ju 87B-1 的 Ju 87C 进行了大量的改进，如加装了离舰弹射装置、着舰钩和气囊（可在水面迫降时保护乘员）；机翼可以手摇折叠以节省空间；翼尖被削平所以翼展比 B 型短了 80 厘米；为了增大航程，在每侧机翼内加装 150 升油箱并在翼根处加装 250 升的油箱，还可以选挂 300 升的副油箱；螺旋桨改用更宽的容克斯 VS11 型木制螺旋桨；加装了废气推进式排气管和油压式

---

① 应该说这是一个相当明智的决定，与早期的 A 型相比，B 型安装着大功率的 1250 马力 Jumo 211Da 发动机，功率大约是 A 型的两倍。

散热器；Fu G25 型敌我识别装置和 Peil GIV 型测向仪也成为标配，用以满足海上任务的需求。值得一提的是，虽然 Ju 87C 的额定载弹量与 Ju 87B-1 一样，均为 500 千克，但在只乘坐 1 人的情况下，也能够应急携带 1000 公斤炸弹或是鱼雷执行任务。有意思的是，出于对海面迫降的极端环境考虑，Ju 87C 的起落架在必要情况下还可被飞行员手动抛弃。

首架 Ju 87 V10 原型机于 1938 年 1 月出厂。不过，这架飞机虽然号称 Ju 87 V10，但实际上却是由一架 Ju 87B-0 改造而来的混合型号，装备的是 Jumo 211 A 发动机。该机本来计划在 1938 年 3 月初开始测试，然而由于一些原因直到 1938 年 3 月 17 日才进行了首飞，随后被称为 Ju 87C-0。在这段时间内，容克斯工厂又组装了 9 架 Ju 87C-0 预生产型，这些飞机细节上各不相同，但逐步统一。到了 1938 年 5 月 12 日，真正达到生产型标准的 Ju 87 V11（无线电呼号 TV+OV，机体注册号 W.Nr 4929）原型机出厂，在进行了成功的首飞后，被正式定型为 Ju 87C-1。截止到 1939 年 12 月 15 日，即"齐柏林伯爵"号航母停建几个月后，被分配给 1938 年 12 月编成的赫尔戈兰航空军区第 6 海军航空战斗群第 186 舰载机联队第 4 俯冲轰炸机大队 [4.（St.）/Traeger Gr.186] 的 11 架略有不同的 Ju 87C 原型机已经进行了 915 架次陆上起降，包括在模拟航母甲板的短跑道上进行弹射起飞和尾钩拦阻[①]。不过，在试飞过程中，德国海军飞行员发现，Ju 87C 的尾构设计存在缺陷。对舰载机而言，对尾构的第一个要求是结构强度，尾钩与机身的连接处至少要承受 2 ～ 3 倍机身重量的重力加速度。所以在 Ju 87 以的设计中，尾钩都安装在后机身底部、尾轮前方的纵梁上，尾钩向下展开。这种设计结构简单，强度较高，但由于尾钩过于靠近主起落架，在着舰时会产生较大的低头力矩，可能导致螺旋桨触地，只有经验在丰富的老鸟在掌握了技巧后才能小心应对。显然，这是由于德国人缺乏舰载机设计经验，在付出了不少代价后，容克斯的工程师尝试着将尾钩安装在那架 Ju 87V11 的机尾内部，使用时向后伸出。该设计在结构设计上比较复杂，但延长了尾钩连接点到主起落架机轮的距离，大大降低了低头力矩，

---

① 需要提及的是，德国海军对这种舰载型"斯图卡"的称呼与德国空军不同，Ju 87 Tr（C）是第 186 舰载机联队第 4 俯冲轰炸机大队内部对其的标准称谓。

算是较好地解决了这个问题。

可惜的是，由于此时的纳粹在欧洲战场上顺风顺水，"齐柏林伯爵"号航母的优先级别被直线降低，原定为海军生产 120 架 Ju 87C-1 的计划被取消，已经在生产线上的 Ju 87C-1 机体被按照 B-2 型的标准改建，机体注册号也干脆被统计在 B-2 的生产序列中。不过，尽管 Ju 87C-1 的生产计划被取消，但由于"齐柏林伯爵"号航母的建造计划并未被正式取消，仍以最有限的资源在缓慢维持，因此分配给第 186 舰载机联队第 4 俯冲轰炸机大队的那些预生产型 Ju 87C，仍在进行科研试飞。后来的事情表明，德国海军的这点小心思还是有些道理的。1942 年 5 月，"齐柏林伯爵"号航母的舾装曾经被短暂重启，这给了舰载型"斯图卡"项目一线生机。于是，利用预生产型 Ju 87C 的试飞成果，容克斯很快为海军装配出了一架基于 Ju 87D-1 机体的舰载鱼雷轰炸机原型机。该机的特点在于，既吸收了 Ju 87C 的折叠机翼、尾钩、气囊等结构，又继承了 Ju 87D 系列的技术进步成果——换装 1400 马力的 Jumo 211J 发动机，进气口后移，起落架经过重新设计更加牢固，而起落架罩外形也变得更加流畅，机身装甲也得到了加强，机身挂架的承载能力增加到 1800 千克，并在座舱后部的机背装有覆盖于透明材料中的 Peil GIV 测向仪。在以 Ju 87D-4 的名义验证了设计的有效性后，帝国航空部正式为其赋予了 Ju 87E 的制式编号，并在 1942 年夏与容克斯签订了 115 架的生产合同。然而，不久后随着"齐柏林伯爵"号航母舾装工程的再次停摆，Ju 87E 的生产也被随之取消。

Ar 195/Fi 167

尽管将"斯图卡"搬上"齐柏林伯爵"的甲板的想法十分务实，不过一向谨慎的德国人还是留了后手。所以，在舰载型"斯图卡"项目上马的同时，帝国航空部也指定阿拉多与菲斯勒两家公司为其研制"备份"型号。当然，为了给两家公司吃颗"定心丸"，帝国航空部很是动了些心思（毕竟没有人会对注定没有结果的竞标感兴趣），承诺两家公司的"备份"型号只要能够兼具侦察和轰炸的双重用途，并且具备比舰载型"斯图卡"更好的起降性能，那么即便舰载型"斯图卡"进展顺利，获胜的"备份"方案也将获得订单进入量产。在对投资有了回本的把握后，阿拉多与菲斯勒很快拿出了各自的方案。其中

■ Ar 95双翼水上侦察/轰炸机。

阿拉多的方案被称为 Ar 195，系由 Ar 95 双翼水上侦察 / 鱼雷机衍生而来，实际上可以视为后者去掉浮桶改装固定式起落架的轮式型号。其基本设计保守，空重 2380 千克，最大起飞重量 3745 千克，载弹量 700 千克，机长 10.5 米、机高 3.6 米、翼展 12.5 米，全机为双翼半硬壳结构，机身采用钢管焊接结构，后机身和操作翼面由织物覆盖，在机首的一台 819 马力 BMW 132 M 星型气冷发动机驱动下，最大平飞速度可达 282 千米 / 小时。

至于菲斯勒的 Fi 167，同样是一架双翼半硬壳金木混合结构的布制蒙皮飞机，空重 2800 千克，最大起飞重量 4850 千克，翼展 13.5 米，长 11.4 米，高 4.8 米，翼面积 45.5 平方米。为适应航母降落需要，还安装了着舰钩，发动机为一台戴姆勒 – 奔驰 DB601B 发动机。不过，就整体设计而言，Fi 167 要比保守的 Ar 195 有看点。该机应用了固定前缘缝翼和后缘襟翼技术，机体被设计成细长型。其主起落架脚柱被延伸地很长，在降落时可以耐受较大的下降速度。由于起落架脚柱的位置处于机体重心的前方，配合强力油压刹车装置，可以在较短的距离内使飞机制动。事实上，这是一架围绕低空操纵性能和短距起降性能来构思的奇异设计，但的确效果斐然。结果，在 1937 年 3 月，两架 Ar

195 原型机与两架 Fi 167 原型机的对比测试中，两者一下子高下立判——Ar 195 不但在最大平飞速度、升限和载弹量上处于下风[1]，而且在舰上部署至关重要的短距起降性能上更是一败涂地。

Fi 167 展示了极其优异的性能，测试过程中携带 250 公斤的配重还能在 78 千米 / 小时的时速下控制飞机。只要约 23 公里 / 小时的逆风，它就可以在 50 米的距离内起飞，降落也只需要不到 29 米的距离，这个距离只比它的翼展多一倍左右，最短的降落距离纪录仅有 15 米，可谓令人瞠目结舌。于是，这场竞争最后以 Fi 167 毫无悬念地获胜而告终。可惜的是，Fi 167 的命运是随着"齐柏林"号航母的命运来决定的。当 1939 年 10 月希特勒决定"暂时"中止这艘航母的建造后，Fi 167 的生产优先权也被随之取消。而当在 1942 年决定重新开始"齐柏林伯爵"号航母的舾装时，帝国航空部却认为双翼的 Fi 167 已经完全过时，其角色将由容克斯公司的 Ju 87E 来承担。已经生产出的 12 架 Fi 167 原型机命运各不相同，11 架先是被运到驻扎在荷兰的第 167 试验中队进行测试飞行，其中的 9 架在 1943 年运回到德国，然后被卖到了罗马尼亚，另有 3 架送到位于捷克的德国航空试验协会，用于对起落装置进行特别测试。

■ Fi 167俯视图。　　　　　　　　　　■ Fi 167的起落架设计细节。

[1] Fi 167最大平飞速度325 千米 / 小时,实用升限8200米,战斗航程1500千米,最大载弹量1000千克。

→ 勤务／多用途舰载机 ←

Ar 198

尽管对发展舰载机热情有限，但在 1936 年，帝国航空部还是认为应该为建造中的"齐柏林伯爵"号提供一种用于联络、校射乃至要员运输的多用途舰载勤务机。在帝国航空部的要求中，主要包括两点内容：一方面，要求为这种多用途舰载勤务机装备动力强劲的引擎，该机必须在其速度包线内具备良好的适应性，失速速度要尽可能地低，短距起降性能要好，并为其乘员提供极佳的观察视野；另一方面，要求该机具备优秀的防御手段及在必要时拥有一定的对地攻击能力。在接到该机计划书后，阿拉多（Arado）、福克·沃尔夫（Focke- Wulf）、汉堡飞机制造厂（Blohm & Voss）、亨舍尔（Henschel）等公司纷纷做出了响应。每家公司都尽可能地依据其各自原来的设计成果或是经验，针对这份计划书拿出了初步方案，供德国空军在最短的时间内比对研究，以便获得进一步发展的许可。按照以往航空器发展惯例，哪个方案的设计细节最符合德国空军的心意，哪个方案就最有可能获得进一步发展的合同，并在最终得到大批订单。为了争夺最后的订单，各厂商纷纷各显神通，其所走路线大致可分为两个流派：一个拼命游说德国空军接受其自己的思路，也就是说最后的方案尽管可能会不太符合计划书，却仍能在最终为军方所接收；另一个则与之相反，他们深信，既然计划书是由德国空军自己提出的，那么这自然就是军方最终想得到的东西了，他们需要做的就是让自己的方案最大可能地对应计划书中的每一项。按照此两种思路，福克·沃尔夫与汉堡飞机制造厂提出对该项计划书进行延展，以便发展一种更大型的多用途作战飞机，而阿拉多与亨舍尔则坚持严守计划书。

事实证明，阿拉多的谨慎押对了宝——他提出的 Ar 198 方案被认为最符合帝国航空部的要求。在经历了多次基本规格的变动后，一份关于建造几架 V0 批次 Ar 198 原型机的合同终于在 1937 年 7 月同帝国航空部签订了。从细节上看，Ar 198 是一架采用上单翼布局的三座轻型飞机，其机组成员分别是飞行员、机枪手/无线电操作员及观察员。由于要兼顾优良的观察视野与高速性能，设计师为此特意设计了一个能容纳全部 3 名机组成员的全封闭式驾驶舱，这点与同时期用途类似的亨舍尔 Hs-126 相比是个进步。对于一架战术侦察机来讲，要特别强调环形视界的重要性，因此观察员的位置被设置在机翼下部的机腹中，同时这里也被作为两支结实的固定式起落架的支撑结构，这种设计看上去就如同机腹开裂了一般，这个造型奇特的观察舱也成了 Ar 198 最具特色的识别标志。飞行员与机枪手则分别被安排至机翼上方的全玻璃机舱中相背而坐，至此 3 名机组成员就都有了一个非常适宜的位置来完成自己的任务。整个舱室分为以机翼为中界的上、下两部分，而中间部分是贯通的，这样的布局极利于 3 名机组成员之间的沟通。顺便还要提一下，由于 Ar 198 的驾驶舱非常的光滑、平整且透明材料覆盖面积巨大，因而使该机获得了 "飞行玻璃缸" 的绰号。

Ar 198 的整个前机身包括驾驶舱及发动机支架，均使用轻型钢管结构框架，表面采用薄金属蒙皮覆盖，这是因为阿拉多公司的设计师们认为，采用钢管骨架薄壁金属蒙皮结构，非常有利于塑造出符合空气动力学特征的外形。而该机的后机身，采用了结构紧凑的无尾桁式全金属结构，当然这样先进的制造工艺对于一架战术侦察机来说似乎有些浪费。至于 Ar 198 的发动机选型，则可谓是一波三折。在 Ar 198 的发展中，曾考虑过至少 3 种以上的引擎。最初，阿拉多公司的设计师们为 Ar 198 选择了新锐的宝马 BMW 132 引擎，这是一种起飞功率达 1000 马力的星形空冷发动机，其功率 / 重量比非常高，整体性能十分先进。而其他的备选方案则包括戴姆勒 – 奔驰（DaimlerBenz）的 DB 600/DB 601 A 或是容克发动机制造厂的 Jumo 210G 等引擎，这些发动机看上去都很不错，但阿拉多公司的设计师们却忽略了一件事，这些发动机均为实验引擎，其可获得性很值得考虑。结果，当这些计划中的引擎一个个因为这样或那样的原因而不能在短期内交付时，阿拉多公司才发现这很可能会对 Ar 198 项目进程造成严重的耽搁。不得以，最终阿拉多只能退而求其次，在 Ar 198 上安装了功率稍逊一筹的勃兰登堡发动机制造厂 Bramo 323 A-1，其最大起飞功率 900 马力。

尽管最终选择了相对成熟的 Bramo 323 A-1 引擎，但仍然由于需要对该发动机的燃油喷射系统进行重新设计，而导致 Ar 198 的首架原型机 Ar 198 V1 直到 1938 年 3 月初才从阿拉多的工厂姗姗下线，为掩人耳目该机的民用注册号为 D-ODLG。在不久之后进行的首飞中人们发现，总的来说，在巡航中该机的飞行特性可以被认为是非常安全的，但在低速状态下，Ar 198 V1 在各个轴向上均缺乏足够的稳定性。好在由于试飞员经验丰富，总算没有在首飞中出现什么事故，但可想而知，这样的飞机在起飞降落中将是十分危险的，对于一架用于进行舰载部署的多用途勤务飞机来说，这确实是个严重的问题。之所以出现这种情况，阿拉多认为是由于过分延展了相对机翼来讲位置过低的机身的缘故，因而，在后两架原型机上，对这一布局作了一定的调整。此外，为了改善 Ar 198 V1 的飞行性能，阿拉多为 Ar 198 V1 加装了先进的自动襟翼，虽然此举确实在一定程度上提高了该机的性能，但对于普通飞行员来说，这套装置的使用过于复杂。抛开性能上的问题不谈，由于过高的造价、装配过程的繁复以及阿拉多的工厂被认为缺乏足够的生产能力等等又引来了新的批评，所以最终帝国航空部终止了一切有关 Ar 198 继续向大规模生产发展的计划，转而以 Fi 167 来取代 Ar 198 的角色。

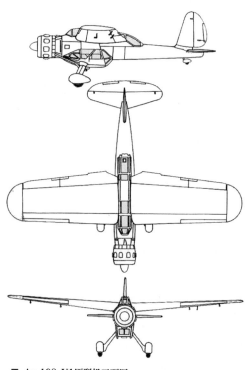

■ Ar 198 V1 原型机三面图。

有意思的是，尽管生产计划被取消了，但阿拉多却仍然决定自筹资金继续对 Ar 198 项目原型机进行测试。第二架 Ar 198 原型机 Ar 198 V2 号机很快也被完成，但该机随后却被移交给了德国空军飞行器测试中心。不久之后，在进行了一系列非常成功的试飞后，V2 原型机在一次着陆中严重损毁。当时由于在高速飞行中，V2 号机的左舷襟翼突然打开，造成了机翼结构的部分破坏，飞行员被迫将该机强行迫降在了粗糙的地面上，虽然没有造成人员伤亡，但 V2 号机的机体却损坏严重，最后只能报废了事。有趣的是，那架 Ar 198 V1 D-ODLG，却在消除了前述的设计瑕疵之后，成功地飞行了很长一段时间，由于其性能逐渐开始变得成熟起来，又重新激起了阿拉多的工程师们极大的热情。此后，由于该机具备良好的下方全向观察视界，所以阿拉多又进行了在观察员舱装备专用的侦察设备，以及将该机改装为战场救护机等的尝试。另外，更鲜为人知的是，Ar 198 其实还有第三架原型机 V3，但只完成了 80%，用于地面静力测试。

⟶ 喷气式纸面计划 ⟵

通常认为，德国人只打算为"齐柏林伯爵"号配备三种型号的舰载机，总计 39 ~ 41 架，即 8 架 Fi167 侦察/校射机/鱼雷轰炸机（位于下层机库后部区域）、8 ~ 12 架 Me 109T 战斗机（位于上层机库后部区域）以及 13 架 Ju 87C 俯冲轰炸机（位于下层机库前部区域）。然而，更多的资料却显示，德国人对于航母舰载机的问题，有着一个更为庞大、更为野心勃勃的计划，其涉及的型号和用途远远超过了上述所列……

1943 年德国航空技术发展所面临的现状是既有机遇又有挑战，这其中的一个机遇便是航空动力领域的喷气革命。随着 5 年前（1938 年）He 178 伴随着一阵不寻常的轰鸣上天后，德国人亲手开启的航空动力喷气时代在 5 年后似乎已经瓜熟蒂落，对此代表世界顶尖水准的实用型喷气战斗机 Me 262V3 于 1942 年 7 月 18 日的一飞冲天向世人准确无误地揭示了这一点——航空史上的喷气时代真正来临了[1]。令人感兴趣的是，尽管 1943 年 2 月 2 日，正在干船坞中加装水下防雷隔舱的"齐柏林伯爵"号被勒令停止施工，1943 年 4 月 15 日，再次被改名为"祖格维格"号的"齐柏林伯爵"先是被拖回戈腾哈芬，然后在 4 月 23 日又转移到斯坦丁（即今天波兰的什切青），最后在奥得河口的

---

[1] 更重要的是 BMW 003E 与 He S 011 这类 1000 千克以上推力级别涡轮喷气引擎的成功在即，确立了德国人在喷气技术领域至少 5 年的领先优势。

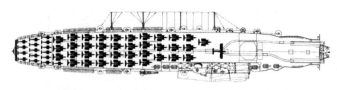

■ "齐柏林伯爵"号舰载机甲板排列示意图。

一处锚地被伪装成一个小岛……然而，纳粹将喷气机搬上航母甲板的狂想却还是不可思议地展开了。

从 1944 年下半年开始，德国的天空中就开始出现一种奇怪的战斗机，没有螺旋桨，速度很快，飞行时发出尖利的啸叫。今天的人们都知道，这是世界上第一种投入实战的喷气式战斗机 Me 262。火箭之父康斯坦丁·齐奥尔科夫斯基很早就提出喷气推进原理，尽管这一般被认为是火箭推进原理的基础，实际上这也是喷气推进原理的基础，因为从某种意义上，喷气发动机可以看作使用空气作为氧化剂的液体火箭发动机。早在 30 年代，英国的佛兰克·惠特尔（Frank Wittle）和德国的汉德·冯·奥海因（Hand Von Ohain）就开始研究喷气式发动机。英德的理论水平上的先后高下可以争论，但德国首先将喷气发动机实用化，并将之用于和盟军飞机的空战这一点则无可置疑。Me 262究竟是否有可能改变战争，这是一个可以永远争论下去的问题，但 Me 262 无疑在一夜之间惊醒了依然沉迷在螺旋桨里的全世界的空军：航空的未来在于喷气。也正因如此，最早出现的纳粹喷气式舰载机项目，实际上是 Me 262 的衍生版本——更具体地说，是在侦察型 Me 262Aufklare 的基础上，衍生而来的舰载版本，型号被称为 Me 262T-1。与 Me 262A/B/C 等陆基标准型号相比，脱胎自 Me 262Aufklare 的 Me 262T-1 机体进行了重新设计，驾驶舱位置前移，由标准型的翼根处，前移至机首，以改善视野范围，利于舰上起降（这也是为什么选择以侦察型 Me 262Aufklare 衍生舰载型的原因所在）。另外，Me 262T-1还安装了舰载机必不可少的着舰构，起落架也进行了加固，以满足粗暴的着舰动作。

可惜的是，Me 262T-1 最终仅仅停留在绘图板阶段便止步不前，至于这其中的原因并不难理解。首先，计划为 Me 262T-1 装备的 BMW 003 喷气发动机大修间隔仅有 12 小时，这使该机的可出勤率几乎只有活塞式战斗机的1/5不到，其糟糕的可维护性成了地勤人员的噩梦[①]；其次，由于其基本设计起源于战前1938年的Me P.1065，因此到1943年年底投入批量生产时，Me 262其实已经过时，在这种情况下，由Me 262Aufklare衍生而来的Me 262T-1自然也不被看好[②]；最后，同样由于发动机温度的问题，这使Me 262T-1在起飞时无法将节流阀推到最高位置，如果不借助大功率弹射器，完全没有可能从不到250米的航母甲板上自行起飞。虽然在"齐柏林伯爵"号开工时，按照设计其飞行甲板前端装有两部以压缩蒸气为动力的FL24飞机弹射器，这种弹射器导轨长23米，能将一架2.5吨的舰载机在不到10秒的时间内，以145千米/小时的速度送入空中，然而Me 262T-1仅空重便高达3.8吨（战斗全重更是高达7.1吨）……结果，种种先进外衣下的不成熟，注定了Me262T-1纸面计划的命运。

从哲学角度上来讲，新东西的潜力要远远大于陈旧的，Me 262T的夭折，只是新事物在发展初期还不甚成熟的一个必然阶段。由于还指望用喷气机来保证这场战争至少能够继续下去，所以首先将喷气战斗机投入战场的德国当然注意到了Me 262T这类喷气战斗机上所存在的问题，于是继Me 262T之后的第二代喷气式舰载战斗机从1943年年底开始纷纷出笼，但其规模之大、涉及公司之多，却出乎人们的意料——对于新一代喷气式舰载机的研制生产被帝国航空部视为一项具有最高优先权的战略任务，很多赫赫有名的德国航空制造商都被要求参与进来，福克·沃尔夫便是其中之一。事实上，1943年年底，在福克·沃尔夫工程师的绘图板上至少出现了2种喷气式舰载战斗机方案，其中之一被称为FW P250-T。该方案机长12.75米、机高4.06米、翼展12.5米、战斗全重7.4吨，以两台He S 011涡轮喷气发动机为动力，采用机头进气的后掠翼布局，前三点式起落架，机身短粗，以机首环形布置的四门30毫米MK 108机炮为主要军械，整体设计极为丑陋。不过，这也引出了一个有趣而又深奥的问题：长久以来人们一直对德国战争末期令人眼花缭乱的喷气战斗

---

① 加兰德在战后接受访谈时曾经说，在地面滑跑阶段，Me 262的发动机便已经很难控制，节流阀必须十分缓慢地操作，还要注意发动机温度。有时即使已经很小心地把节流阀关上了，发动机仍有可能烧坏。最好是把节流阀开到某一点，然后开始飞行，期间不要去动它，等到要着陆的时候再去关小节流阀。

② 具体说来，Me 262采用的并列双发布局迎风面积大，阻力大，沉重的发动机远离机身轴线，横滚时的转动惯量大，机动性不好，单发失效后偏航力矩也大。虽然类似的布局是当时喷气战斗机的主流布局，但风洞试验表明，在发动机推力有限的情况下，这样的喷气战斗机速度潜力并不大。

140

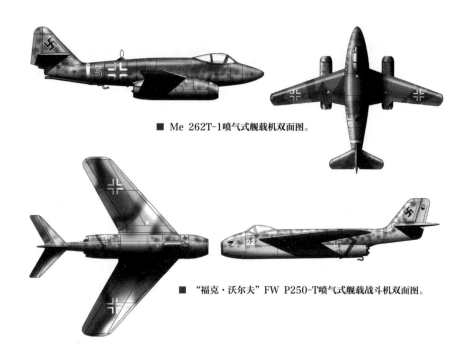

■ Me 262T-1喷气式舰载机双面图。

■ "福克·沃尔夫" FW P250-T喷气式舰载战斗机双面图。

机项目中，但凡采用机头进气布局的型号却鲜有机身修长匀称者而大惑不解。其实采用这种短粗的酒桶状机身设计完全是为了迁就当时的涡喷发动机的结构和性能，实属无奈。

20世纪40年代中期，德国设计的喷气机均采用涡喷发动机，其动力装置布局不外乎两种——翼下吊挂和机头进气。后者在气动外形上显然占有优势，但同时也带来一个问题，如果在机头进气的布局下再采用常规的机身结构，势必造成进气道过长，也就意味着发动机推力的损失。需要说明的是，作为二战中德国实用化喷气发动机最高水准的 He S 011 也只有可怜的 1300 千克推力，所以如果功率再有损失，就失去了喷气动力的意义了。解决办法之一就是采用短机身设计，缩短进气道长度。事实上，不仅是德国人采用这种方法，战后各国第一代单发喷气式战机，几乎都是粗短机身。直到发动机技术不断进步，最后涡扇发动机取代涡喷发动机成为各国战斗机主流动力后，才算彻底解决了机身长度与发动机输出功率之间的矛盾。有意思的是，也许是意识到了 FW P250-T 的丑陋，福克·沃尔夫工程师的绘图板上还出现了一个采用两侧进气布局的 FW P250-T 方案——当然为了弥补因采用两侧进气而带来的推力损失，福克·沃尔夫的工程师们为这个 FW P250-T 方案大胆选用了推力达 1600 千克的 He S 021 喷气发动机。由于机体结构变动过大，这个两侧进气的 FW P250-T 方案最后干脆被赋予了 FW PTL-8 的全新编号。然而，无论是FW PTL-8 还是 FW P250-T 最后都没能走下绘图板——前者计划装用的 He S 021 喷气发动机从来没有达到过堪用程度，而后者则被认为在军械设计上存在重大缺陷（机首环形布置的 4 门 MK 108 机炮在开火时，产生的大量烟雾很可能被发动机吸入造成停车）。最后值得提及的是，在目前已知的纳粹喷气式舰载战斗机方案中，亨克尔也曾经推出了一个采用 He S 011 发动机的单发方案，被称为 P1078A，其整体布局与福克·沃尔夫的 FW P250-T 方案类似，机长 9.48 米、翼展 8.8 米，但 2 门机首的 MK 108 机炮被巧妙地布置在进气口后方，从而避免了 FW P250-T 那样的尴尬。事实上，历经多次设计演进以及大量令人精疲力竭的风洞测试与结构强度试验后，P1078A 已经是相当成熟的方案了。但可惜的是，P1078A 最终也没能修成正果——随着纳粹彻底放弃航母平台的建造，一切喷气式舰载机方案都只能永远停留在纸面阶段了。

同时我们应当看到，德国人之所以狂热地在喷气式舰载机上投入了精力，一方面是因为喷气动力的确代表了未来航空动力发展的潮流，另一方面也与自己在对活塞动力的研发上遇到了瓶颈，特别是在至关重要的涡轮增压器领域几乎一败涂地不无关系，事实上 MW50/GM-1 之类的"兴奋剂"在 Ta152 与 Bv 155 这两架代表了最高水准的实用化德国活塞战斗机上仍然得到了普遍应用[①]，这本身便从一个侧面揭示了德国在活塞战斗机领域的穷途末路。与之相对的是，以 BMW 003、Jumo 004 等几个典型型号为代表，德国航空发动机技术在喷气领域却进展相对顺利——尽管遇到的技术问题同样不胜枚举，但毕竟在实用化阶段已经领先对手相当一段距离，尤其是在醉心于以超级武器扭转乾坤的纳粹高层看来，当时比较超现实的喷气式发动机、火箭之类的东西与其"超人"思维非常合拍。于是在几方面原因的共同作用下，以实用化的 Me 262、He 162 为掩盖，德国航空工业在战争末期进行了一场爆发式的喷气动力革命——各

---

① 盟军活塞式战机仅装备了与 MW50 类似的喷水助力装置，但由于增压器技术的成熟可靠，危险性极大的 GM-1 在盟军方面并没有相应的对照。

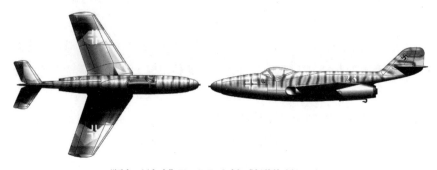

■ "福克·沃尔夫" FW PTL-8喷气式舰载战斗机双面图。

■ "亨克尔" P1078A喷气式舰载战斗机双面视图。

种喷气化动力项目呈百花齐放的姿态纷纷涌现，令人眼花缭乱，连舰载机这个偏僻的"角落"也没能放过。不过，作为新生事物，当时喷气动力技术的发展毕竟尚显稚嫩，过于迟钝的油门响应、过高的油耗、过短的大修间隔以及过于低下的可靠性等等是这些初代喷气引擎不可回避的致命伤，这使人们对将如此新锐技术应用于纳粹本来就经验不足的舰载机领域不免心存疑虑。

法西斯意大利早期航母计划

在第二次世界大战中，意大利或许是一个最不为人所重视的"主要参战国"。它虽然在名义上与德日两国同为轴心的成员，但在战争中不仅始终屈居配角的地位而且一切表现也最为差劲。尽管如此，意大利对于战争的发展又非毫无影响，甚至还可以说曾经产生若干重大的作用。意大利在第二次世界大战中所扮演的角色和所产生的影响，在战史研究的领域中是一个比较冷门的课题，而且资料也比较缺乏，但并不因此而减低其价值和趣味，尤其是在意大利的经验中，可以发掘出不少有关大战略的教训，这些教训也值得后人去深刻地自省和反思。正所谓前事不忘，后事之师，诚如俾斯麦所云："愚人说他们从经验中学习，我则宁愿利用他人的经验。"也正因如此，二战中法西斯意大利在发展航空母舰过程中的一系列决策和教训，很难说不具有一种极为特别的价值。

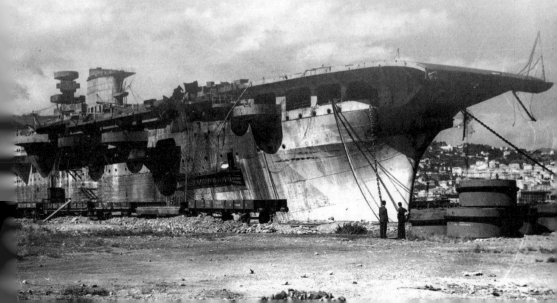

144

■ 完成状态的"天鹰"号大型高速舰队航母。

⇀ 国家意识上的"溃疡" ↼

在第一次世界大战之前，欧洲的权力平衡是掌握在英法德俄四国的手中，意大利只是一个镶边的角色，而无任何决定性作用。意大利也不乏自知之明，它并不想在欧洲争霸而只想在地中海和北非求发展，虽与德奥缔结同盟，那不过是聊壮声势而已。1914年战争一爆发，意大利立即宣布中立，这对于该国而言，实不失为明智的决定。到1915年，意大利在西方同盟国利诱之下，终于投入战争。当时意大利是一个人口4000万的大国，可以立即动员的兵力约90万人，但其参战并未使德奥感到惊惧，因为意大利部队素质低劣早有定论。在三年的战争中，意大利损失极为惨重，但对于同盟战略而言，除牵制了少数敌军兵力以外，便无其他贡献可言。战争结束，意大利由于忝居胜利国的地位，在和会中总算是分到一些赃物，但与战争的损失来比较，应该算是得不偿失。所以到20世纪20年代，意大利的情况是先天不足，后天失调。

战后的意大利经济破产、民不聊生，而政治方面也是极不安定，政府经常更换，一切政务都处于瘫痪状态之下。这就为贝尼托·墨索里尼（Benito Mussolini）夺取政权铺好了一条道路。墨索里尼生于1883年，比希特勒大6岁，本是社会党人，在第一次世界大战爆发时即已任该党机关报总编辑，在新闻界已是知名之士。由于主战之故墨索里尼被社会党开除党籍，遂自创意大利《人民日报》，并组织了一个新党，即所谓"法西斯党"（Fasci revoluzionari d'azione）。

不到 10 年的时间，这个党已经变成了意大利最大的政治力量。1922 年，墨索里尼率领其党徒所组成的"黑衫"（Black Shirt）军向罗马进军，迫使国王和国会任命他为总理并实行独裁。经过两年多的时间，到 1925 年，他的政权遂完全巩固，所有异己分子都已被清除。从此意大利都是在他统治之下，直到1943 年被推翻时为止。平心而论，墨索里尼不失为一流的欧洲政客，他这个人头脑灵活，机智善变，仪表出众，辩才无碍，文笔犀利，精通四国（英、法、德、意）语言，擅长戏剧化的表演，对于群众有高度的煽动能力。尽管其有这些优点，但墨索里尼并不是一个伟大的政治家，尤其不是一位顶天立地的伟大领袖。他的私心极重、崇尚虚荣，不仅好大喜功，有时还缺乏理智。尤其是缺乏贯彻其意志的决心和能力，遇事都是敷衍塞责，不了了之。这一点在二战意大利海军"发展舰队航空兵—建造航空母舰"的问题上，便成了一个国家意识上的"溃疡"，其影响是难以估量的。

从一开始，意大利人就没有认真对待飞机从军舰上起飞这件事。尽管早在 1913 年，意大利就有一架飞机从"坦丁·阿里格希利号"战列舰上起飞过，但随后就不了了之。那么到了一战结束后，航空母舰又是否是意大利皇家海军（Regia Marina）的必须？从军事地理角度而言似乎毫无必要。这是一个狭长的半岛国家。其主体部分由亚平宁半岛、撒丁岛和西西里岛组成。亚平宁半岛像一个阳台，又像一个巨大的靴子，深深切入地中海的中部。而撒丁岛和西西里岛又分别为地中海第一和第二大岛屿。这就为意大利的海洋发展提供了一个有利的空间基础。其本身就是一艘"永不沉没的航空母舰"。更何况，利用第一次世界大战前后的种种契机，意大利在从安纳托利亚沿海、爱琴海到亚德里亚海的广大区域内巧取豪夺了一系列岛屿。比如，早在 1911—1912 年的意大利—土耳其战争中，意大利就占领了多德卡尼斯群岛和罗得岛；然后根据

■ "菲亚特" G. 50 Bis N舰载战斗轰炸机。

1915 年的伦敦秘密条约，意大利又获得了多德卡尼斯群岛的全部主权；到了
1923 年，意大利利用一个参与希腊—阿尔巴尼亚边界勘测工作的意大利将军
被谋杀的事件，向希腊提出了最后通牒，继之对科孚岛实施了轰击和占领的行
动，而该岛恰是地中海最重要的战略据点之一……显然，如果仅将控制地中海
作为终极政治目标的话，那么无论是意大利本土还是星罗棋布于整个地中海的
意属岛屿，都能够作为上乘的空军基地对意大利皇家海军实施支援[①]。

　　然而，航空母舰是否是意大利皇家海军的必须？这又是一个非常复杂的
问题，并不能只算"军事账"。比如从墨索里尼个人角度来看，这位好大喜功
的"领袖"就未必对航空母舰没有"好感"。事实上，这位铁匠和农村小学教
师之子，在"向罗马进军"的过程中，深谙了如此一个"真理"——向公众展
示虚幻的力量，有时要比向公众提供面包更为有效。也正因如此，一掌握政权，
墨索里尼便对各种"宏伟"的东西表现出了浓厚的兴趣。比如，他指挥建筑师
们修建了国家的现代基础设施：新火车站和邮局、法庭和大学、工厂和疗养
院，尽其所能地表现出法西斯每前进一步所走过的历程；他让建筑师特拉尼
在科莫设计了一栋堪称宏伟的法西斯总部大楼，大楼有一个中庭，突出了周
围围绕着党的各个机构，并特意标出建造过程中法西斯志愿者的支持，以便
为其政治发展提供更多的历史合法性；墨索里尼还准备修建一座属于自己的
宫殿——威权大厦，同时将其作为未来法西斯党的永久总部。大厦计划坐落
在圆形大剧场的对面；再比如，墨索里尼的办公室设在罗马的威尼斯宫，又称"两
半球之厅"。厅长 60 英尺，宽 40 英尺，高 40 英尺。大厅内特意被布置得空
空如也，只在一个角落摆放着墨索里尼的办公桌和一座昔日的大烛台，给人
以阴森、神秘之感，从而让到访者产生一种"莫名其妙"的敬畏，感悟所谓"神
秘者叔本华"的"极端严肃"……而出于同样的目的，墨索里尼对意大利皇家
海军更是倾注了十二万分的热情。

　　事实上，与宏伟的建筑相比，雄壮的海军战舰更易于震撼人们的心灵——
战争机器的体形往往与其蕴含的暴力性成正比，越是体形巨大的战争机器，

---

　　① 当然，前提是意大利空军在主观上有"帮助"意大利皇家海军的"真诚"意愿，并且在两个军种间明
确达成了能够有效协同的某种机制。

就越容易激发起人们的"伟大崇拜"。这种"伟大崇拜"最终将投射到哪里？当然是"伟大"的缔造者！于是，我们可想而知，作为法西斯党的"领袖"，墨索里尼对钢铁巨舰会怀有着怎样的一种"天然情感"。而这也可以解释，为什么纵使意大利依然贫穷不堪，墨索里尼却能在 1925 年于亚平宁半岛彻底确立起自己的"权威"，使意大利皇家海军迅速迎来了自己"黄金年代"——在领袖意志的贯彻中，不仅一艘又一艘令人称羡的战舰或是走上了船台（即使以列强标准而言），或是被列编预算，甚至连航空母舰这种一战结束后才刚刚出现的时髦舰种，也出现在了意大利造舰工程师的绘图板上。不过，如果说意大利皇家海军对航空母舰的关注是出于一种"职业敏感"——毕竟当时的所有传统海军强国都在建造或是准备建造这种巨军舰，那么墨索里尼对航空母舰的兴趣却是出自一种完全不同的理由——既然巨舰和飞机都是吸引公众的"奇伟之物"，那么航空母舰作为两者的结合体，没有理由不通过它们来取悦"罗马人"。然而问题在于，墨索里尼是一位好大喜功的独裁者，同时又是一位对海军事物"一知半解"的独裁者，这就使意大利皇家海军能否最终拥有航空母舰，成了一件扑朔迷离的事情。

⇥ 意大利航母的早期孕育 ⇤

相信任何一个看过古罗马帝国全盛时期版图的人，第一感觉都会是：这是一个把地中海当作内湖的庞大帝国。"拉丁人"的荣耀始于此亦终于此，令人魂牵梦萦。罗马帝国正是靠三次布匿战争取得的环地中海霸权的，这个历史记忆和罗马梦纠缠在一起，使意大利上下对地中海产生了一种近乎病态的迷恋和自以为是——自以为是地认为意大利是最有道理和合法性控制这个地区的国家。于是乎，当古罗马帝国（西帝国）灭亡 1449 年后的 1925 年，一个身材矮小粗壮的秃子，在当年马略、苏拉、恺撒、安东尼、屋大维、图拉真、哈德良发表演说的那座"神圣之城"，向大法西斯议会的议员们高呼"恢复罗马帝国的光荣，地中海是我们的海"时，他收获了雷鸣般的掌声①！而作为"新罗马帝国"的"奥古斯都"，墨索里尼要建立的实际上是一个疆域囊括多瑙河、巴尔干和地中海地区的"罗马帝国"，这就决定了意大利武装力量所面临的战争基本是属于海洋性质的。为了获取那些"失去的省份"，意大利的陆军必须通过由舰船搭建的"桥梁"，因而制海权就成为决定整个战局的因素，并影响着所有陆地的战局发展。然而，一战以来的经验又告诉人们，空权与海权将要"前所未有"地联系在一起，于是在 20 世纪 20 年代中后期，利用政治上的有利态势，意大利皇家海军不失时机地探讨起如何建造"载机舰只"的问题。

值得注意的是，笔者之所以要在这里"暗示"意大利皇家海军从一开始考虑的就是应该"如何"建造，而非"是否"建造"载机舰只"，是有着错综复杂的原因的。在那个"空权时代骤起的黎明"，作为"空权理论"发源地的意大利军乃至政府首当其冲地受到了影响。事实上，希腊神话关于"飞行"的想法从一开始就不得不同这样一种"感觉"作斗争："它多少是人类的傲慢，妄想玩弄众神的，后来是天使的特权"。然而，到 19 世纪，产生了两种不同的关于人类征服天空的观念：一种观点强调死亡和毁灭从天而降的情景，

---

① 如果说在此之前，"罗马梦"只是存在于国王、大臣和民众心中的一种半朦胧半真实的意识，墨索里尼则大刀阔斧、明目张胆地将这个梦树立为当时意大利的发展目标。

■ 1933年7月1日，在伊塔洛·巴尔博将军率领下，24架"萨伏亚"S.55从意大利奥尔贝泰洛起飞，仅仅48小时后，这支宏伟的机队就到达了美国伊利诺伊州芝加哥市世界博览会的现场，一下子引起了全世界的轰动。当时的各种媒体纷纷以大版面长篇累牍地报道这次壮举，伊塔洛·巴尔博将军的机队在全世界面前出尽了风头，墨索里尼自然也感到脸面有光。

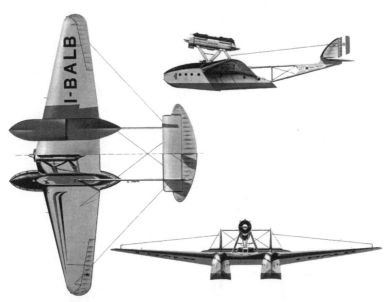

■ 意大利空军装备的"萨伏亚"S.55X水上轰炸机。

认为战争的性质将由此发生直接和巨大的变更，往往蕴含陆军和海军将变得软弱无力的意思；另一种观点反映了前者，但总的来说较为乐观，认为"最终效果将是大大减少战争的频繁程度，用解决国际误解的较为理性的办法取代战争。这所以可能实现，不仅因为它将导致战斗更为可怕，还因为地上没有哪个地方将是安全的，无论它距离实际的战场多么遥远"。于是，即使在第一架飞机飞行以前，就已经有了包含着情感与激情的争论因素，而意大利的杜黑将军敏锐地把握住了这种"感觉"。

1919 年后，早期的一票"空权理论家"们被迫油嘴滑舌地从将来时态溜到现在时态，开始关注在各种理论中间挑选出空中力量的合理使用方式，并试图让各国军方接受这样一条根本信条，即"飞机如此无所不在，具备如此的速度和高度优势，以致拥有摧毁所有在岸上或水上的地面设施和工具的威力，同时又保有免遭任何有效的地面报复的相对安全"。在这些人中，杜黑显然是最为出色的一个。杜黑的战争理论分为几个关键部分，它们可以被浓缩为：第一，现代战争允许对战斗者和平民不作区分；第二，地面部队成功的进攻已不再可能；第三，空战在三维空间的速度与高度优势导致无法采取防御措施来对付一种进攻性的空中战略；第四，因而，一国必须准备在一开始就对敌方的人口、政府和工业中心发动大规模轰炸——先动手、炸得狠，以摧毁敌方的平民士气，迫使敌方政府除求和外别无选择；第五，为了做到这一点，最重要的是要有一支独立的、配备远程轰炸机的空军力量，并且使之始终保持常备状态。事实上，上述理论的大部分已经不止一次地从同时代的其他空权理论家们口中说出，但杜黑的高明之处在于，他的理论与意大利的地理位置高度契合，反映程度超出了许多人所曾注意到的，这就使得"空军制胜论"[1]在意大利军方引起的反响远远超过了其他列强。更何况，杜黑本人与意大利法西斯党乃至墨索里尼的关系都非同一般，甚至在 1922 年，杜黑还参加了墨索里尼组织的"向罗马进军"的行动，成为参加此次行动的三将军之一。墨索里尼夺得政权后，邀请杜黑出任意大利航空部部长，并在 1923 年成立了独立的意大利皇家空军……

① 即认为在一个国家的武装部队中，独立的空军应占据第一位，而陆、海军已沦为空军的支援部队。

显然，尽管在政治上受到了前所未有的重视，但意大利皇家海军却从咄咄逼人的"空权派"身上感到了一场"深刻的危机"正在悄悄逼近①。所以在建造"载机舰只"问题的背后，实质上是意大利皇家海军试图通过掌握"舰队航空兵力量"，来与新兴的政治权贵——意大利皇家空军，争夺战争主导权的一场军种斗争（自1923年意大利皇家空军成立后，海军便奉命停止一切航空活动）。值得注意的是，除了军种斗争的因素之外，另一个促使意大利皇家海军建造"载机舰只"的现实性动因，则在于法国。众所周知，奥匈帝国的崩溃是一战的显著结果之一，其后果是在中欧、东欧乃至亚德里亚海、地中海的广大区域内形成了一个可怕的"权力真空"——法国和意大利都"自诩"为这一真空地带的"接替者"，这就使两国因剧烈变化的地缘因素，迅速成了一对潜在的"对手"。"妙"的是，英国人在其中又起到了很不好的作用，从而使法意之间的潜在敌意公开化。一战结束后，英国对未来十余年内的国际力量发展做出了完全错误的判断。它过于乐观地认为德国已经遭到重大打击，很难在短期内对英国构成威胁。倒是法国这个传统对手值得警惕，它不仅控制着海峡右岸的领土，而且其势力直接延伸到地中海两岸，对英国是一个很大的潜在威胁。一战后的财政危机使英国越来越难以维系传统的两强标准，所以必须扶植制衡者，而按照英国人扶植制衡者的一贯标准，意大利人显然是值得"同情"的。于是，英国在地中海区域选中了意大利而放弃了法国，为此在1921年的华盛顿海军会议上，毫不掩饰地"力挺"意大利②。

最终在英国人的"热心"帮助下，法国海军在20世纪20年代的最初几年里，被正式确立为意大利皇家海军的假想敌（反之亦然），法国海军的一举一动，从此时刻牵动着意大利人那敏感的神经。一场意大利与法国间的小型造舰竞赛开始了。双方"从战列舰、战列巡洋舰到重巡洋舰、轻巡洋舰、驱逐舰乃至鱼雷艇甚至是舢板的一切领域"都展开了针锋相对"角逐"，作为时髦舰种的"航

① 应该说意大利皇家海军的判断是正确的。在政治上，意大利皇家空军要比意大利皇家海军更受到法西斯党的宠爱。

② 本来，意大利是怀着争取到法国海军吨位的80%的比例去开会的，没想到却得到了100%，这是一个令意大利军政当局大喜过望的收获。

空母舰"也不能例外。恰好当时法国海军正在筹建自己的第一艘航母——即利用未完工的无畏舰舰体，改建而来的"贝亚恩"号。这引起了意大利人的警觉。作为"贝亚恩"号的前身，诺曼底级战列舰 5 号舰，本在 1914 年 1 月 10 日便已经开工建造，但因为第一次世界大战爆发而令大批工人被征召入伍和要优先制造其他军备，诺曼底级的建造进度缓慢以至于后来完全停工。一战后由于认为诺曼底级的设计已过时，再加上 1922 年 2 月法国和西方列强签订了海军协议，法国海军获得了 6 万吨的航空母舰配额，这使法国军方一方面决定将还未完成的诺曼底级战舰报废拆毁，已为未来的现代化主力舰留出吨位，但另一方面，完成度较高的诺曼底级战舰 5 号舰，却将被改造成为"贝亚恩"号航空母舰，以充分地利用现有资源。事实上，法国人对此早有预谋，早在华盛顿海军会议之前，有关对该舰舰体再利用的探讨就已经开始了。由于法国并无航空母舰的设计和使用经验，故而先在"贝亚恩"号上加装了一条木造跑道。1920 年 10 月 20 日，首次有飞机在"贝亚恩"号上成功降落，而各种有关试验一直持续到 1921 年 4 月。同年 6 月 19 日，法国才正式决定将它变为航空母舰。法国人是这样想的，也是这样做的。华盛顿海军会议一经结束，"贝亚恩"号的续建工作便在 1922 年 3 月悄然开始。对于法国人的这一举动，意大利人自然不会袖手旁观。

　　1921 年 11 月，哈丁总统在华盛顿召开海军裁军会议，讨论停止刚露端倪的可能引起另一次战争的日、英、美军备竞赛。争论的主要焦点，是日本和美国的战列舰拥有量。与会代表敦促这三个主要海军国家压缩舰队规模（在役和在造舰只）。会议同意美英各保持 15 艘主力舰，日本限定为 9 艘，法国和意大利各为 5 艘。与会国引以为豪的是，对有关国家的海军都分配了航空母舰的总吨位，英美各为 13.5 万吨，日本 8.1 万吨，法国和意大利各为 6 万吨。这不仅给英国、美国和日本改造报废的船体开了绿灯，避免他们的船厂在筹集资金异常困难的时候失业，而且还为法国和意大利这样的二流海军国家建造航空母舰提供了依据和理由。需要说明的是，世界海军协定大会是 1921 年召开的。墨索里尼是 1922 年 10 月 31 日上台，所以这次会议的收获和他是没有关系的。

　　当时的意大利皇家海军，有着与法国海军类似的境况：在华盛顿海军会议上，意大利皇家海军刚刚获得了与法国海军完全对等的地位[1]，而且手中同样有着几艘"烂尾"在船台上的"无畏舰"。于是本着"他有、我有、全都有"的原则，在法国人着手将诺曼底级战列舰"5号舰"改建为"贝亚恩"号的同时，意大利人也决定如法炮制，将自己船台上的 4 艘"弗朗切斯科·卡拉乔洛"级战列舰（Fransesco Caracciolo Class）中的至少两艘，改建为大型航母。该舰计划建造 4 艘，并陆续于 1914 年开工，因为意大利集中力量建造适合于在亚得里亚海活动的驱逐舰、潜艇和其他较小型舰只，建造计划于 1916 年全部停止。一战结束后，这四艘弗朗切斯科·卡拉乔洛级战列舰按照华盛顿海军的规定被划入了应被拆毁的行列。应该说，如果意大利人的这一决心能够最终落实，那倒是相当令人期待的。"弗朗切斯科·卡拉乔洛"级战列舰本身是非常宏伟的高速"超无畏舰"，其标准排水量 29400 吨，满载排水量 33950 吨；舰长212 米、舰宽 29.6 米、吃水 9.5 米；主机以蒸汽轮机为动力，4 轴，108000 马力，最大航速达 29 节，在 10 节的经济航速下，最大续航力达 8000 海里（由于意大利舰只主要用于地中海作战，所以这一指标一般并不突出）；主装甲带最大厚度 11.8 英寸、主甲板 1.5 ~ 3.4 英寸、炮塔 5.9 ~ 15.6 英寸、司令塔 13.2 英寸；主要军械为双联装 15 英寸 /40 倍口径主炮 4 座、6 英寸 /45 倍口径副炮 12 门、3.5英寸高炮 12 门及多挺 13.2 毫米机枪、8 具 17.7 英寸鱼雷发射管；舰员 1480人……显然，利用如此出色的"超无畏"舰舰体改建航空母舰，不失为一个明智之举，既利用了本应被拆毁的闲置资源，又能让意大利海军迅速获得与"贝亚恩"号至少相当的大型高速舰队航母。

令人失望的是，虽然"弗朗切斯科·卡拉乔洛"级战列舰的首舰"弗朗切斯科·卡拉乔洛"号的建造工作（该舰 1914 年 10 月 16 日铺设龙骨，1916 年停止建造）于 1919 年在那不勒斯卡斯特拉马尔的迪斯塔比亚造船厂重新启动，并在 1920 年 5 月 12 日顺利下水，完成程度已经高达 68%，但意大利皇家海军通过这艘舰体获得高速舰队航母的希望最终还是落了空。至于其中的原因在于两点。首先，尽管由于法西斯政府和"领袖"本人的"慷慨"，意大利

---

[1] 当然，这要归因于好心的"英国朋友"。可英国人自己肯定不会想到，德国会迅速重新崛起，并挑起新一轮大战，而法国仍是盟友，倒是意大利，将成为敌人的盟友。

皇家海军获得了前所未有的预算支持，从 1923 到 1927 连续 5 年，海军占有的预算比例都在三军中居首，但与意大利皇家海军所规划的那副蓝图相比，这种预算力度仍然给人以"无奈"之感——当时与法国的造舰竞赛已经拉开了序幕，除了要建造大量全新的"条约型舰艇"外，对四艘"加富尔"级战列舰的现代化改造是意大利皇家海军最为关注的重点。需要说明的是，意大利式的旧舰改造，非常富有"意大利特色"，就其力度和工程量而言，与其说是"翻新"、"改造"，倒不如说是一种变相的"重建"。无论是建造新舰，还是对旧舰施以"改造"，都是一张张吞噬预算的血盆大口，而预算的绝对数字却终究是有限的——意大利毕竟是一个国力羸弱的穷国[①]，在和平时期过分沉重的军费负担，势必会影响到人们的"餐桌"，而对"餐桌"的种种许诺恰恰是法西斯党执政合法性的基础。所以在这种情况下，即便只是将"弗朗切斯科·卡拉乔洛"号续建为航空母舰，也势必要影响到意大利皇家海军的全盘布局——4 艘"加富尔"级战列舰的现代化改造很可能就此泡汤[②]，而这正是意大利皇家海军竭力避免要出现的情况。事实上，也许法国人建造"贝亚恩"号的情报刺激到了意大利人，但这种"刺激"在很大程度上却只是一种"意气之争"——意大利人在"骨子"里，终究是保守的"巨舰大炮主义者"，要紧的是"主力舰"，航空母舰则是可有可无的辅助舰只，一旦航母的建造可能威胁到"主力舰"，那么"丢车保帅"的事情意大利人作得出来。

其次，航空母舰毕竟属于一种新生的"概念性舰种"，即便对于英国这样的老牌海洋霸主来讲，有关航空母舰的一切也都是陌生、神秘和有待探索的，关于这种专用载机舰只的战术价值更是充满了争议——这种军舰所有人都承

---

① 从经济上说，甚至到第一次世界大战结束之时，意大利仍只能算是一个欠发达的半工业国。按人均收入，意大利 1920 年的水平或许只相当于英国和美国 19 世纪初期和法国 19 世纪中期所达到的水平。虽然法西斯党上台后，国民收入号称增加了 75%，但这种国民收入数据其实掩盖了如此一个事实，即北部的人均收入高于平均水平的 20%，而南部的人均收入则低于平均水平的 30%。这一差距，要是说有什么变动，那就是还在不断地拉大。由于人口源源不断地外流，因而在 20 世纪 20 年代意大利的人口增长率只有 1%左右，国内生产总值的年增长率为 2%，而人均收入年增长率只有 1%。这虽不能说是一种灾难，但也很难说是一种经济奇迹。从根本上说，意大利的软弱就在于它一直依赖于小规模的农业。1920 年农业在国民生产总值中所占比重为 40%，并吸收了劳动人口总数的 50%，工业化程度在列强中是最低的一个。这样的国家要进行一场彻底的军事技术革命，吃力程度可想而知。

② 从英国人那里得来的情报表明，建造和使用航空母舰，要比建造和使用同等吨位的水面舰只更为耗资巨大。

认是"有用"的，但究竟怎样"有用"或者说是"有多大用处"，却很少有人能说出个所以然来。所以，也许不排除"酸葡萄"心理在作祟，但意大利皇家海军之所以叫停"弗朗切斯科·卡拉乔洛"级战列舰的续建，实际上还有要看法国人笑话的因素在其中——谁知道法国人的"贝亚恩"号会不会是一个大而无用的"废物"呢？在这里我们不得不承认，意大利皇家海军也许心态不太"厚道"，但他们对于"贝亚恩"号的看法在很大程度上却是正确的——建成后的"贝亚恩"号[①]的确成了法国海军的"笑柄"。很多事实都表明了这一点，比如，尽管基于"诺曼底"级战列舰舰体，但航速却只有可怜的21.5节，难以跟上现代化主力舰，作为所谓的"舰队航母"显然不够格；尽管排水量高达28400吨，舰长128.60米，舰宽27.30米，是一艘名副其实的巨舰，但载机量却只有38架（包括W75、LGL32驱逐机、D376驱逐机、PL4鱼雷轰炸机、PL7和PL10鱼雷轰炸机），这与其魁梧的体格相比显然不成比例；再有，作为法国第一艘航空母舰，"贝亚恩"号在设计上存在严重缺陷，与烟囱合为一体的巨大上层建筑占据了太多的甲板面积，以至于对航空作业造成了严重影响——一次演习显示，"贝亚恩"号居然花费了1小时8分钟才让15架飞机降落在舰上……总之，"贝亚恩"号的失败，让在一旁窃笑的意大利人感到，在建造航空母舰的竞赛中法国人稍微"领先"那么一点点，也许没什么大不了。

不过，或许对航空母舰的军事价值评价不高，但出于同空军争夺航空资源的目的，建造某种形式的"载机舰"对意大利皇家海军仍是必要的。于是，作为舰队的"空中之眼"，在1927年，意大利皇家海军将排水量达1.1万吨的货轮"赛特·德·莫西拿"号，改造成水上飞机供应舰"朱塞佩米拉利亚"号——该舰可以搭载4架大型水上飞机和16架小型水上飞机，载机能力相当惊人，而且因为装有两个弹射器，起飞效率也令人满意。事实上，或许是由于定位不高，"朱塞佩米拉利亚"号倒是一艘相当成功的军舰，从1927年一直使用到1940年，在意大利皇家海军中发挥着其应有的作用。然而问题在于，

① "贝亚恩"号从1923年8月开始改建，至1927年5月进行改建工程，1927年5月10日首队战机实验性地进驻"贝亚恩"号，1928年5月"贝亚恩"号正式加入法国海军并进驻土伦港，此时在舰上已有战斗机中队、侦察机中队和攻击机中队各一，并随即出海进行各种训练和演习。

■ "贝亚恩"号的失败，让在一旁窃笑的意大利人感到，法国人在建造航空母舰的竞赛中稍微"领先"那么一点点，也许没什么大不了。

区区一艘水上飞机母舰，又能为意大利皇家海军（从空军手中）争取到多少资源呢？答案是不言而喻的。事实上，此时的意大利皇家空军，政治地位愈发"超然"起来。首先，在意大利皇家军队总参谋部眼中，随着飞机性能的不断进步，空权的发展使他们看到了一条"既经济又实惠的捷径"，他们觉得可以通过建立一支强大的、独立的战略空军，使意大利的军事力量得到迅速提升。相比之下，海军则似乎是一个耗费高而见效慢的"过时军种"，1 艘驱逐舰的造价就远远超过了 3 个空军中队，而 3 个空军中队能做的却要超过一艘耗资惊人的战列舰。

其次，墨索里尼早在 1919 年组织黑衫军时[①]，便体会到了一个完全法西斯化的军事组织在政治上的种种好处，也正因如此，这也解释了为什么墨索里尼 1922 年上台，第二年他就组建了独立的空军——这是他的"私生子"，从一开始就被彻底的法西斯化了，相比之下，陆军和海军在"向罗马进军"之前便已经存在，政治上的亲疏自然早有定论。更何况，由于墨索里尼把空军完全法西斯化，强调空军与法西斯党现代性、科学、速度和刺激性的论调保持一致，所以当时空军便成为富家子弟和投机分子快速晋升和步入高层的阶梯。他们纷纷参加空军（甚至包括墨索里尼的儿子），短则待上两三个月，长则混个一年半载，"退役"后很快就会得到提拔和重用。而随着这些出身空军的政治权贵被大量的吸收到法西斯政权中，意大利皇家空军的话语权与日俱增。法西斯党和意大利军队总参谋部越来越多的人开始支持这样一种观点，即"航空作战对工业和人口中心具有巨大破坏力，将成为战争的主要作战方式。由此，陆军和海军古老的作战方式将退居第二位，或附属地位"。用意大利皇家空军自己的话说就是："用轰炸机就可以决定未来战争的胜负，交战双方的陆军

---

① 1923 年 2 月 1 日，黑衫军被编组为"国家安全志愿民兵"（Milizia Volontaria per la Sicurezza Nazionale，或称 MVSN）。

和海军无须动用一枪一弹。"这就使得意大利皇家海军与空军争夺航空资源的矛盾变得更为尖锐起来，实际上已经触动了意大利皇家海军的根本利益。

然而，令人感到困惑的是，对于以何种方式同空军争夺航空资源，在刚刚建造了"朱塞佩米拉利亚"号水上飞机供应舰的意大利皇家海军内部却存在争议。以意大利皇家海军参谋长吉诺·杜赛将军、副参谋长罗密欧·博诺蒂将军为首的一派认为，意大利海军应该效法英国、日本和美国海军的做法，通过建造若干艘大型航空母舰，组织起一支规模可观的"舰队航空兵力量"来与空军分庭抗礼。同时这一派，还试图以航空母舰在"炫耀武力"上的潜在价值来"诱惑"当局，并恰如其分的举出了当时法国人利用"贝亚恩"号航母进行的一系列"外交活动"——1928 年 10 月，"贝亚恩"号去法属摩洛哥进行其第一次实战，派出飞机去镇压当地原住民的暴动，不久"贝亚恩"号又被派去阿尔及利亚去庆祝法军占领当地 100 周年的海上阅兵，之后"贝亚恩"号在地中海和非洲沿岸巡航；然而另一派却认为，大型航空母舰的价值尚未有定论（特别是在狭小的地中海），意大利海军的核心力量只能由战列舰、巡洋舰构成，如能向空军据理力争，由其划拨十几个或是二十几个飞行中队，并由海军自己的军械对其进行重新武装（意大利海军早在一战结束前，便已经在研究可由飞机携带投放的机载鱼雷），这样的一支岸基航空兵力量便足矣堪用——毕竟意大利散落在地中海各处的岛屿都是潜在的海军航空兵基地，不但随时能为意大利的主力舰撑起一面保护伞，更能成为刺向敌人舰队的一柄利剑。令人感慨的是，意大利海军内部的这场争论，很快因为一个突发事件有了定论——1929 席卷全世界的经济危机，重创了意大利本就薄弱的经济基础[1]，这不仅使得建造大型航空母舰成为不可能，甚至于早已规划多年的对四艘"加富尔"级战列舰的现代化改造也暂时泡了汤。就这样，从 1923 年到 1933 年的 10 年间，尽管经历了多次酝酿，但意大利皇家海军还是在建造航空母舰的问题上一事无成。

当时间推移到 20 世纪 30 年代中期，局势又是一番面貌。此时，经济危机

---

① 1925 年的工业生产是 1922 年的 157%，棉纺织工业、钢铁工业、汽车工业都进展迅速，但意大利的经济发展水平还远远落后于法国，甚至落后于日本。1929 年时，意大利的汽车年产量才达到 5.4 万辆。

造成的创伤正在恢复，意大利在东欧的势力也逐步到达全盛①。于是，一度趋于暗淡与消沉的意、法对抗又开始加剧，再次表现为两国间针锋相对的造舰竞赛。1937 年，意大利方面得知法国将通过代号为"PA16"的两艘"霞飞"级舰队航母建造计划。从纸面来看，法国这次的设计十分出色，这使意大利人感到不能再像对待"贝亚恩"号那样袖手旁观了。然而问题在于，意大利船厂的船台上此刻已经挤满了大家伙——2 艘"加富尔伯爵"级战列舰（Conte Di Cavour Class）（也就前面所说的"加富尔"级），即"加富尔伯爵"号、"朱利奥·恺撒"号（Giulio Cesare）；2 艘"安德烈亚·多里亚"级战列舰（Andrea Doria Class），即"安德烈亚·多里亚"号、"卡约·杜伊利奥"号（Caio Dulio）；4 艘"维托里奥·维内托"级战列舰（Vittorio Veneto Class），即"维托里奥·维内托"号、"利托里奥"号（Littorio）、"罗马"号（Roma）、"因佩罗"号（Impero）。这些巨舰不是正在热那亚和里雅斯特的造船厂上进行"彻底地现代化改装"或是"建造和舾装"，就是即将走上船台。

显然，此时的意大利造船工业已经进入超负荷运转状态，无力再为意大利皇家海军建造两艘复杂程度堪比战列舰的大型舰队航母。虽然意大利皇家海军一度退而求其次地要求造船工业应急改造两艘总注册吨位②高达 31000 吨的高速豪华邮船作为辅助航母，以抗衡法国的造舰方案，但这个要求被"领袖"墨索里尼亲自否定了，理由有二：其一，意大利皇家海军提出的方案十分简陋，实际上就是"铲平"豪华游轮的上层建筑，然后铺上一层"平甲板"，既无机库，也无弹射器，更无值得一提的武器……墨索里尼认为这样的"军舰"有损意大利军队的"颜面"；其二，也是更关键的一点在于，墨索里尼再次获得了其宠爱的意大利皇家空军信誓旦旦的保证——将在地中海上为海军提供"随时随地"的空中掩护和支援，海军只需做好"分内"事情便好。

---

① 意大利先是和阿尔巴尼亚签订了一项友好与安全条约，法国驻地拉那公使认为该项条约与阿尔巴尼亚的独立是不相容的，因此引起了一场为时达一年的危机。此后，意大利和匈牙利又签订了一项友好与仲裁条约，南斯拉夫便和法国签订了一项友好与仲裁条约作为回应。意大利接着和阿尔巴尼亚签订了防务联盟，这是意大利控制阿尔巴尼亚的军事和经济组织日益增强的公开表现。意大利于在 1934 年又同土耳其和希腊签订了友好条约，希望以此巩固它在东地中海的势力。

② 这里的"注册吨"是源于英国的商船计量单位，100 立方英尺的封闭空间等于 1 吨，一艘船的总空间叫"总注册吨"。

扩展阅读：关于 PA16 "霞飞" 级舰队航母

由于"贝亚恩"号性能不佳。在 20 世纪 30 年代初，法国海军决定对新式航空母舰开始研究。造舰技术局很快拿出了多个基本方案，其中一个排水量达到 23000 吨，可搭载飞机 70 至 80 架的巨型航母（以当时标准）被选上。但最高会议经过研究后认为，马上建造这样一种先进的航空母舰所需的花费太过高昂，甚至能赶上一艘条约型战列舰。在当时的法国海军中，大炮巨舰仍然是最重要的海上力量，因而这一计划便被推迟了。1937 年底，2 艘由之前的方案改良而来的、由后来成为中央造舰与海军武器主管的路易·康所设计的 PA16 计划舰终于通过了议会审批，同意在 1938 年的海军计划中为之付款，它们被命名为"霞飞"号与"伴尔维"号。最终设计的"霞飞"级航空母舰标准排水量 18000 吨，标准排水量 20000 吨，长 236 米，宽 35 米，设计吃水 6.6 米；主机功率 120000 匹最高航速 33 节，可在 20 节航速下巡航 7000 海里；装备 8 门 130 毫米炮与 8 门 37 毫米高炮以及 28 门 13.2 毫米机枪；计划人员数量为 70 名军官与 1180 名水手。

"霞飞"级最明显的特点就是突出于右舷的飞行甲板与左舷极长的舰岛。"霞飞"级的舰岛上不仅布置有指挥塔、烟囱等必要设施，还设置有 4 座双联装 130 毫米高平两用炮与 4 座双联装 37 毫米新式高炮及其观测设施，长度近全舰长的 1/3。为了平衡左侧大型舰岛的重量，"霞飞"级将飞行甲板移动到偏右的地方，形成了其奇特的外观。作为一种大型舰队航空母舰，"霞飞"级使用了双层敞开式机库设计，飞行甲板为钢支撑结构 +16 毫米钢制衬垫 + 柚木甲板，全长 201 米，宽 28 米；而主甲板（装甲甲板）并不作为机库甲板，布置于烟道层之下。上层机库全长 159 米，宽 20.8 米，高 4.8 米；下层机库长 79 米，宽 14.8 米，高 4.4 米。

"霞飞"级有 3 部升降机。第一部最大的位于飞行甲板前部，呈 T 字形，可将飞行甲板上组装完备的飞机降入机库。第二部升降机位于舰尾，连接着上下机库、舰尾平台与飞行甲板，只能运输折叠状态的飞机。第三部升降机位于舰体中部的舰岛右侧，并未连接至飞行甲板，能将折叠状态的飞机从下机库移动到上机库。综合机库体积与升降机系统，"霞飞"级的下机库仅承担储存折叠飞机的作用，而上机库则起着贮存与组装、准备战斗的作用。"霞飞"级的防御设计与法国巡洋舰的标准设计基本相同，主装甲带厚 40 毫米，主装甲甲板厚 40（两侧）至 70 毫米（中央），在不同厚度主甲板的连接处还布置有一道 20 至 55 毫米的、连接主甲板与舰底的鱼雷防护装甲。但其装甲盒防护尺度较小，仅能保护汽油舱、弹药舱与动力系统；在次防护区，最重要的舵机也只有可怜的 26 毫米的装甲防护。

　　在舰载机方面，装备有单发引擎的侦察机、战斗机与双发的轰炸机。它们分别是：德瓦蒂纳D.520型战斗机的海军版本，D.790型战斗机和布雷盖公司由Br.695型攻击机改进而来的Br.810。最终，"霞飞"级的舰载机被确定为15架D790型战斗机与15架Br.810型轰炸机。1938年11月26日，"霞飞"级首舰"霞飞"号在圣泽纳尔的卢瓦尔船厂开始建造，预计于1943年服役。当1940年6月法国战败时，它只有28%被完成，随即建造计划被取消。而第二舰"伴尔维"号的建造工作于1939年5月开始，但在9月，由于战争的开始，其建造计划被中断，部分人员被改向战列舰让·巴尔的建造。从当时的情况来看，似乎还没有开始铺设龙骨。至1940年6月，"霞飞"号已基本完成舰底至主甲板的舰体，随即落入德军之手。在纳粹德国海军对其评估后，认为如若完工，还至还需要30个月的时间，这被认为不可接受，建造工作于1941年7月正式停止。战后，戴高乐领导的临时政府也几次试图对"霞飞"号进行修复和续建，但最终还是放弃了这种不切实际的想法。

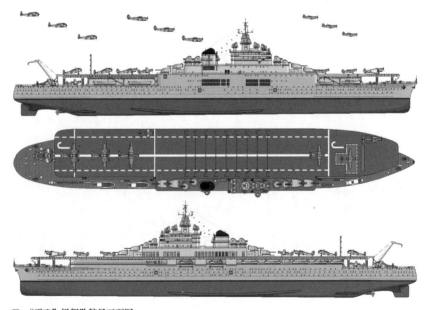

■ "霞飞"级舰队航母三面图。

⇥ 塔兰托与马达潘角海战的觉悟 ⇤

当时间跨入了 1940 年，情况再次发生了变化。此时，世界大战的烽火又一次点燃了欧罗巴，意大利亦身陷其中，建造大型高速舰队航母的计划再次被提出，而这次的理由却是基于血淋淋的教训。当德波战争爆发时，墨索里尼选择了中立。这一选择将他推上了类似于一战前意大利所面对的有利形势，在整个欧洲湮灭在动员与宣战的混乱中时，意大利成了一个置身其外的砝码，一度成为多方争取的对象。由于错误的高估了意大利空、海军的战斗力，英、法甚至商定，如果意大利协助德国参战，盟国只好放弃地中海航线，改走遥远的好望角。不过在英国仍不乏一些人士对意大利的整体力量有较清晰的认识，他们觉得意大利如能保持中立就很好，甚至比直接参加反德联盟更好。所以丘吉尔、罗斯福、教皇都呼吁意大利中立，而只要中立就有好处，就可以谈条件。很讽刺的是，在德国也有类似的看法，认为如果意大利保持亲德的中立，就可以牵制对方 10 个师的兵力；如果意大利参加反德联盟，德军只要 5 个师就可以将其击败；但是如果意大利与德国结盟参战，反而要牵制德军 20 个师的兵力帮忙。

但是，他们都错了。这次墨索里尼之选择中立，和一战爆发时意大利当局的选择中立是完全不同的。墨索里尼是很急迫地想参战，借机建立新罗马帝国，但是意大利的战争准备按计划要到 1942 年才能完成。所以他希望希特勒能"等"他一下。可惜后者已经急不可待，墨索里尼只能暂时选择中立——这是实力的迫不得已，而非有什么"控而不发"的深谋远虑。很快，随着希特勒在东欧、北欧、西欧的惊人胜利，墨索里尼终于忍不住了。他决定参战。虽说此时法国已经决定向意大利转让部分殖民地，但墨索里尼仍决定抢在法国投降前宣战——他觉得能以数千人的牺牲换来战胜席位，实在是太划算了。这一决定令一直认为意大利不会参战，或者至少到 1942 年才会参战的军方措手不及。1940 年 6 月 10 日下午 6 点，意大利正式参战。墨索里尼和军方都深知陆军的虚有其表（比如其规模来自于将每师"三团制"改成"两团制"），也知道法意边境守易攻难，所以最初的作战计划是陆军取守势，海空军取攻势。

当时，意大利海军拥有 4 艘经过现代化的老式战列舰、7 艘重巡洋舰、12

■ 艺术家画笔下的"天鹰"号。

艘轻巡洋舰、123 艘驱逐舰、110 艘潜艇，另有 4 艘新型战列舰和 12 艘轻巡洋舰在建，这在地中海显然是一支强大的力量。可是，面对意大利漫长的交通线（从东非到巴尔干）和更加强大的英法海军[①]，想通过海上进攻达到战略目的显然是不可能的。空军倒是进攻了，但是由于缺乏重磅炸弹和精确轰炸训练，面对法军坚固的防线无法取得实质效果。最根本的问题还是出在墨索里尼的野心太大，他想趁这个机会获得科西嘉、突尼斯、法属索马里以及罗纳河以东的所有领土。对此，不仅法国不能接受，连希特勒都觉得不可思议，于是断然拒绝——他拒绝帮忙。

"愤怒"的墨索里尼决定出动地面部队，大举入侵法国，自己摘果子。1940 年 6 月 22 日凌晨 2 点 20 分，陆军缓慢但又仓促的越过了法意边境（野战炊事单位甚至不能提供全部的热饭），随之遭到法国守军的顽强阻击，直到法国战败，也未能取得实质性进展。只是由于德军的胜利和希特勒的"赏赐"，意大利才终于坐到了战胜席上，但墨索里尼的全面扩张计划也毫无悬念地被否决了。这次行动充分暴露了意大利的军事缺陷，墨索里尼却仍幻想着可以借德国的力量弥补自身的不足。可惜他与希特勒追求的是截然不同的东西。他向南看，希特勒向东看。他追求历史的重现，希特勒则追求意识系统与生存空间的结合。虽说希特勒长期对墨索里尼隐瞒了远征俄国的计划和企图，但后者至少逐渐明白，在建立新罗马帝国这件事情上，他无法借助德国。这个时候意大利所可以借助的力量是德国海军和统帅部指挥参谋部国防处，二者均反对征俄。作为说服希特勒取消征俄计划的替代品，海军提出了一个海洋作战计划，即先致力于地中海当控制，然后与意大利联合进行一个世界

[①] 当时英法仅在地中海就拥有11艘战列舰、3艘航空母舰和大量的辅助舰种。以吨位计算，4倍多于意大利，这些力量在和德国进行的南北轴心的陆战中毫无作用，但如果对付意大利就有用武之地了。

范围的海军作战，彻底打败英国，消除两线作战的危险后，再讨论是否征俄的问题。国防处支持海军的计划，并提出将法国也纳入这个合作计划中，这样可以编制更全面的反英联盟，且有利于恢复欧洲的均势，而不是像希特勒正在做的那样，去构建一个不切实际的世界帝国。

但是，国防处的建议，激起了意大利的恐惧，他们害怕法国的复苏会挑战意大利在地中海的"霸权"，甚至取代意大利在轴心中的位置。而意大利的反对又得到了德国外交部的支持——在里宾特洛甫看来，意大利是一个远比法国好控制的盟友，如果要建立一种德国主导的多元均势格局，那么当然有必要以一种更具建设性的长远姿态重新对待法国。但是，帝国的目的在于建设征服性的一元化帝国，这样的话，法国就没有价值了，而意大利是最好的选择——随时可以由盟友降格成势力范围。墨索里尼未能认清这一点，更未能认清，当他在1940年末暂时失去德国的助力时，隐藏着一个因祸得福的收获，那就是当德国卷入一场对苏战争中时，如果意大利能像西班牙那样清醒而坚决的抵制住德国的利诱和胁迫，保持中立地位，就可以获得一个称为砝码的计会，借机谋取利益。但是，当罗马帝国的梦幻挥之不去的情况下，让墨索里尼冷静下来是不可能的。他在阻挠德法重新接近的同时，决定独力向心罗马帝国的目标迈进，在东非、北非、巴尔干同时发起扩张攻势，并幻想着让希特勒在报纸上读到意大利的胜利进军。但是，胜利进军很快就成了全面溃败，意大利皇家海军更在拥有航母优势的英国皇家海军面前，于地中海这个"内线战场"被打了个灰头土脸。对此，发生在提斯洛角、塔兰托与马达潘角的几场战斗很能说明问题。

在袭击米尔斯比尔之后和达喀尔作战之前的一段时间里，英国皇家海军的"皇家方舟"号航母就已经为地中海西部的一次战斗提供了空中掩护，充分显示了航空母舰在地中海区域作战的可行性。由于意大利这时已经

■ 开战时的意大利皇家海军"加富尔伯爵"号战列舰。

参战，增援马耳他岛成了当
务之急。老式航空母舰"百
眼巨人"号搭载12架飓风式
战斗机驶往地中海，这些战
斗机在续航力能够达到马耳
他时，从"百眼巨人"号起
飞，飞往马耳他岛。同时，"皇
家方舟"号的"剑鱼"式飞
机攻击了撒丁岛上的目标，

■ 意大利皇家海军在拥有航母优势的英国皇家海军面
前，于地中海这个"内线战场"被打了个灰头土脸。

大鸥式飞机击落了追击的意大利飞机。值得注意的是，虽然墨索里尼早已宣
布地中海为"内海"，但英国航母的这次行动，却没有激起意大利舰队守卫"内
海"的决心。然而，随着英国航空母舰出现在"内海"，意大利人的日子越来
越不好过，他们面临着许多麻烦。"鹰"号在新加坡进行了改装，奉命加入坎
宁安海军上将的地中海舰队，并在亚历山大港为它的18架"剑鱼"式鱼雷机
补充了3架海上斗士式双翼战斗机。这样一支规模相当小的舰载机部队，它
的作战能力其实相当有限，但英国地中海舰队的指挥官坎宁安海军上将却是
一位善于用有限力量搞大恶作剧的人。

　　1940年7月9日，完成了驶向利比亚班加西船团护航任务的意大利舰队
返回塔兰托途中，与从亚历山大港出航的英国舰队遭遇。由意大利舰队司令
康皮翁尼海军上将指挥的意军拥有2艘战列舰（"加富尔"号、"恺撒"号）、
7艘重巡洋舰、12艘轻巡洋舰和24艘驱逐舰。而英国地中海舰队司令坎宁安
海军上将则率领着3艘战列舰（"厌战"号、"马来亚"号、"君王"号，各
8门381毫米主炮）、"鹰"号航空母舰、5艘轻巡洋舰和16艘驱逐舰。面对
英军重炮的优势，康皮翁尼企图把英舰引入意大利陆基飞机的活动半径内以
取得空中支援。15时，双方巡洋舰相距25千米开始交火。半小时后，"鹰"
号的"剑鱼"鱼雷机开始攻击意舰，虽然空投的鱼雷无一命中，但扰乱了意大
利舰队的队形和行进速度。此后，"鹰"号的飞行员们积极作战，追击敌人，
为战列舰侦察目标，保护己方舰只不受高空水平轰炸，并继续对意大利军舰
实施了袭扰性攻击。15时53分，英舰队突前的"厌战"号与26千米外的意

战舰互相轰击。16时，"厌战"号的一发重磅炮弹击中"恺撒"号，下甲板的大火波及锅炉室，"恺撒"号的航速由 26 节降为 19 节，重巡洋舰"波扎洛"号也中了 3 发中口径炮弹。意大利舰队匆忙施放烟幕退却，16 时 45 分，交战双方脱离接触，这场被称为"提斯洛角海战"的战舰决斗以英军的小胜而结束。

"鹰"号飞行员表现的决心使坎宁安相信，他可以使用现代化的高速航母在地中海施展拳脚，而意大利人则第一次切身体会到，由于没有航空母舰，舰队在结构上"可能存在缺陷"。

受提斯洛角海战的鼓舞，坎宁安要求加强舰队实力的请求得到批准。1940年 8 月 30 日，崭新的有装甲防护的航空母舰"光辉"号在威力强大的"勇士"号战列舰和两艘防空巡洋舰护航下，离开直布罗陀基地。当然，这艘航空母舰的舰载飞行大队规模依然很小，第 806 飞行中队只有 15 架管鼻燕式战斗机，第 815 飞行中队和第 819 飞行中队一共有 18 架"剑鱼"式飞机。但它装有一部第一批制造的 79Z 型对空警戒雷达，能及时发现和跟踪敌人，可以使舰上的大鸥式战斗机及时升空，这对舰队本身的防御是十分有利的。另外，"剑鱼"式鱼雷机装备了远程油箱，能够攻击离航空母舰 200 海里的目标。管鼻燕式战斗机则是由一种不成功的轻轰炸机基础上研制的，速度慢，只有 247 节，续航力为 4 小时，俯冲速度也仅仅 400 节，但要是升高到理想高度（4880 米），一样有机会击落意大利轰炸机，虽然还斗不过意大利空军的战斗机。尽管有这些

■ 意大利人切身体会到，由于没有航空母舰，舰队在结构上"可能存在缺陷"，所以他们在后来不得不为主力舰配备了不可回收的 RE.2000（Cat）战斗机。

缺陷，1940 年 9 月到 1941 年 1 月这段时间，第 806 飞行中队所属 15 架管鼻燕式战斗机作战很出色，共击落、击伤了 40 架意大利飞机，自身损失轻微。

配备了"光辉"号，坎宁安就足以发动攻击了。"鹰"号和"光辉"号驶往中部地中海，它们的飞机轰炸了机场，打击意大利和北非之间的海上航运和在敌人港口布雷，连战连捷，自己损失甚微。更重要的是，皇家海军没有一艘主要军舰在白天毁于敌机空袭。然而，这只不过是初露锋芒，坎宁安和他的同僚决意实施在第一次世界大战末期制订的一项作战计划，用鱼雷袭击停泊在港内的敌舰。这次作战的代号为"审判行动"，决定由"鹰"号和"光辉"号上的飞机在 10 月 21 日特拉法尔加海战大捷纪念日这天袭击塔兰托海军基地。由于"光辉号"的机库发生火灾（幸亏它的飞行大队的飞机已经飞到岸上进行维修），攻击日期被推迟。在这以后，"鹰"号因近舷挨炸使航空汽油供油系统受伤。"光辉"号伤势不重，于是决定把"鹰"号的 5 架"剑鱼"式飞机和 8 名飞行员调到"光辉"号上来加强它的飞行大队，还从岸上备用飞机中调来 1 架"剑鱼"式飞机。这次作战，"光辉"号总共凑集了 22 架"剑鱼"式鱼雷机、14 架大鸥式和 4 架海上斗士式战斗机，攻击定于 11 月 11 日夜间实施。袭击塔兰托那天，只有 21 架"剑鱼"式飞机起飞。飞机分成两波，间隔 1 小时。

尽管同预料的情况相反，意大利人严阵以待，第一批 12 架"剑鱼"式飞机到达塔兰托港口上空时遭到了高射炮的猛烈射击。但即便如此，由于意大利空军的战斗机迟迟未能出现，英国舰载机还是冒着猛烈的防空炮火实施了配合默契的攻击，投下的照明弹照亮了锚地，为了牵制敌人，俯冲轰炸了辅攻目标。两条 457 毫米鱼雷把新型战列舰"利托里奥"号炸开了一个大洞。第三条鱼雷命中了"加富尔公爵"号。一小时后，第二波 8 架飞机到达，"利托里奥"号又中了第三条鱼雷，另一艘战列舰"杜利奥"号被击伤。辅攻也取得成功，港内油库挨炸起火，水上飞机基地被摧毁。塔兰托港水浅，受创的战列舰可以打捞修复。但即便如此，威力强大的"利托里奥"号也要失去战斗力 6 个多月，"杜利奥"号在 8 个月内难以投入战斗，"加富尔公爵"号则完全无法修复了。英国付出的全部代价仅仅是 11 条鱼雷和两架"剑鱼"式飞机（只损失 1 名飞行员），意大利海军的实力损失一半，这对意大利人的士气无疑是一次最沉重的打击。幸存的大型军舰撤到北边更远的基地，行动更加谨慎，特别

■ 空袭塔兰托的英国皇家海军"剑鱼"舰载鱼雷轰炸机。

■ 袭击塔兰托带来的好处很快就一清二楚了。意大利海军无论在实力还是士气上都丧失了进攻能力，并且因此产生了一种对英国航空母舰的恐惧和对意大利空军深深的失望，唯一的收获是墨索里尼终于承认航母的价值了。

是在他们怀疑可能出现英国航空母舰的时候。更重要的是，此时大英帝国的本土遭到德国空军的轰炸，而就在这一关键时刻，坎宁安牢牢掌握了地中海的制海权，这对轴心国来说是一次重大失败，并且最终被证明是毁灭性的失败。袭击塔兰托带来的好处很快就一清二楚了，这是一场精彩的突袭，沉重打击了意大利舰队，终其二战再不能对地中海的英国舰队形成重大威胁。残余的意大利舰队仓皇北撤，自此被踢出了地中海战场。意大利海军无论在实力还是士气上都丧失了进攻能力，并且因此产生了一种对英国航空母舰的恐惧和对意大利空军深深地失望，唯一的收获是墨索里尼终于承认航母的价值了，来自意大利皇家空军的政治掣肘被减弱了，意大利皇家海军内部有关航母作用的争议也平息了下来。

　　不久后，发生在马塔潘角的海战，最终坚定了墨索里尼建造航母的决心。由于塔兰托使得意大利皇家海军暂时"趴窝"，于是1940年底，德国空军派出500架飞机进驻西西里岛。不久，德国空军吹嘘炸沉了英军"厌战"号和"巴勒姆"号两艘战列舰，使意大利海军以为英军在地中海只剩下一艘战列舰了。1941年3月26日，新任舰队司令伊亚金诺海军上将在旗舰"维内托"号上率领6艘重巡洋舰、2艘轻巡洋舰和13艘驱逐舰在西西里以东海上汇合后向东驶向克里特岛海域。28日晨，从意舰上弹射起飞的侦察机在克里特岛以南发现4艘巡洋舰和4艘驱逐舰组成的英军舰队。7时58分，双方巡洋舰互相视认，8时12分，相距25千米展开炮战。10时56分，"维内托"号也发射重炮，英国巡洋舰开始后撤。东面以"厌战"号、"巴勒姆"号、"勇士"号等三艘战列舰和"可畏"号航空母舰为核心的英国地中海舰队主力赶到战场。"可畏"号上起飞的"剑鱼"、"大青花鱼"鱼雷机从11时15分起不断空袭意大利舰队，15时20分，一枚鱼雷击中"维内托"好船艉，左侧推进器失效，航速降为10节，舰内进水4000吨，伊亚金诺上将决定退出战斗。经过一个半小时的抢修后，"维内托"号恢复20节航速向西逃逸。但重巡洋舰"波拉"号也中了一枚航空鱼雷失去了行动能力。20时30分，伊亚金诺命令第一战队的"扎拉"号、"阜姆"号两艘重巡洋舰与4艘驱逐舰乘夜色返回救援"波拉"号。22时03分，英国主力舰队的雷达发现8海里外救援现场的意舰，在猛烈的重炮轰击下，意军3艘重巡洋舰和2艘驱逐舰先后沉没，约3000名官兵葬身海底。而伊亚金诺一

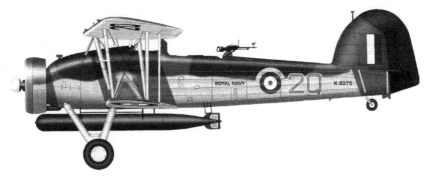

■ 即使以1939年大战爆发时的技术标准来看，"剑鱼"攻击机也是一架过时的飞机：老式的双翼结构，少得可怜的武备，敞开的座舱，仅仅225公里的时速，和3260米的最高升限，让它看上去和一战时的老爷飞机没有太大的分别。作为一架1935年正式完成的舰载攻击机，比两年后日本海军采用的97舰攻要整整落后了一个时代。而这正是这架老式飞机奇妙的地方。在英国皇家海军战争前期载入史册的几次重大军事行动中，"剑鱼"攻击机都扮演了重要的角色，用实际表现证明了它是一种非常有效的武器。

直期盼的德机和意大利空军到29日才姗姗飞来，未参加战斗。

马达潘角海战结束了，除沉没的3艘重巡洋舰和2艘驱逐舰外，负伤的"维内托"号到29日午后才驶入了塔兰托港，修理了整整4个月。显然，由于意大利皇家空军的"不靠谱"，缺乏"航空母舰——舰队航空兵"支援的意大利海军一而再再而三地吃了大亏。这次海战中，意大利舰队的最大弱点仍然是完全没有海军航空兵，仅仅在"维托里奥·维内托"号和"阿布鲁齐"号以及"波尔萨诺"号上各有一架PO43型飞机，这些飞机都是速度比较慢的侦察—校正—战斗三用机，续航时间为5个小时。它们一旦被弹射出去，就无法再在海上降落、加油和得到补给品，而不得不返回陆上基地。这使1941年3月28日马达潘角海战惨败之后，墨索里尼开始公开支持建造航母，再次决定将两艘豪华邮轮改装为航空母舰，并命令意大利皇家空军对此进行全力配合。事实上，"领袖"对这两艘航空母舰抱有的期望之高，以至于当隆美尔失落地离开北非时，墨索里尼曾对之大谈意大利的"秘密武器"将逆转局势，显然指的就是这两艘航母……一场"亡羊补牢"式的航母建造计划开始了。

功亏一篑:"天鹰"级 舰队航母的命运

    以大型豪华邮轮改建高速舰队航母,难道只是墨索里尼的异想天开?作为一个对军事技术"一知半解"的"领袖",墨索里尼或许闹过不少笑话,但至少在这件事情上,他并没有"胡闹"。事实上,这种大胆的构想不但具有可行性和合理性,对意大利人来讲也尤其具有现实性。首先,早在一战期间,意

大利建造的高速海峡渡轮"康蒂罗索"号就被英国人改造成了著名的"百眼巨人"号[①];无独有偶,在一次世界大战结束前夕,德国人也曾经着手将另一艘意大利海峡高速渡轮"奥索尼亚"号改装成一艘航空母舰。显然,英国人和德国人的实践表明,将客轮改造成航母是可行的,而且意大利人建造的客轮尤其适合。其次,在差不多同一时间(1940年),日本——这个意大利的轴心国盟友,也正在利用"出云丸"和"橿原丸"两艘大型豪华邮轮改造成"飞鹰"级大型航母,即"飞鹰"号和"隼鹰"号。这无疑给意大利人以很大信心,至少表明利用大型豪华邮轮改造航母,不但具有可行性而且具有合理性——搭载现代化舰载机不存在任何问题。有意思的是,或许是受日本人影响过深,墨索里尼甚至为自己的航母起了个"神似"的名字——"天鹰"。最后,也是最重要的地方在于,意大利皇家海军选定的航母改造对象,并非是一般的客轮,而是"罗马的骄傲",具有"蓝飘带资格"的跨大西洋巨型高速豪华邮轮——"罗马"号与"奥古斯都"号,就连日本人的"出云丸"和"橿原丸"在它们面前也要相形见绌,意大利皇家海军对它们有充分的信心。

⚓ "罗马"号与"奥古斯都"号豪华邮轮 ⚓

也正因如此,我们在谈论意大利人是如何对"罗马"号与"奥古斯都"号实施"深度改造"之前,应该对这两艘于20世纪20年代至20世纪30年代大名鼎鼎的巨型远洋高速豪华邮轮进行一番了解。邮轮(Passenger Liner)的原意是指海洋上的定线、定期航行的大型客运轮船。"邮"字本身具有交通的含义,而且过去跨洋邮件总是由这种大型快速客轮运载,故此得名。邮轮起初是邮政部门专用的运输邮件的交通工具之一,并且同样运送旅客,往来于北大西洋航线的移民船也被归入此列。从1815年到1860年,由于欧洲大陆

---

① "康蒂罗索"号于1914年开工,1916年8月,英国海军部为了改装一艘航空母舰买下了它的船体。讽刺的是,在二战中,这艘由意大利客轮改造而成的英国军舰,成为首批进入地中海、对意大利实施打击的英国航空母舰之一。

的政治动荡和农业歉收，大约 496 万人移民到美国。邮轮出现在最早诞生此类运输需求的大不列颠，早在 1756 年，英国政府就开始用快速帆船在英格兰的法尔茅斯和纽约之间往返进行邮件运输，邮船每月开行一班，除了邮件，几乎不载旅客与货物。1818 年，美国的布莱克伯恩公司用飞剪式快船开辟了从利物浦到纽约的跨洋航线，美国人开始主宰大西洋上的旅客运输，直到新型轮船出现在远洋航运领域。1833 年的一艘英国蒸汽船，"皇家威廉"号。这是第一艘不依靠自然力量横渡大西洋的船只。尽管这艘今天看来小得可怜的小船是明轮驱动，平均速度只有 4.5 节，但是它预示着人类完全征服海洋时代的到来。1836 年英国政府开始鼓励邮件运输的商业竞争，原先由英国邮政进行的邮包运输可由本国航运公司运营管理。美国内战结束后，由于横跨大陆铁路的出现、美国中西部"谷物地带"的开发，以及美国经济的大规模快速增长，前往美国的欧洲移民越来越多，客票成为船运公司的一项主要收入。为了吸引更多的乘客，船运公司开始推出专门的定期客船。1850 年以后，英国皇家邮政允许私营船务公司以合约形式，帮助他们运载信件和包裹。这个转变，令一些原本只是载客船务公司旗下的载客远洋轮船，摇身一变成为悬挂信号旗的载客远洋邮务轮船，"远洋邮轮"一词，便因此诞生。

在"远洋邮轮"问世的初期，各家轮船公司就出现了竞争现象，为了标榜自己的实力，纷纷以"速度最快"为追求目标，大西方轮船公司的"大西方"号、"大东方"号和库纳德公司的"天狼星"号、"大不列颠"号等汽船都在争夺以最快速度横渡大西洋的桂冠。到 19 世纪 60 年代，出现了一项约定俗成的惯例：以最快的平均速度横越大西洋的船只，有权在主桅上升起一条长长的"蓝飘带"（这是源于赛马活动的习俗）。从此以后，赢得"蓝飘带奖"，特别是在处女航中赢得"蓝飘带奖"，成为欧洲各家邮船公司和邮船船长的最高荣誉①——那毕竟是一个重视荣誉胜于商业利润的年代。值得注意的是，"蓝飘带资格"的评选方法是计算邮轮的平均时速，包括德国的汉堡—纽约航线，

---

① 该奖并不是按年度颁发，而是由创造纪录的客轮随时获得，只要纪录没被超越，就可以一直保持这项荣誉。这个奖项是非官方性质的，但是在近 160 年的时间里，"蓝飘带"在大西洋邮船界一直享有极高的知名度和诱惑力。

英国的南安普敦—纽约航线，法国的勒阿弗尔—纽约航线，意大利的热那亚—纽约航线等等。由于墨西哥湾暖流的影响，横越大西洋的船只向东航行的船速快于向西航行，因此一艘船打破东航纪录时只是被视为"破纪录者"，只有在同时也获得了西航速度的冠军时，才有权升起蓝飘带。总之，因为欧洲主要资本主义国家工商业贸易与海洋事业的竞争以及"蓝飘带奖"的存在，跨越大西洋两岸的巨型邮轮在19世纪末至20世纪上半叶形成了激烈竞争的局面，一时间各类大型高速豪华邮轮层出不穷，家喻户晓的"泰坦尼克"号也仅仅是这些辉煌壮丽的海上宫殿中的一座。

一战结束后，随着世界经济的复苏以及工业技术的进步，远洋巨型邮轮迎来了其黄金时代。由法西斯党掌权的意大利王国，也抱着极大的热情加入了这场远洋巨型邮轮的角逐，至于这其中的原因非常简单——远洋巨型邮轮一向代表了划时代的技术成就和人类工业文明的精华，所以除了无畏舰和竞

■ 正在组装中的Savoja MAN 6缸双动二冲程巨型柴油机。

速机外，大西洋上奢华的巨型邮轮同样是一个工业强国的象征，而深谙此道的"领袖"及其法西斯党徒，从来都热衷于向人们炫耀这一点，以标榜"新罗马帝国"的强大。于是在这种思维的推动下，法西斯党一经在1925年彻底掌权，便迫不及待地向航运界宣布，政府将向建造远洋巨型邮轮的船运公司提供高达30%的税务补贴和20%的低息贷款。当时众多的意大利船运公司正为缺乏资金建造新船而苦恼，法西斯政府的决定无异于引爆了一颗重磅炸弹，于是意大利很快掀起了一股竞相建造远洋巨型豪华邮轮的热潮——而在这股热潮中，由"意大利娅娜通航公司"（总部设在西西里）订购的"罗马"号与"奥古斯都"号尤为引人注目。

具体来说，"罗马"号与其姐妹舰"奥古斯都"号都是总注册吨位31000吨，实际满载排水量为31500吨（"奥古斯都"号）~ 32650吨（"罗马"号），长219米、宽25米，可容纳1675名乘客[①]与500名船员的巨型海上宫殿。有意思的是，或许是出于对比试验的目的，"罗马"号与"奥古斯都"号虽然都采用了4轴双舵布局，但动力系统构型却完全不同——前者以传统的蒸汽轮机为动力[②]，后者则以时髦的柴油机为动力[③]，成了当时世界上最大的柴油机动力客轮。当然，除了动力系统的构型外，"罗马"号与"奥古斯都"号的船体结构基本一致，船体为钢制，从前到后共分为13个水密舱段。其内部装潢极尽奢华之能，采用了当时最豪华的装饰艺术（Art Deco）风格，船上最顶级的威尼斯套房和佛罗伦萨套房包括4间卧舱、5间浴室以及沙龙、餐厅和小厨房，所用的银餐具和银茶具全是由著名银器制造商克里斯托弗公司邀请艺术大师卢克·拉奈尔设计的。甚至为了更快捷地运送邮件，还计划安装了弹射器和水上飞机，整条船的造价也因此高达6000万美元[④]。

由于资金充沛，"罗马"号与"奥古斯都"号的建造速度令人惊叹。"罗马"号于1925年2月28日铺设龙骨，1926年2月26日下水舾装，1926年9

---

① 375个头等舱床位，300个二等舱床位，300个"中等舱"床位以及700个三等舱床位。
② 有8台重油锅炉、4台蒸汽涡轮机，总功率26000马力（亦有资料称36000马力）。
③ 有4台Savoja MAN 6缸双动二冲程巨型柴油机，缸径700毫米，行程1200毫米，总功率28000马力。由于使用了世界上最大的船用柴油机，"奥古斯都"号航行时全船都会感觉到震动，被英国同行嘲笑为"鸡尾酒调试器"。
④ 按同时期币值折合，泰坦尼克号造价"仅"为750万英镑，约合3000万美元。

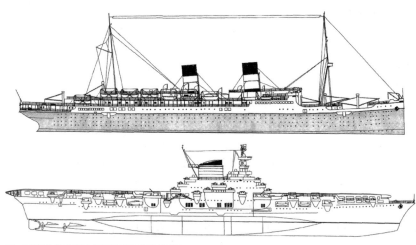

■ "天鹰"级航母及其改建前身对比示意图。

月试航，1926 年 9 月 21 日交付；"奥古斯都"号则于 1925 年 3 月 19 日开始铺设龙骨，1926 年 12 月下水舾装，1927 年 6 月试航，1927 年 12 月交付。值得注意的是，虽然为了满足舒适性的要求，"罗马"号与"奥古斯都"号的设计航速均为 22 节，但在试航中两轮均表现不俗——"罗马"号跑出了令人刮目相看的 25.4 节，而功率更大的"奥古斯都"号更是跑出了 26.6 节的好成绩，并在 1928 年 8-9 月的跨大西洋航线上，以平均 26.06 节的速度平了英国"毛里塔尼亚号"保持了十几年的记录[1]，几乎将"蓝飘带"挂在了桅杆上，但这已足够使其成为意大利家喻户晓的明星，更被法西斯宣传机器吹嘘为"罗马的骄傲"。事实上，意大利皇家海军也正是从这一点上，注意到了"罗马"号与"奥古斯都"号的潜在军用价值——在 1936 年悄悄进行的缩比流体力学模型水槽测试中，意大利皇家海军确认，如果在换装球艏鼻并对主机功率适当加大后，即便是"罗马"号也能跑到 30 节左右的航速。遗憾的是，1929 年经济危机开始后，跨大西洋的航运明显萎缩。"罗马"号与"奥古斯都"号

---

[1] 1907 年，英国库纳德公司的邮轮"卢西塔尼亚"号服役，这是世界上第一艘以蒸汽轮机为动力的客船，航速高达 24 节（即每小时 24 海里）；其姐妹船"毛里塔尼亚"号在 1909 年再次刷新纪录，航速达到了 26.06 节，高于当时几乎所有的军舰。直到 1929 年北德意志－劳埃德公司 5.2 万吨的豪华邮轮"不来梅"号在处女航中创造了 27.5 节的航速纪录，才从英国人手中夺走了由"毛里塔尼亚"号独占了 20 年的"蓝飘带"。

主要作为环地中海游船使用，不再执行跨大西洋航运任务。到 1932 年，由于墨索里尼强迫"意大利娅娜通航公司"与国营的"意大利航运公司"合并，因此"罗马"号与"奥古斯都"号都换装了"意大利航运公司"的涂装，并重新出现在大西洋航线上。

⟶ 面目全非的重建 ⟵

1933 年 1 月 4 日，"奥古斯都"号满载着富豪从纽约出现，完成了为期129 天的环球航行，途经数十个港口，其中就包括中国香港和上海。二战爆发后，由于跨大西洋的航运再次急剧萎缩，"罗马"号与"奥古斯都"号一度被闲置，但很快就在 1939 年 11 月被意大利皇家海军征用，成为海军预备舰船，起初准备改为水上飞机供应舰或是所谓的"辅助航空巡洋舰"（以代替因舰体老化而即将退役的水上飞机供应舰"朱塞佩米拉利亚"号），并在 1941 年3 月 26 日的马达潘角海战之后，被确定为"天鹰"级航空母舰的改造对象——"罗马"号将被重新命名为"天鹰"号，"奥古斯都"号将被重新命名为"鹞鹰"号。至此，意大利皇家海军航空母舰发展史的高潮终于到来了。令人感兴趣的是，尽管设计时间紧迫，但由"罗马"号与"奥古斯都"号远洋豪华邮轮改造而来的"天鹰"级，实际上却是集轴心国航母技术之大成者——日本的"飞鹰"级与纳粹德国的"齐柏林伯爵"级都成为其设计上的参考对象，并且融合了许多极富特色的意大利元素。

考虑到地中海是一片极为狭小的海域，即便是航空母舰也难免与敌巡洋舰以上的主力舰只短兵相接，因此最初的"天鹰"级在整体布局上带有浓重的"意大利色彩"——不但采用封闭式飞行甲板，而且还带有 50 毫米厚的重装甲，并移植了"塔兰托"级重巡洋舰的 4 座双联装 203 毫米炮塔（装甲厚110 毫米），实际上是一艘拥有载机能力的全通甲板"条约型"航空巡洋舰。然而，经过计算后，意大利人发现如此重的装甲和军械配置至少需要 35000吨的排水量，这将使改建后的"飞鹰"达到 30 节的设计航速完全不切实际。于是，在 1941 年 5 月，吸收了德日航母设计经验的第二个版本迅速出笼。与第一个版本相比，第二个版本的"天鹰"变化颇大。首先，舰岛依然在右侧，但为了提高载机数量，增加机库的通风性，飞行甲板由封闭式改为半开放式；取消过分的4座双联装203毫米重炮，取而代之以大量的中小口径防空高炮；飞行甲板装甲由50毫米减为30毫米，但两台升降机由舰艉位置改为舯部，以增加甲板强部；为了改善高速性、提高抗沉性和稳定性，舰艏形由双曲线型舰艏改为飞剪艏。不但艏部体积较大而有较大的浮力储备，且由于舰艏外飘的角度随干弦的升高而不断变大，所以在舰艏没入水中时，浮力是以几何级数增长的，这样，可以最大程度避免舰只"埋首"的问题，提高舰只的抗沉性能和在高海况下纵向（俯仰）稳定性。而且飞剪舰艏都会把艏部水线处缩窄至近乎刃状以达到所谓的"长长而尖削的曲线剪刀型首柱呈一种适合于赛跑的态势"，使舰船在高速航行时亦不会有严重的上浪，保证了舰船的强大动力能最大限度地转换为高航速。

　　需要指出的是，由于时间紧迫，在短短3个月的时间内，"天鹰"级的设计再度几易其稿，直到1941年10月"罗马"号（也就是"天鹰"号）热那亚（Genoa）的安莎尔多（Ansaldo）船厂的船台，其更多细节才逐渐清晰起来。舰体从上到下依次为露天甲板、上甲板、中甲板、下甲板、第一、第二平台甲板、支撑甲板和内底，其中中甲板为强力甲板和装甲甲板；从后到前一共有232档肋骨站（意大利造船习惯从艉垂线开始给肋骨编号，与其他国家正好相反），船底为双底—三底纵骨架式混合结构。船舵的安排比较特别，有一枚布置在艏艉线上的主舵和两枚布置在尾部侧舷的辅舵，均为半悬挂平衡式。由于主辅舵间距很大，彼此不会干扰，而且当主舵不能操作时，辅舵仍然可以满足操舰要求——由于辅舵正好处于侧舷螺旋桨排出流的中心，舵面流速很大，效率较高。事实上，由于参考了维内托级战列舰的相关设计，"天鹰级"的舰舵总体设计很成功，但是主辅舵机舱过大的间隔却在装甲防护上造成了一些麻烦。4只固定螺距的3叶螺旋桨，每只直径为4.2米，重量为12吨，正车时右舷桨顺时针旋转，左舷桨逆时针旋转。

　　舰体被加长到230米，舰艏和舰尾部分完全重建，舰艉改为巡洋舰艉，舰首略微上翘并有适度外飘，以增加军舰的适航性。飞行甲板由原先的217米长、27米宽，被调整为211.6米长、25.2米宽。豪华邮轮的内部舱室被进行了彻底的切割重构，从而形成了一个能够容纳26架舰载机的巨大机库，值得一提的是，按照设计要求，由"罗马"号和"奥古斯都"号改建而来的"天鹰"级，其载机数量不应低于50架。为了满足这个要求，意大利工程师们除了将10架舰载机安排在甲板上进行系留外，还创造性的计划将另外15架挂在机库顶部，从而一举使载机量达到51架。考虑到搭载大量舰载机、航空油料、弹药，使得"天鹰"级的消防损管要求得到了高度重视，为此舰上设有损管中心。全舰划分为3个损管区域，中部（包括机舱）以及延伸到各自的防装舱壁的首部和尾部区域。就应变程序而言，各个区域自成体系，较为重要的舱壁均予以加强。消防系统管系限制在中部区域。有3台每小时50吨的水泵，2台在前机舱，1台在后机舱。然而，主舱底的供水系统却是全舰通用的，并包括6台电动泵。消防设备还包括174个泡沫灭火器，121个二氧化碳灭火器，136个氧气呼吸器和118套石棉服。

航速从来都是意大利皇家海军主力舰的重点，被寄予重望的"天鹰"级自然不能例外——这毕竟是一艘"舰队航母"，跟上主力舰的航速是起码要求，而意大利海军的主力舰没有低于30节的。为此，负责改建"天鹰"级的意大利设计师绞尽了脑汁——"减重增推"成为不二法则。为了达到第一个目的，意大利工程师们被迫放弃了对装甲防护的大部分要求，飞行甲板的装甲厚度从30毫米进一步缩减为8毫米，仅在某些重点部件安装了有限的装甲。比如自—1号（后垂线后的第1号肋骨）至54号龙肋骨间的主机舱和舵机舱，就安装了结构相当复杂的装甲结构，—1号肋骨处设外围装甲隔墙、厚100+8毫米，24号龙骨处设置了主辅舵机舱的100+8毫米厚装甲隔墙；辅舵机舱顶部上层的中甲板厚36毫米，主辅舵机舱顶部的第一平台被局部加厚到100+8毫米，辅舵机舱外围布置了60+10毫米的侧装甲。另外，舰桥也安装了有限的装甲结构。舰桥采用了双重圆筒结构，从装甲甲板起往上算一共有13层，内部布置了连通围阱。舰桥上部设置了司令塔，司令塔的体积很大，装甲分布为：舰桥第9层，顶部前方120+10毫米、后方90+10毫米，前部侧面225+25毫米、后部侧面175+25毫米，第8和第7层前部侧面250+10毫米、后部侧面200+10毫米，第7层底部90+10毫米。事实上，由于仅在重点部位安装装甲，并且拆除了原来豪华邮轮的上层建筑和绝大部分的豪华生活设施，经过计算，这将使"天鹰"级的排水量能够从"3万吨级"降到23000～25000吨左右[①]，从而为提高航速提供了起码的条件。

不过，仅仅减重以降低排水量还不足以满足意大利皇家海军对"天鹰"级舰队航母30节航速的要求——特别是对于采用传统的蒸汽轮机、功率较低的"罗马"号（"天鹰"号）来说更是如此。为了改善"天鹰"级的动力水平，最初意大利工程师设计了4种不同类型的动力系统，包括蒸汽轮机—电动/四轴方案、柴油电动/四轴方案、蒸汽轮机—柴油电动/四轴方案和传统的蒸汽轮机/四轴方案。最后确定的方案为传统的蒸汽轮机/四轴方案。为此，意大利皇家海军不惜对"罗马"号和"奥古斯都"号舰体开膛破肚，将原本为"领袖"级高速侦察巡洋舰准备的动力系统塞入其中。该级舰拟建12艘，以建立伟业的罗马帝国人物的名字命名，故称"罗马领袖"级（Capitani Romani），高达41节的惊人航速是其设计重点，因此其主机功率十分强大。1939-1940年，它们分别在意大利的主要船厂开工建造，但实际建成的只有"阿蒂利乌斯·雷古鲁斯"号、"阿非利加征服者西庇阿"号和"伟大的庞培"号。最终，由"罗马"号和"奥古斯都"号改建的"天鹰"级，成为单位功率最为强大的意大利主力舰之一：主机为4组齿轮传动式涡轮机装置，每组功率可达35000马力，总功率接近151000马力，每组装置包括辅机、1台"贝鲁佐"型高压涡轮机、2台同型号的低压涡轮机和2座带过热器的"桑尼克罗夫特"型燃油水管锅炉。轮机舱和锅炉舱交错布置（即2个轮机舱在锅炉舱前，2个轮机舱在锅炉舱后），这种布局对动力系统的生命力的提高有很大帮助，但各种管线和控制装置布置比较复杂。

"贝鲁佐"型高压涡轮机通过单列减速齿轮运转，2台低压涡轮机通过2台冷凝器独立工作，高压涡轮机包括1个两速转子和3个一组的大功率转子；位于其间的是11个单列转子，它们设计用于起航时，但当舰为全航速时这些转子自动关断。并联运转的低压涡轮机有9个常规转子用于正车，而一个双列转子和两个单列转子用于倒车。起航准备时间取决于锅炉处于熄火还是点

[①] 后来的事实证明了这一点，"天鹰"号排水量23350吨，"鹞鹰"号排水量23775吨。

火状态，正常条件下用时 6 或 3 小时，应急情况下 4 或 2 小时，特殊环境下 3 或 1 小时。舰上各项勤务用电由位于前后机舱的 2 台发电机提供，即 1 台涡轮交流发电机和 1 台柴油交流发电机，它们能产生 230 伏的交流电。值得注意的是，除了为主机直接提供动力的 8 座"桑尼克罗夫特"型燃油水管锅炉外，意大利工程师们还为"天鹰"级在舰艏和舰艉段另外准备了 5 座备用小型燃油锅炉（舰艏段 2 座，舰艉段 3 座），以为主机提供辅助动力，并在必要情况下保障舰上勤务设施的正常运转。经过精密计算后，意大利工程师们认为，在减轻了舰体重量，主机功率又得了大幅度加强的"天鹰"级，其最高航速达到 30 节将是"最起码的"。意大利人的自信并非是盲目的，3 艘完工的"领袖"级高速侦察巡洋舰排水量都超过了设计，但最高航速却同样都超过了 41 节的设计值，"阿非利加征服者西庇阿"号甚至跑出了 42.4 节的成绩，意大利人在高速舰艇的设计上的确有一套。

再一个令人感兴趣的地方在于，作为吸取提斯洛角、塔兰托与马达潘角等一系列海战的教训——在这些海战中，意大利皇家海军因遭受英国舰载机攻击而损失或是被重创的舰只，多数是因为航空鱼雷，所以在"天鹰"级的改建过程中，意大利皇家海军最终决定为其在水线下的舰体中部，安装结构复杂但被认为很有价值的"普列赛鱼雷防护系统"。当然，如此一来，我们就需要对这个所谓很有价值的"普列赛鱼雷防护系统"进行一番了解。在那个年代，各国海军往往会选择通过加装大型防雷突出部的方式来强化战舰的水下防护性能，但这是以降低舰只的高速性能为代价的，而在主力舰的速度却一向是被意大利皇家海军尤为强调的重点。这样一来，为"天鹰"级安装"普列赛鱼雷防护系统"的意义便突显了。所谓的普列赛系统，是一种以流体力学原理为基础的，经过精确的机械结构计算与专门设计的防护组件，它可以将大部分的水下爆炸力量吸收，因此可以大幅降低爆炸对舰体内侧舱壁造成的压力。其防护范围，则可完整覆盖战列舰的核心舱部分。整套水下防护系统，主要由双重/三重底，圆筒形的能量吸收结构，内侧的弧形防雷装甲，以及位于圆筒正上方的注水舱共同构成。舰体两侧的突出部构成了双重底的外壳，且其上下两端与一道弧形的防雷装甲相连，共同构成了标志性的水下防护结构；而用于吸收爆炸能量的圆筒结构则位于这两道结构之内，且每隔三到四根肋骨便设有一道用于支撑圆筒的横向舱壁。当圆筒直径达到 3.8 米时，这套系统能够发挥最好的防护效果，但由于舰体结构所限，只有位于舯部的动力舱两侧才有如此等级的防护，而靠近艏艉两端的弹药库段，则由于圆筒直径较小，未能得到相同等级的防护。为了达成理想的防护效果，舰体两侧的双重底内部以及圆筒结构的内部都必须保持空舱状态，而双重底与圆筒这两组结构之间则有一道空隙，形成了一层内部隔舱。这道隔舱中需要注有液体（也就是说，普列赛系统是有些接近空舱—液舱—空舱模式的防雷设计的），至于液体的类型，则既有饮用水也有燃油。一旦这些饮用水或燃油被消耗掉后，就会注入海水作为压舱物，以保证防护效果不受影响。

当水下爆炸发生时，强大的压力会立刻摧毁最外侧的空舱状态的双重底，并进而使压力转到内部隔舱；但由于内部隔舱中充有液体，且这些液体是几乎无法被压缩的，因此这些压力便会向各个方向上扩散，而受压情况最严重的会是那个周身被液体包围的圆筒结构。由于这层圆筒结构内部是空的，且依照设计要求，其结构强度本身就比较低，因此会发生崩塌、溃缩，进而将大部分的爆炸能量吸收，以保护内侧的防雷装甲不受严重冲击。紧接着爆炸之后，海水会通过船壳上的破孔涌入舰体；双重底内的空舱，以及圆筒崩塌后多出来的空间内，都会被海水占据。在爆炸严重的情况下，内侧的弧形防雷装甲也有可能被突破，此时海水甚至会涌入防雷装甲与同侧的防水纵舱壁之间的空间。在大量的进水下，舰体会不可避免地发生侧倾，此时舰上的自动平衡系统便能发挥其作用了。所谓的自动平衡系统，实际上就是横贯舰底双 / 三重底内部的管道，这些管道使舰体两侧的双重底中的空舱互相连通，因此根据连通器的原理，涌入舰体的那些海水便会自动流向舰体另一侧，最终使两侧空舱中的液体重量达成一致，起到自动纠正舰体倾斜的效果。如果自动平衡系统无法纠正舰体的侧倾或纵倾，使其恢复至理想状态时，那么还可以使用水泵向弧形防雷装甲上方的平衡舱中注入海水（就是由 36 毫米和 24 毫米两道防崩落装甲构成的空舱），但由于需要依赖水泵，因此注水速度是比较慢的（快速的反向注水，一般是通过打开阀门直接让海水涌入舰体来达成的）。

显然，由犹太裔意大利海军军官翁贝托·普列赛创造的这种设计，其突出的闪光点在于，既不会明显改变舰体的线型，也不会显著增加舰体的宽度。

换句话说，这种设计既不会对航海性能造成影响，也不会损害舰体的横向稳定性。更重要的是，采用普列赛系统不会造成航速明显降低，而加装大型的防雷突出部则免不了会使航速受到影响。但这种防护系统是与舰体结构高度结合的，因此只有在新建战舰时，或给旧战舰做大规模的现代化改造时（比如"加富尔伯爵"级与"安德烈亚·多里亚"级），才有机会安装这种防护系统。此外，由于防护系统的效能与圆筒的直径密切关联，因此只有战列舰或大型货船等宽度较大的舰船才适合安装普列赛系统——作为排水量高达3万吨的巨型豪华邮轮，"罗马"号与"奥古斯都"号显然是有这个资格的。具体到由"罗马"号与"奥古斯都"号改建而来的"天鹰"级来说，该舰的普列赛系统覆盖长度为105米，覆盖高度则为水线下2米左右直至舰底。双重底的外层厚度为14～15毫米，采用铆接方式构成，内层厚度则为10毫米，采用焊接方式构成。弧形防雷装甲的厚度，上端厚30毫米，主体部分为40毫米，下端则是28毫米。双重底与防雷装甲之间的圆筒有7毫米厚，采用焊接方式构成。在船体中部，圆筒的直径可达3.8米。在弧形防雷装甲内侧，隔开约1.5米的空间后，另有一道上接主水平装甲，下连舰底，厚度为7～9毫米纵向防水舱壁，构成舰体侧面的最后一道防护。而在弧形防雷装甲的上方，防水纵舱壁上段的侧方，两道厚度分别为36毫米和24毫米的镍钢装甲，构成了主装后方的防崩落层，以及可用于注水的平衡舱。

由于舰体宽度是在舯部达到最大，而在靠近艏艉时逐渐减小，因此水下防护系统的宽度以及圆筒本身的直径也会因此受到影响，使舯部的宽度/直径较大，而靠近两侧部分的宽度/直径较小。"天鹰"级的普列赛系统同样如此，其圆筒直径最大为3.8米，在靠近动力舱的两端，直径则为2.28米。然而应该看到，即便普列赛系统是一个理论丰满而且设计巧妙的反鱼雷结构，但"天鹰"级航母所加装的普列赛系统是否能够达到预期的鱼雷防护效果仍然令人怀疑。事实上，除了"天鹰"级航母外，当时已经安装有普列赛系统的意大利舰只包括以实验目的安装了普列赛系统的2艘油轮，2艘"加富尔伯爵"级、2艘"安德烈亚·多利亚"级以及3艘"维内托"级战列舰。而从实战效果来看，由于前两级战舰是在现代化改装时加装的普列赛系统，因此其防护效能受到了原有舰体尺寸的限制，并不很理想。在塔兰托的空袭中，"加富尔伯爵"号被一枚鱼雷击沉，"卡欧·杜里奥"号也在被命中一枚鱼雷后被迫抢滩。相比之下，全新建造的"维内托"级战列舰情况则要好上许多，"利托里奥"号在遭到3枚鱼雷打击后只是没有被普列赛系统覆盖的舰首下沉而已，"维内托"级更是在后来的战斗中，遭遇了10次空袭打击，但进水程度也不过比"俾斯麦"略重。显然，为旧舰改装普列赛系统的效果没有从一开始就考虑安装普列赛系统的新舰好，由"罗马"号与"奥古斯都"号改建而来的"天鹰"级同样面临这种情况——"天鹰"级普列赛系统的覆盖长度甚至还要短于"加富尔伯爵"级，后者的普列赛系统长度接近120米，而"天鹰"级只有105米。更何况，"天鹰"级的普列赛系统也只对传统的触发引信鱼雷显著效果，而在配有磁感应引信，专门在舰体下方爆炸的新式鱼雷面前，普列赛系统却效果不佳，而英军在塔兰托对意大利军舰使用的恰恰是磁感应引信鱼雷……

由于在此前的战争中，意大利皇家海军再三地吃了英国飞机的大亏，所以与对鱼雷防护的重视相比，"天鹰"级航母对防空问题的重视有过之而无不及。具体来说，"天鹰"级航母的防空武器主要包括布置在舰岛周围的8门135毫米和12门65毫米单管高炮，以及围绕飞行甲板的21门6管20毫米高炮，它们同样是取自未建成的"领袖"级高速侦察巡洋舰的"闲置物资"。需要说明的是，8门135毫米安萨尔多45倍径高炮，实际上是"领袖级"侦察巡洋舰的主炮，由于最大仰角达到了45°又可以发射防空弹幕弹，所以算是一种高平两用炮，也可以由此认为"天鹰"级航母在某种程度上拥有轻巡洋舰级的火力。所有的135毫米高平两用炮均由布置在舰桥前部两侧的3米测距指挥塔遥控射击。所有的测距仪均装有稳定器，允许在舰体摇荡的情况下正常使用。至于64倍径的安莎尔多65毫米高炮，其实才是"天鹰"级航母的防空中坚，炮身为单肉自紧身管，半自动立楔式炮闩用螺纹炮尾环安装到身管上，炮身全重1.07吨。定装弹全重13公斤，初速850米/秒，最大射程13500米，最大射高9800米。火炮高低射界+78°～3°，正常情况下由射击指挥仪遥控射击，也可以手动操炮。值得注意的是，这65毫米高射炮是安装在稳定炮架上的。热那亚的圣乔尔乔（SanGiorgio）公司设计生产了全套稳定系统，稳定参照系一共有11个电动陀螺组成，系统的主陀螺垂直旋转，由专用的60伏120赫兹三相交流电供电，转速7200转/分。陀螺仪万向悬架环上还刚性装有2只小

■ 安莎尔多65毫米单管高炮。

些的水平陀螺，它们的动力由90伏250赫兹的特殊三相交流电源支持。稳定器的横倾和纵倾位差稳定范围分别为正负14.5度和正负5度，并可以同时对炮身相对运动的角速度和角加速度进行修正，这样军舰即使是在回转中也能保证高射炮的有效射击。

135毫米和65毫米炮的弹药储存在4个弹药仓内：1号舱和2号舱分别对应前部的4门135毫米炮、6门65毫米炮，3号舱和4号舱对应后部的4门135毫米炮、6门65毫米炮，弹药仓内拟装设浸水系统、百叶窗和通海口。每座135毫米炮塔提供有2台扬弹机，扬弹机上装有传动皮带，用于从弹药舱到处理室的垂向输送弹药。处理室内有2台转角式扬弹机，它们随着炮塔转变角度，把弹药扬升到炮室。每个扬弹机筒装载有3枚炮弹和3发发射药筒，电动方式以每分钟12次的速率扬升，手动方式为每分钟6次。6管20毫米高炮也使用垂向扬弹机以电动或手动方式供弹，总储弹量如下：135毫米炮弹1280发，包括440发穿甲弹、356发杀伤爆破弹、484发防空弹幕弹，外加260发照明弹；65毫米炮弹12000发、10800发带近发引信；20毫米炮弹19200发。

按照计划，"天鹰"级将是意大利皇家海军为数不多的装备了EC-3"猫头鹰"对空/对海70厘米波段警戒雷达的主力舰。1935年，意大利开始研究雷达，起步时间并不晚，无线电及通讯研究所（Istituto Eletrotecnicoedelle Communicazioni）的提贝托（Tiberio）教授在接下来的几年里先后拿出了几台样机：1936–1938年的2米波长、线性频率调制型雷达，1938–1939年采用符合技术的2米波长雷达，1939年底设计的70厘米和2米波长雷达，均采用脉冲工作方式；其中70厘米样机的试验结果最令人振奋，它可以发现12000米距离上的水面目标和30000米距离上的飞机。但不知何故，该雷达研制成功后却迟迟未能定型投产。直到1941年3月28日夜，意大利人为自己的迟钝付出了沉重代价（3艘重巡洋舰被装备雷达的英国战列舰在近距离击沉）以后，他们才慌忙把提贝托的雷达装到"漂亮"号（Carini）鱼雷艇上进行实用性测试。后来雷达获得了 EC-3 的正式编号（"EC"为"通讯研究所"的缩写），"猫头鹰"（Gufo）的绰号则表明意大利海军期待着它能在夜间发现狡猾的敌人。

→ 比想象中成熟的舰载机配置 ←

作为一艘排水量和飞行甲板面积接近英国的"皇家方舟"号和"光辉"号，比美国的"黄蜂"号略大，只比"埃塞克斯"级略小的大型舰队航母，"天鹰"级的舰载机配置完全有理由成为我们关注的重中之重。"幸运"的是，由于两次大战之间，意大利的航空工业高度发达，意大利皇家空军更是法西斯党和墨索里尼的宠儿，这使意大利皇家海军在为"天鹰"级配备舰载机的问题上，要轻松许多。在政治压力下，当 1941 年 10 月，"天鹰"级走上船台时，意大利皇家空军不得不放下军种成见，为海军的航母计划提供一切可能的帮助。起初，缺乏经验的意大利皇家海军，在舰载机问题上的选择比较保守，认为在较短的飞行甲板上起降，选择翼载较低的"卡普罗尼"CH.1 双翼战斗机。然而，即便按照 1941 年的标准，"卡普罗尼"CH.1 双翼战斗机也早已过时——其性能甚至被认为低于英国的"格罗斯特·角斗士"。打消了将"卡普罗尼"CH.1 双翼战斗机搬上"天鹰"级的念头后，意大利海军又盯上了另外

■ "卡普罗尼"CH. 1 双翼战斗机。

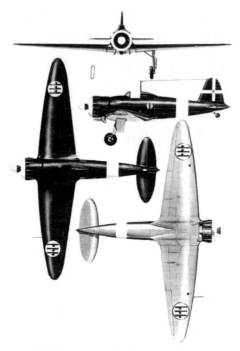

一款"卡普罗尼"战斗机——单翼的"卡普罗尼"F.5。应该说，这次意大利海军的眼光不错。"卡普罗尼"F.5实际上是卡普罗尼公司天才工程师法布里齐（Fabrizi）的杰作，系由装有戴姆勒－奔驰 DB 601A V 型液冷发动机的"卡普罗尼"F.4 换装"菲亚特"A.74 RC.38 星型发动机而来，最初的目的是参加大利空军的"第 2 次陆基战斗 / 截击机公开比赛"。

即便是当时的国际标准来看，"卡普罗尼"F.5 也是一架先进的战斗机。第一架 F.5 原型机（合同第 3491 号，军机机身号 MM.392）在 1938 年底完成，首次试飞时间为 1939 年 2

■ "卡普罗尼"F.5实际上是卡普罗尼公司天才工程师法布里齐（Fabrizi）的杰作，系由装有戴姆勒-奔驰 DB 601A V型液冷发动机的"卡普罗尼"F.4换装"菲亚特"A.74 RC.38 星型发动机而来。

月 19 日，在维佐拉·提契诺由卡普罗尼公司的试飞员朱塞佩·潘切拉（Giuseppe Pancera）进行了首飞，官方的试飞则在 1940 年 7 月 15 日。从一开始，F.5 就没有竞争对手（"菲亚特"G.50 和"马基"C.200）的缺点，相反显示了一系列优越性，如更快的爬升速度。F.5 给飞行员留下了很好的印象，认为比"马基"C.200 更好。另外，混合结构和易于制造的特点使之成为一架便宜的飞机。一架配备齐全，装螺旋桨但没有发动机的 F.5 在 1940 年造价为 29.5 万里拉，而同样配备的"马基"C.200 造价 38 万里拉。需要注意的是，意大利海军选择"卡普罗尼"F.5 还有一个更为现实的原因，在 1941 年 10 月"天鹰"级的改建开工时，并没有计划安装弹射器，而在当时意大利航空工业能提供的几种现代化单翼战斗机中，"卡普罗尼"F.5 重量较轻，翼载较低，被认为拥有较好的"甲板适应性"。

不过，最终意大利皇家海军为"天鹰"级配备"卡普罗尼"F.5 的计划还是泡了汤。主要的问题是这种出色的战斗机定型的时间过晚，当"卡普罗尼"F.5接受官方测试时，意大利皇家空军已经定购了大量的"菲亚特" CR.42，"菲亚特" G.50 和"马基"C.200 战斗机最终只是象征性地订购了 12 架，用于装备以罗马钱皮诺为基地的第 300 中队。可想而知，意大利空军很难同意海军的航母使用一种自己装备甚少的非制式战斗机——毕竟按照墨索里尼的要求，意大利皇家空军将负责为海军的航母计划提供大部分"航空资源"。

　　"卡普罗尼"F.5 的方案被否决后，意大利皇家海军一度倾向于"雷吉亚内"Re.2000 "猎鹰"，该战机比"卡普罗尼"F.5 更为现代化，为全金属结构，而且其改型已经被意大利皇家海军订购，准备搭载在意大利的战列舰上。受英国海军在大型水面舰只上装载改进的弹射起飞"飓风"战斗机的影响，也为了取代老式的 Ro.42 双翼双桴水上飞机，意大利海军在对若干飞机进行考察后，要求雷贾尼公司在 Re.2000 的基础上改造一种可从战列舰上弹射起飞的舰载飞机。飞机在军舰上弹射起飞后，执行观察、侦察、有限的防空等任务，完成任务后利用航程较大的特点飞回陆上机场，再用专用拖车拖回海军基地，再吊装上军舰。雷贾尼公司在一架 Re.2000GA 型的基础上增加了弹射牵引点，被改称 Re.2000（Cat），在 1941 年 5 月 21 日向意大利海军交付首架飞机（MM.471）。然而在随后的试飞中，相继有三架 Re.2000（Cat）原型机坠毁，这令意大利皇家海军多少倒了胃口——直到 1943 年夏天，Re.2000（Cat）才在"罗马"号战列舰上配备了 2 架，在"维多里奥·维内托"号战列舰上配备了 2 架，在"利多里奥"号战列舰上配备了 1 架。趁此机会，意大利皇家空军不失时机地向海军"兜售"更为先进的 Re.2001 "公羊"。当然，意大利皇家空军的"好心"并不是无缘无故的。首先，与"卡普罗尼"F.5 的情况类似，意大利皇家空军拒绝大批装备 Re.2000 "猎鹰"，理由在于该机机身的油箱没有自封设备而且经常漏油，燃料控制阀也经常故障；其发动机也不可靠而且出力不足，在低速时操纵性也不佳，在降落时甚至要把发动机关闭去增加稳定性，于是此机未被意大利空军重用而专供出口。相比之下，换装 DB601 V 型液冷发动机的 Re 2001 "公羊"则得到了意大利空军的认可（为此要把前段机身重新设计并把油箱移到中部机身后），采购数量已经达到了一定的规模。所以出于私心考虑，意大利空军自然愿意向海军推荐"公羊"而非"猎鹰"。

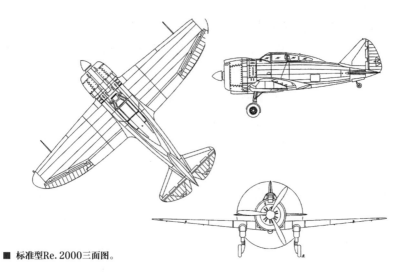

■ 标准型Re.2000三面图。

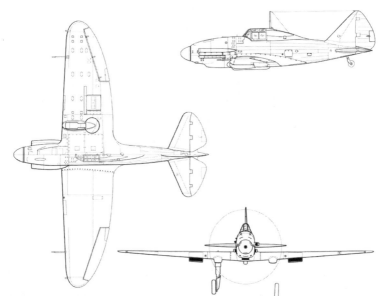

■ 标准型Re 2001 "公羊" 三面图。

■ 意大利皇家空军装备的标准型Re 2001 "公羊"。　■ 携带250千克炸弹的Re 2001 "公羊"。

当然，对于意大利皇家海军来讲，Re. 2001 的吸引力也更大一些，这种战斗机不但速度更快，火力也猛，而且由于翼下挂点得到了强化，也可能够作为战斗轰炸机使用（甚至可以携带 680 公斤"白头"航空鱼雷）。唯一的问题在于，Re.2001 的起降条件要求较高，在 211 米长的"天鹰"级航母上起降有困难，即便是特意为海军改装的所谓 Re.2001（OR）型[①]，不过这一问题被意大利皇家空军施展的政治手段解决了——为了自己的"私心"，政治人脉不同寻常的意大利空军为海军争取到了纳粹德国的技术支援，希特勒许诺墨索里尼，为其提供为"齐柏林伯爵"号航母研制的飞机弹射器，这就使得在"天鹰"级航母上部署 Re.2001 变得毫无问题。当然，作为大型高速舰队航母，"天鹰"级航母不可能仅仅装备战斗机——这不过是盾，侦察机和舰载轰炸机 / 攻击机才是舰队之眼和刺向敌人的利剑。为了降低技术风险，从"菲亚特"G.50bis 单座型战斗机和 G.50B 双座型分别发展出单座的 G.50B N 和双座的 G.50Bis N。这些飞机用在一架 Saiman 200 和一架"卡普罗尼"Ca. 上经历了不断试验改进的各种着舰钩进行了卓有成效的试验。需要提及的是，由于德意之间的密切军事合作，在"天鹰"级航母改建期间，意大利皇家海军还计划为其"天鹰"级，引进为"齐柏林伯爵"号航母准备的各种德国舰载机，如"梅塞施米特"Bf 109T、"容克斯"Ju87C、"菲斯勒"Fi 167、"阿拉多"Ar.96B 以及"福莱特内尔"Fl.282"蜂鸟"直升机等等，并对其中的部分飞机在圭多尼亚（意大利空军飞机测试中心）进行了试飞。

尽管设计时间紧迫，但由于吸收了众家之长，"天鹰"级航母在 1941 年 12 月改建"天鹰"级航母的"罗马计划"全面展开时，其实已经拥有相当成熟的整体设计了，并且在细节的构思上也十分到位。也正因如此，在两艘"天鹰"级舰队航母的改造中，由"罗马"号改建"天鹰"号的进展也十分迅速。虽然在 1942 年曾遭受英国皇家空军的空袭，但"天鹰"号仍在 1943 年 6 月基本接近完成，并在热那亚的港口外进行了秘密海试[②]。海试表明，"天鹰"号

---

① OR 指 Organizzazione Roma，即"'罗马'号改建计划"，Re.2001（OR）主要是对机体进行了减重处理，并加装了着舰钩。

② 相比之下，其姐妹舰"鹞鹰"号的进度就要慢得多。由于 1942 年 9 月才开始正式动工，此时才刚刚拆除了上层建筑而已。意大利皇家海军为了应急，将"博尔扎诺"号巡洋舰改造为所谓的"航空巡洋舰"。

的航海性能达到了预期，其吃水 10.44 米，舯部型深 14.4 米，方形系数 0.565，纵向棱形系数 0.765，中横剖面线系数 0.959，水面线系数 0.679，每厘米吃水差吨数 52.6 吨 / 厘米，实测最高航速 30.7 节，实测初稳性高分别为 0.679 米（轻载排水量 21216 吨）和 1.668 米（满载排水量 25752 吨）。遗憾的是，随着 1943 年 7 月墨索里尼及其法西斯党的垮台，乃至 1943 年 9 月 3 日与盟军正式达成停战协议，这一历史性事件最终终结了"天鹰"号的命运。

虽然意大利舰队大部分逃脱了德国人的毒手，因为几位海军上将早在 1943 年 9 月 6 日就知道了停战条款以及他们本人应起的作用。结果大型军舰被遣往马耳他，小型舰只则开往巴勒莫。最终只损失了"罗马"号战列舰，从塔兰托和波拉驶出的大部分舰只则安然无恙地驶进了港口，共 126 艘，其中包括 3.5 万吨的战列舰 2 艘、2.4 万吨的巡洋舰 3 艘、快速巡洋舰 8 艘和驱逐舰 10 艘；另有商船 90 艘（其中客轮 1 艘），共计 30 万吨。除巡洋舰外，逃出来的这些舰只后来都由盟军在大西洋加以使用。但令人遗憾的是，在这一连串名单中，却并不包括 2 艘在建的"天鹰"级舰队航母。德军俘获了羁留在热那亚港内的一些尚在建造或修理的舰只，计巡洋舰 3 艘、驱逐舰 8 艘、鱼雷艇 22 艘和潜艇 10 艘，以及基本建造完成的"天鹰"号和烂尾状态的"鹞鹰"号。为了防止德军对两艘"天鹰"级舰队航母（特别是已经基本完成的"天鹰"号）加以利用，英美盟军以及意大利南方政府对其进行了反复的空袭，这使德国人将该舰最终建成的可能性不断降低，并最终在 1944 年 6 月 16 日的一次空袭中重创了"天鹰"号。到了 1945 年 3 月，由于有情报说德国人计划将受损的"天鹰"号作为阻塞舰沉在热那亚港口入口处，由意大利共和国海军中的前意大利皇家海军蛙人部队"第 10 快艇支队"（Decima Flottiglia MAS）的成员，在 1945 年 3 月 19 日，对该舰进行了一次成功的爆破活动，令其坐沉锚地。直到战后的 1946 年才被浮起，并拖往拉斯佩齐亚。虽然从 1946 年到 1949 年的 3 年间，新生的意大利政府数次为保留该舰进行了大量政治活动，但最终这些活动被证明归于无效——1952 年，命途多舛的"天鹰"号被拆毁于拉斯佩齐亚，而早在 2 年前，并未成形的"鹞鹰"号就已在热那亚惨遭解体。至此，从 1923 年开始，意大利海军对航空母舰的追求，就以这种"悲惨"的形式画上了一个并不圆满的"句号"。

扩展阅读：关于"博尔扎诺"号航空巡洋舰

　　1943年8月，意大利海军决定利用"博尔扎诺"号受创维修之机，将其彻底改装成一艘具备防空巡洋舰作战能力的航空巡洋舰。按照意大利海军设计人员惊世骇俗的想法，该舰将拆除全部主炮、防空炮、前烟囱、前桅、舰桥建筑和前锅炉舱的2台锅炉。前烟囱烟道一分为二，分别在两舷各对称布置两个小烟囱。之后扩建后部建筑，并在后烟囱之前铺设飞行甲板。飞行甲板在前后烟囱之间两侧留有一定空间，而自前烟囱向前则占满整个甲板空间，所有搭载的飞机就停放在飞行甲板上。同时，在舰首部分向两侧斜置两台弹射器，供飞机起飞。但是舰上并没有设置降落系统，因此不能为舰队和护航船队提供足够的空中保护。这一设计，与英国同时发展的所谓"战斗机弹射船"（Fighter Catapult Ship，简称FCS）在理念上是一致的，也是不谋而合的。按照设计，飞行甲板上可停放10架飞机，加上弹射器上的2架，总计12架。同时，设计人员计划安装10座90毫米单管高射炮。其中在前烟囱后飞行甲板未覆盖的预留空间各安装3座，后部建筑之后两侧各安装2座。此外，还要安装20座37毫米双联装机关炮，前烟囱前的飞行甲板两侧，后部建筑顶部两侧和舰尾两侧各安装5座、2座、3座。在经过这样的改进之后，该舰标准排水量将降到9000吨，满载排水量则接近15000吨，动力输出12万马力，最大航速25节。然而，这一超乎想象的改进设计最终同样并没有完成。

■ 1944年6月状态的"天鹰"号。

→ 有因有果 ←

经历了近 20 年的努力，法西斯意大利的航母计划仍然如同其"新罗马帝国"的梦想一样破灭了，其背后的原因是复杂且引人深思的。事实上，意大利在第二次世界大战中有关航母的经验虽不光荣，但并非不重要。首先来讲，意大利皇家空军的存在，似乎成了阻碍意大利皇家海军获得航母的"绊脚石"。客观地说，这种观点有一定道理。意大利海军在第一次世界大战期间就创设了自己的航空兵，而且这支航空兵在那场战争中已经被证明是极有价值的。战后海军认为必须解决可以预见的将来海空作战的问题，但由于 1923 年意大利空军的成立，海军却奉命停止一切航空活动，这是由于海军和空军之间的观点存在着深刻的分歧。在空军看来，意大利本身就是一艘巨型航母，地中海则只是一个池塘，所以不再需要建设航母，海军也不需要固定翼飞机，海军能做的，空军只会做得更好。随着时间的推移，意大利皇家空军在政治上越来越得宠，这种观点在墨索里尼乃至法西斯党中越来越深入人心，以至于海军方面每一次提出要建造航空母舰和成立海军专用航空兵的建议时，都一概遭到了或坚决或委婉的拒绝，并大言不惭地称地中海是"我们的海"，却从未去想这世界上可有如此一动不动的航母，以及何以在"我们的海"上最强大的两股海军力量都不属于意大利。

事实上，这个观点实在是似是而非：第一，这种认识忽略了航母相对于固定机场的机动性，以及这个机动性所能带来的价值。一般而言，发现一只航母编队显然难于发现一个固定机场。而航母的机动抵近突袭，比固定机场的攻击更难防御。第二，假如在（意大利）海军和空军之间取得完全的谅解，那么纵使协议本身还存在着许多不确实性和漏洞，在一定程度上仍然是可以接受的，但实际情况却与之大相径庭。指挥系统的隔阂，严重阻碍了战术与作战层级的多兵种协同作战，而意大利空军执迷于杜黑的轰炸制胜论和一战的空战经历，只关心战略性轰炸和骑士式的独立空战，自然不注意这两个环节。此外，可能由于空军过分高估其自身的能力，海军从来没有使自己的海空问题获得对方充分的考虑。空军的作战指导思想是"按照自己的规律进行独立的空中战争"——对于这一套规律，海军从来是莫测高深的。战争开始时，意大利空军兵力在数量上多于敌人，但基于上述的理由，海、空部队之间的有效合作则仍付缺如。可是要想充分发展海军的作战效率,这种合作又是必不可少的。意大利空军打得十分卖力,但就是和海军配合不来。到头来, 这种合作的缺乏终于还是限制了海上的作战成效, 使得无论是海面还是海面上空的作战均无成效。讽刺的是, 开战之后, 拥有舰队航空兵力量的英国皇家海军为意大利人树立了一个非常"正面的典型", 虽然他们的航空兵兵力不多, 但训练有素, 在海—空作战中能够获得迅速而充分的协同。这些情况使意大利海军在提出许多作战方案时不免受到阻碍, 如果空军协同得好, 这些方案本来是可以实施的。第三, 由于轻忽协同作战, 所以意大利空军严重缺乏对舰攻击训练。相应地, 意大利空军对于相关装备的发展也很不"感冒"。早在 1913 年空战的黎明期, 意大利海军便已孕育了用鱼雷机作战的思想。1918 年就把这种意图见之于实践, 到 1922 年便已取得某些成效了。对于这种新武器, 人们有过巨大的信心, 眼见可以得到广泛的应用。实际上, 从鱼雷机产生之日起, 作为独立军种的空军, 就坚决排斥这种思想, 海军自己花钱来进行实验, 也遭到空军的掣肘, 虽然海军已经动手把这种计划付之实行。后来听说英国海军正在致力于发展鱼雷机, 意大利海军便于 1938 年向空军力争要取得编成几个鱼雷机大队的权利。但这些尝试是没有成果的, 战争已经迫近的情况使这个问题的解决没有取得任何进展。①

这样一来, 事情就很清楚了。意大利海军在海上侦察、保护海上友军部队和对敌遂行攻势作战这三个方面, 多大程度上能依靠来自空军的合作呢? 这其实是一个严重的、拿不定把握的问题。但第一次世界大战以后, 世界上 5 支最强大的海军中的 3 支——英、美、日, 都曾经慎重地分析过这个问题, 他们得出结论认为绝对必须用航空母舰把自己装备起来, 同时还要拥有自己专用的海军航空兵, 唯独意大利是个例外 (或许还有法国)。总之, 海军协定中

---

① 战前, 意大利海军已经实验并发展了一种能从飞机投掷的鱼雷, 并且优于英国所发展的类型。据布拉加丁的《第二次世界大战中的意大利海军》一书记载: "意大利鱼雷能从 100 米的高度发射, 时速达 300 公里, 而当时的英国鱼雷却只能从 20 米高度发射, 时速仅 250 公里。"意海军还库藏了一批这种鱼雷, 并发给鱼雷快艇队使用。直至战争进入高潮时, 意空军决定采用鱼雷机, 才发现有关鱼雷的难题已经全被海军解决了。于是, 海军便把大批鱼雷移交给空军, 其技术装备和必要的专业人员也交由空军支配。

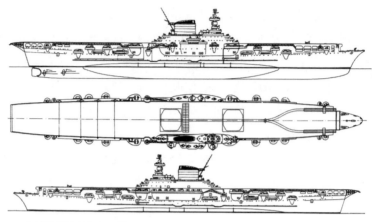

■ "天鹰"级舰队航母三面线图。

给予意大利的6万吨航母指标，就这样被浪费了。而在战争过程中，尽管（意大利）空军对改善涉及它和海军关系的全面局势做了很大的努力，可要想发展一套联合作战的教令并取得充分的实践经验，需要长年累月的研究和训练。在战争需求的压力之下，虽然已将现有的人力和装备全都吸收了进来，可失去的时间却不可能获得补偿了。对此，意大利皇家海军参谋长卡夫尼亚里上将在战争爆发时，就不无悲观地指出，由于海战缺乏足够的空中支援，海军必然要处于不利的作战态势之下，他用以下的预言在其备忘录中写道："在地中海上不管战争性质怎样发展，归根结底意大利海军的损失将是惨重的。不难看到，到了和平谈判之时，意大利不独绝无寸土可得，恐怕连舰队甚至还包括空军，到头来都保不住。"岂料，此公一语成谶，就空中支援方面说来，在从头至尾的战争中，意大利海军一直处于严重的劣势，在一个多兵种合成作战的新时代，意大利海军却是一个高度残疾的军种，成了一只尴尬的"跛脚鸭"，并为此吃尽了苦头。

　　然而我们还应该看到，或许在阻碍意大利皇家海军获得航母的过程中，意大利皇家空军扮演了一个有欠光彩的角色，但仅仅是空军的"反对和反动"就能促成这样的结果么？答案当然是否定的。事实上，疲弱的经济基础才是问题的关键。20世纪30年代的意大利足以说明一个大国经济上的脆弱性，而不论这个国家的领导者是多么积极主动和野心勃勃。乍看起来，墨索里尼的

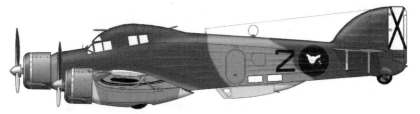

■ 意大利空军轰炸机经典代表作SM.79（"该死的驼背"）。

法西斯政权把国家从外交世界中的偏僻之地带到了世人瞩目的中心：同英国一起，意大利是 1925 年《洛迦诺公约》的外部保证者之一；同英国、法国和德国一起，意大利也是 1938 年慕尼黑协定的签字国。通过进攻科浮（1923 年）、大力"平定"利比亚和大举（出动 5 万意大利军队）干涉西班牙内战、意大利保证了它称霸地中海的要求。1935 年到 1937 年间，墨索里尼敢于蔑视国际联盟的制裁和西方的敌视态度，对阿比西尼亚（现在的埃塞俄比亚）进行了血腥的征服，从而雪洗了阿杜瓦惨败之辱。而在早些时候，墨索里尼却主张维持现状：1934 年他出师勃伦纳山口，以遏制希特勒接管奥地利；1935 年在斯特雷扎他又欣然同意签署反德协议。在 20 世纪 20 年代，墨索里尼滔滔不绝地抨击布尔什维克的演说，使他赢得了许多外国佬（包括丘吉尔在内）的钦佩，而在下一个 10 年（即 30 年代）他又成了各方讨好的对象。以致到了 1939 年 1 月，张伯伦的罗马之行还力图阻止意大利完全滑入德国阵营，但是外交上的声望并不是衡量意大利重新崛起的唯一尺度，"经济—国力"代表的所谓"实力"才是。

1890 年意大利的钢产量是 1 万吨，同年美国是 930 万吨，英国是 800 万吨，德国是 410 万吨，法国是 190 万吨，奥匈帝国是 97 万吨，俄国是 95 万吨，甚至日本也达到了 2 万吨。直到 1930 年，意大利的钢铁产量才突破百万吨大关，达到 170 万吨，但同年美国的产量是 4130 万吨，德国是 1130 万吨，法国是 940 万吨，英国是 740 万吨，苏联是 570 万吨，日本是 230 万吨，意大利仍然是不折不扣的小老弟。也正因如此，沙俄的外交人员才会在 1882 年直言不讳地说，承认意大利是"列强俱乐部"（Great Powers）的一员，纯粹是出于外交礼貌，而这一点在第二次世界大战开始时其实依然没有改观。事实上，直到 1938 年，意大利在世界制造业中的份额也不过 2.8%，钢、生铁、铁矿石和煤的产量在世界总产量中所占的比重分别为 2.1%、1.0%、0.7% 和 0.1%，而且军事工业所需要的一切原料几乎都要依赖进口。为了摆脱这种被动的状况，早在 1937 年意大利就决定实施"自给自足"的计划。但是，这一计划的实施未能缩小意大利原料生产与其他大国之间的巨大差距。以煤炭、钢铁和石油等重要战略物资的生产为例，1938 年意大利仅产劣质煤 148 万吨，而同年美、英、法、德四国煤炭产量分别为 4.06 亿吨、2.3 亿吨、4600 万吨和 1.69 亿吨；当年的钢产量，意大利为 237.7 万吨，美、英、法、德则分别为 5000 万吨、1400 万吨、600 万吨和 2300 万吨。意大利的石油生产情况就更糟，1938 年它仅产原油 153265 吨，而平时每年消耗石油 400 万吨，战时 800 万吨，所消费的石油几乎全部都要从国外进口。与此形成鲜明对照的是，同年美国的原油产量则为 1.7 亿吨，英、法也都因逐渐开采储量丰富的油田而提高了原油产量。此外，意大利的铜、镍、铅、锡等有色金属资源也很缺乏，其中情况较好的铜，在 1938 年也仅产了 2963 吨，而美国同年的铜产量为 58 万吨。更何况意大利一个家庭的过半收支仍用于购买食物，这是经济落后的一个最明显标志。显然，如此薄弱的经济基础，才是造成墨索里尼对海军航母建造计划采取漠视态度的根源——他追求的那种机会主义的霸权计划是其国家力量所难以实现的。相对于耗资过大的海军，空军显然因发展成本更为廉价而更受青睐，这条发

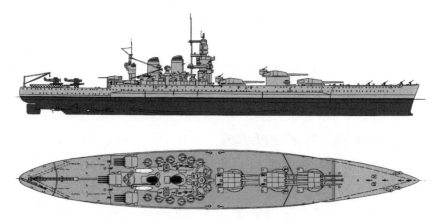

■ "维内托"号战列舰。在国力羸弱的情况下，意大利已经耗费巨资投入建造了一支规模可观的主力舰舰队，所以分配给航母建造的资源和意识力也就极为有限了。

展道路也与此时意大利的国力水平更相宜。可惜，空军的发展同样需要雄厚的工业基础、知识储备，还需要尚武精神和高效的军事管理，这些都是此时的意大利所不具备的。

当然，为海军建造航母的问题，在墨索里尼心中或许并非毫无分量——如果有足够的资源，墨索里尼当然希望既拥有一支强大的空军，也拥有一支由航母和主力舰武装起来的强大海军。毕竟墨索里尼将海军看成是实现其扩张野心的一个重要工具，而空军只是实力不足的情况下的一种廉价替代品。为此他采取了许多措施，比如提高海军的待遇，包括服装、食品和津贴，海军都优于其他军种，致使许多青年人争先恐后地想成为海军。然而，投机取巧的"短期战争"心理又蒙蔽了他的双眼，由于墨索里尼对于军事问题终究是一知半解，因而未能对发展海军做出具有决定性意义的战略抉择。和一战前的意大利高层相同，墨索里尼以为新一轮的大战，未来的战争仍是传统的有限战争，将以势力范围的重新分割，而不是意识形态的你死我活结尾。所以他或觉得意大利固然是耐不住持久战，海军也因缺乏航母而存在结构性缺陷，但在德国的协力下，短期爆发一下还是可以的。这个错误又被当时意大利的制度缺陷进一步放大了。墨索里尼算是很好地继承了老意大利秘密外交的传统，而且有过之而无不及。在老意大利，三个人（有时候还要多几个）可以决定结盟、宣战、终战，而在法西斯意大利，一切都取决于墨索里尼一个人的灵光一闪。也正因如此，对于二战中意大利皇家海军既没能获得梦寐以求的"航母"，也没能获得来自空军的有力支持，并不能将之一味地怪罪于空军的"下流"。毕竟，基本的决定取决于政府，也永远取决于政府，归根结底，军事地位和使命是由政府加以规定的，而且它把工具分配给各军种以发挥其作用与遂行其使命。假如一个政府决定它必须满足海上航空兵活动的基本需要，它便应当提供资源以实现装备上和训练上的最基本的目的。再则，假如这些部队在需要时既可使用又有效果的话，那么负有海上责任的那个军种就应当无条件地支配这些航空兵。所以不能责怪空军把海上的任务列为次要的考虑，假如对空军说来，海上任务只不过是它的基本职责之外的偶然的任务，那么按此推论，当空军资源不能兼顾海上任务时，海军的需要总是要吃亏的。

最后需要说明的是，尽管在提斯洛角、塔兰托、马达潘角等一系列损失惨重的海战后，墨索里尼终于开始对航母的建造计划转为支持态度，两艘由豪华邮轮改建而成的"天鹰"级航母在设计上也堪称成熟，综合性能要超过日本人的"飞鹰"级（舰载机数量的偏低，仅仅是因为没有时间将几种预定的舰载机型号进行折叠机翼的重新设计），工程进展情况则要好于纳粹德国的"齐伯林伯爵"号，但这两艘"希望之船"仍然没能建成，这与墨索里尼乃至法西斯党徒对整场战争丧失了信心不无关系。到了1943年7月，意大利势将在战争中惨败这一点已毫无怀疑的余地。它不但没有达到它参战的任何目的，连它的殖民帝国也已经丧失了；它的海军已被逐出"我们的海"，甚至连尚未动员的意大利北部的基地，也不复是安全之所，各工业中心在规模越来越大的空袭下被夷为平地；西西里失守后，整个半岛已经毫无遮掩，处于挨打地位。敌人唯一的困难仅在于选择哪里直捣内地。从经济角度来说，工业生产从1939年以后已下降了35%，农业下降了20%；进口减少了78%，出口减少了54%；国债从1460亿里拉上升到了4050亿里拉，货币流通量从280亿里拉增加到了790亿里拉。国家预算赤字在1939年为120亿里拉，1943年已达到了870亿里拉，收入只及支出的36%。由于控制严厉，物价在名义上只上涨了一倍，可是不论什么地方，也不论什么商品，黑市都很猖獗。居民食品供应不足的现象日益严重，广场上也栽种了玉米，当权者把这颂扬为战斗意志的象征，其实更证明全国因为当局的无能和不顾民生而苦难深重。

这位领袖的健康状况，也反映了这场灾难，胃溃疡使他焦急不安，神经过敏。他不但需要进软食，并且需要长时间的休养，这对一个掌握绝对权力的人说来实在是不相称的。他意志衰退，连反应似乎也迟钝了，他的亲属吃惊地在这个老战士身上看到了一种奇怪的颓唐状态。他对事物似乎越来越麻木，好像对自己当前的处境和未来的命运都采取了听天由命的态度。他保持了惯于危言耸听的蛊惑家本色，仍然相信讲话就等于行动，满足于发表一些陈词滥调和肤浅的判断。他把自己的失败全都怪在意大利人民头上，责骂他们非得"踢着屁股才肯去打仗"。墨索里尼建立起来的政权同样是一幅破落景象。对于他同年轻女子克拉蕾塔·贝塔西——她的家庭一心只图荣华富贵——的桃色事件，这位年已六十的领袖毫不避人耳目，开了道德堕落的风气。这其实很难说明问题，他周围的一切都在土崩瓦解。警察头子塞尼斯曾经描写公众如何长期陷于失望之中，当权派如何庸碌无能和手足失措，各级人员又如何不相为谋；仍然信仰这个政权及其首领的，只有民团和一部分年轻的法西斯党徒。在官员中间，最识时务的人已经从讥讽发展到怀疑，精神上已经离心离德，在盘算着如何挟着武器和背包及时离开这条正在下沉的船。

　　这样的一个意大利怎么能继续打下去呢？在人力物力上，它已经山穷水尽。墨索里尼曾决定募兵100万，全国实行了义务兵役制，男人从14岁到70岁，女人从14岁到60岁一律必须服役。可是下面在执行这种措施时敷衍了事，何况这种措施如果要行之有效，还必须意大利人有作战的意志才行。意大利人已经感到厌倦了，对"法西斯战争"的态度日益冷漠，视之为与己无关的事情。政府进行了改组，把那些不再掩饰不满情绪的部长（如齐亚诺和格兰第）撤了职，但那些被革职的人，很自然地就转入了公开的敌对。党的书记换上了对领袖忠心耿耿的卡洛·斯科尔扎。可是，盟国的潜艇使从撒丁岛运出铅和锑很困难，坦克生产已经几乎下降到零，冶金工业既缺矿砂又缺电力。而对这些事实，这位书记又有什么回天之力呢？对此，"镇压反法西斯分子志愿行动队"（即法西斯意大利秘密警察）的头目吉多·莱托写道："法西斯主义早在1943年以前很久就已经寿终正寝了。"显然，"天鹰"级的开工已经太晚了，其建造过程与法西斯意大利"由盛转衰"的解体过程，在时间上是一致的，

■ 意大利皇家空军274中队和他们的Piaggio P. 108B IIM重型轰炸机。随着出身空军的政治权贵被大量地吸收到法西斯政权中，意大利皇家空军的话语权与日俱增。

这样的一个国家，如此的一种士气，已经不可能将其完成；即便是勉强完工，又能如何？不过是螳臂挡车而已。总之，在意大利，围绕是否发展航空母舰的争论甚至比德国更加激烈，但与纳粹德国相比，意大利海军最终没有能够拥有一艘航母的原因也要更复杂一些：无论是柏林，还是罗马，都不愿承受建立一支舰载航空兵所需的巨大投资。德国渴望扩大在欧洲的影响并向东方扩展，主要依靠得到空军支援的地面部队的进攻能力，在海上则没有太大的抱负；意大利则有着更大的海洋诉求，但却没有足够的经济手段来支持，而当这种决心最后被下达时，时间上已经太过迟钝，最终连决策者本人也在不久后丧失了起码的意志力。

墨索里尼在 20 世纪 20 年代的欧洲政治中所表现的那一套浮夸和挑衅性的言行可以和从前威廉二世皇帝或拿破仑三世媲美。这种精神刺激和法西斯的集权格局，在短期内的确收到了效果，使一盘散沙的意大利人开始努力从事于工业发展和军备重整，阅兵式上排列整齐的狙击手方阵和衣甲鲜明的精锐团队，给世人留下了深刻印象。1933 年，意大利水上飞机机群编队横跨大西洋，飞越纽约上空的"壮举"更是令世界惊叹，而在编队下方的大西洋上，是进行无线电导航和气象预报的意大利海军。由此，似乎意大利、意大利军队、意大利人都已经发生了根本的转变，甚至在美国的政治学院和媒体中，都不乏一些鼓吹法西斯制度优越性的人士将墨索里尼称为"从混乱中拯救意大利、改变历史的人物"。然而，这一切的背后却改变不了这样一个事实——意大利依然是国力羸弱的弱者，很多时候是要仰赖他人鼻息，只有谨慎地对外决策是关键，才能扎扎实实地、一步一个脚印地向强国行列迈进。这些却是满脑子"罗马梦"的墨索里尼所根本不会去想的，他深深陷入非洲的殖民战争而不能自拔。海军虽然在吨位上仍保持着世界第五的位子，但实际战斗力堪忧。这不仅表现在意大利军舰的日趋落伍[1]，更表现在"海基空权"的残缺——海军航母计划的一再搁浅表明了这一点。

---

① 由于雷达和声呐系统的落后，造成了意大利海军在夜战和反潜能力方面的严重不足，以至于得到了一个"好天气海军"的绰号。

　　事实上，对二战中的意大利皇家海军来说，有一条失败的线索贯穿于整场战争，那就是缺乏由其直接领导的海军航空兵。意大利空军战前对海军的许诺口惠而实不至，导致意大利舰队在战时很难得到空中支援。缺乏航空母舰平台也是意大利皇家海军的一个致命伤，第二次世界大战中意大利的海军战史就有充分的实例来说明这一点。意大利海军的水面舰艇部队和潜艇部队其实是斗志旺盛且训练有素的，他们往往在错误情报的引导下出击，在敌强我弱的环境下坚持作战，因缺乏空中力量的支援而接连受挫于敌人，而其对手则因训练有素的海上航空力量而进退自如。由于没有由海军训练的轰炸机和鱼雷机中队，意大利海军不能袭击亚历山大港或直布罗陀港，而盟军却能空袭塔兰托港而取得大捷——概言之，缺乏航空母舰乃至直接掌握在自己手中的航空兵力量成了开战伊始意大利皇家海军就已经铸成了的大错，而当意大利人懵懵懂懂地醒悟过来，心急火燎地改建"天鹰"级时，已经太晚了。

　　墨索里尼只是略知海军的重要性，他虽然明白空军是用以控制地中海的必要工具之一，却并不理解要使工具适合并由熟练的人手加以运用才能实现高度专业化的任务。他从头到尾也没能真正理解一支海军在战时执行其海上职责所需要的工具——这种工具彰明昭著地是海军自己的航空兵，而非空军对海军的"承诺"。结果，在一个没有制空权就没有制海权的时代，意大利海军不仅没有航母，而且在法律层面上被剥夺了自己的"固定翼"，他们一再抗议，收获仅是获准指挥一批空军侦察机，派出自己的观察员参加飞行而已。缺乏航母乃至海军航空兵的结果是意大利舰队在同盟军对抗中始终束手缚脚，从广义方面说来，它更使墨索里尼的全面战争目标受到制约并在海上招致了最关键的挫折。

大卫·霍布斯
（David Hobbes）著

The British Pacific Fleet: The Royal Navy's Most Powerful Strike Force

英国太平洋舰队

○ 在英国皇家海军服役 33 年、舰队空军博物馆馆长笔下真实、细腻的英国太平洋舰队。
○ 作者大卫·霍布斯在英国皇家海军服役了 33 年，并担任舰队空军博物馆馆长，后来成为一名海军航空记者和作家。

　　1944 年 8 月，英国太平洋舰队尚不存在，而 6 个月后，它已强大到能对日本发动空袭。二战结束前，它已成为皇家海军历史上不容忽视的力量，并作为专业化的队伍与美国海军一同作战。一个在反法西斯战争后接近枯竭的国家，竟能够实现这般的壮举，其创造力、外交手腕和坚持精神都发挥了重要作用。本书描述了英国太平洋舰队的诞生、扩张以及对战后世界的影响。

布鲁斯·泰勒
（Bruce Taylor）著

The Battlecruiser HMS Hood: An Illustrated Biography, 1916–1941

英国皇家海军战列巡洋舰"胡德"号图传：1916—1941

○ 250 幅历史照片，20 幅 3D 结构绘图，另附巨幅双面海报。
○ 详实操作及结构资料，从外到内剖析"胡德"全貌。它是舰船历史的丰碑，但既有辉煌，亦有不堪。深度揭示舰上生活和舰员状况，还原真实历史。

　　这本大开本图册讲述了所有关于"胡德"号的故事——从搭建龙骨到被"俾斯麦"号摧毁，为读者提供进一步探索和欣赏她的机会，并以数据形式勾勒出船舶外部和内部的形象。推荐给海战爱好者、模型爱好者和历史学研究者。

保罗·S.达尔
（Paul S. Dull）著

A Battle History of the Imperial Japanese Navy, 1941-1945

日本帝国海军战争史：1941—1945 年

○ 一部由真军人——美退役海军军官保罗·达尔写就的太平洋战争史。
○ 资料来源日本官修战史和微缩胶卷档案，更加客观准确地还原战争经过。

　　本书从 1941 年 12 月日本联合舰队偷袭珍珠港开始，以时间顺序详细记叙了太平洋战争中的历次重大海战，如珊瑚海海战、中途岛海战、瓜岛战役等。本书的写作基于美日双方的一手资料，如日本官修战史《战史丛书》，以及美国海军历史部收集的日本海军档案缩微胶卷，辅以各参战海军编制表图、海战示意图进行深入解读，既有完整的战事进程脉络和重大战役再现，也反映出各参战海军的胜败兴衰、战术变化，以及不同将领各自的战争思想和指挥艺术。

H.P. 威尔莫特
（H.P.Willmott）著

The Battle of Leyte Gulf: The Last Fleet Action

莱特湾海战：史上最大规模海战，最后的巨舰对决

○ 原英国桑赫斯特军事学院主任讲师 H.P. 威尔莫特扛鼎之作。
○ 荣获美国军事历史学会 2006 年度"杰出图书"奖。
○ 复盘巨舰大炮的绝唱、航母对决的终曲、日本帝国海军的垂死一搏。

　　为了叙事方便，以往关于莱特湾海战的著作，通常将萨马岛海战和恩加诺角海战这两场发生在同一个白天的战斗，作为两个相对独立的事件分开叙述，这不利于总览莱特湾海战的全局。本书摒弃了这种"取巧"的叙事线索，以时间顺序来回顾发生在 1944 年 10 月 25 日的战斗，揭示了莱特湾海战各个分战场之间牵一发而动全身的紧密联系，提供了一种前所未见的全局视角。

　　除了具有宏大的格局之外，本书还不遗余力地从个人视角出发挖掘对战争的新知。作者对美日双方主要参战将领的性格特点、行为动机和心理活动进行了细致的分析和刻画。刚愎自用、骄傲自大的哈尔西，言过其实、热衷炒作的麦克阿瑟，生无可恋、从容赴死的西村祥治，谨小慎微、畏首畏尾的栗田健男，一个个生动鲜活的形象跃然纸上、呼之欲出，为这段已经定格成档案资料的历史平添了不少烟火气。

约翰·B. 伦德斯特罗姆
（John B.Lundstrom）著

Black Shoe Carrier Admiral:Frank Jack Fletcher At Coral Sea, Midway & Guadalcanal

航母舰队司令：弗兰克·杰克·弗莱彻、美国海军与太平洋战争

○ 战争史三十年潜心力作，争议人物弗莱彻的平反书。
○ 还原太平洋战场"珊瑚海"、"中途岛"、"瓜达尔卡纳尔岛"三次大规模海战全过程，梳理太平洋战争前期美国海军领导层的内幕。
○ 作者约翰·B. 伦德斯特罗姆自 1967 年起在密尔沃基公共博物馆担任历史名誉馆长。

　　本书是美国太平洋战争史研究专家约翰·B. 伦德斯特罗姆经三十年潜心研究后的力作，为读者细致而生动地展现出太平洋战争前期战场的腥风血雨，且以大量翔实的资料和精到的分析为弗莱彻这个在美国饱受争议的历史人物平了反。同时细致梳理了太平洋战争前期美国海军高层的内幕，三次大规模海战的全过程，一些知名将帅的功过得失，以及美国海军在二战中的航母运用。

马丁·米德尔布鲁克
（Martin Middlebrook）著

Argentine Fight for the Falklands

马岛战争：阿根廷为福克兰群岛而战

○ 从阿根廷军队的视角，生动记录了被誉为"现代各国海军发展启示录"的马岛战争全程。
○ 作者马丁·米德尔布鲁克是少数几位获准采访曾参与马岛行动的阿根廷人员的英国历史学家。
○ 对阿根廷军队的作战组织方式、指挥层所制订的作战规划和反击行动提出了全新的见解。

　　本书从阿根廷视角出发，介绍了阿根廷从作出占领马岛的决策到战败的一系列有趣又惊险的事件。其内容集中在福克兰地区的重要军事活动，比如"贝尔格拉诺将军"号巡洋舰被英国核潜艇"征服者"号击沉、阿根廷"超军旗"攻击机击沉英舰"谢菲尔德"号。一方是满怀热情希望"收复"马岛的阿根廷军，另一方是军事实力和作战经验处于碾压优势的英国军队，运气对双方都起了作用，但这场博弈毫无悬念地以阿根廷的惨败落下了帷幕。

尼克拉斯·泽特林
（Niklas Zetterling）著

Bismarck: The Final Days of Germany's Greatest Battleship

德国战列舰"俾斯麦"号覆灭记

○ 以新鲜的视角审视二战德国强大战列舰的诞生与毁灭……非常好的读物。——《战略学刊》
○ 战列舰"俾斯麦"号的沉没是二战中富有戏剧性的事件之一……这是一份详细的记述。——战争博物馆

　　本书从二战期间德国海军的巡洋作战入手，讲述了德国海军战略，"俾斯麦"号的建造、服役、训练、出征过程，并详细描述了"俾斯麦"号躲避英国海军搜索，在丹麦海峡击沉"胡德"号，多次遭受英国海军追击和袭击，在外海被击沉的经过。

朱利安·S. 科贝
（Julian S.Corbett）著

Maritime Operations in the Russo - Japanese War, 1904-1905

日俄海战 1904—1905（共两卷）

○战略学家科贝特参考多方提供的丰富资料，对参战舰队进行了全新的审视，并着重研究了海上作战涉及的联合作战问题。
○ 以时间为主轴，深刻分析了战争各环节的相互作用，内容翔实。
○ 译者根据本书参考的主要原始资料《极密·明治三十七八年海战史》以及现代的俄方资料，补齐了本书再版时未能纳入的地图和态势图。

　　朱利安·S. 科贝特爵士，20 世纪初伟大的海军历史学家之一，他的作品被海军历史学界奉为经典。然而，在他的著作中，有一本却从来没有面世的机会，这就是《日俄海战 1904—1905》，因为其中包含了来自日本官方报告的机密信息。学习科贝特海权理论，不仅能让我们了解强大海权国家的战略思维，还能辨清海权理论的基本主题，使中国的海权理论研究有可借鉴的学术基础。虽然英国的海上霸权已经被美国取而代之，但美国海权从很多方面继承和发展了科贝特的海权思想。如果我们检视一下今天的美国海权和海军战略，就可以看到科贝特的理论依然具有生命力，仍是分析美国海权的有用工具和方法。

米凯莱·科森蒂诺
（Michele Cosentino）、
鲁杰洛·斯坦格里尼
（Ruggero Stanglini）著

British and German Battlecruisers: Their Development and Operations
英国和德国战列巡洋舰：技术发展与作战运用

○ 全景展示战列巡洋舰技术发展黄金时期的两面旗帜——英国战列巡洋舰和德国战列巡洋舰，在发展、设计、建造、维护、实战等方面的细节。
○ 对战列巡洋舰这种独特类型的舰种进行整体的分析、评估与描述。

　　本书是一本关于英国和德国战列巡洋舰的"全景式"著作，它囊括了历史、政治、战略、经济、工业生产以及技术与实战使用等多个角度和层面，并将之整合，对战列巡洋舰这种独特类型的舰种进行整体的分析、评估与描述，明晰其发展脉络、技术特点与作战使用情况，既面面俱到又详略有度。同时附以俄国、日本、美国、法国和奥匈帝国等国的战列巡洋舰的发展情况，展示了战列巡洋舰这一舰种的发展情况与其重要性。

　　除了翔实的文字内容以外，书中还有附有大量相关资料照片，以及英德两国海军所有级别战列巡洋舰的大比例侧视图与俯视图与为数不少的海战示意图等。

诺曼·弗里德曼 著
（Norman Friedman）
A. D. 贝克三世 绘图
（A. D.BAKER III）

British Destroyers: From Earliest Days to the Second World War
英国驱逐舰：从起步到第二次世界大战

○ 海军战略家诺曼·弗里德曼与海军插画家 A.D. 贝克三世联合打造。
○ 解读早期驱逐舰的开山之作，追寻英国驱逐舰的壮丽航程。
○ 200 余张高清历史照片、近百幅舰艇线图，动人细节纤毫毕现。

　　诺曼·弗里德曼的《英国驱逐舰：从起步到第二次世界大战》把早期水面作战舰艇的发展讲得清晰透彻，尽管头绪繁多、事件纷繁复杂，作者还是能深入浅出、言简意赅，不仅深得专业人士的青睐，就是普通的爱好者也能比较轻松地领会。本书不仅可读性强，而且深具启发性，它有助于了解水面舰艇是如何演进成现在这个样子的，也让我们更深刻地理解了为战而生的舰艇应该如何设计。总之，这本书值得认真研读。

大卫·K. 布朗
（David K.Brown）著

Warship Design and Development
英国皇家海军战舰设计发展史（共五卷）

○ 英国皇家海军建造兵团的副总建造师大卫·K. 布朗所著，囊括了大量原始资料及矢量设计图。
○ 大卫·K. 布朗是一位杰出的海军舰船建造师，发表了大量军舰设计方面的文章，为英国皇家海军舰艇的设计、发展倾注了毕生心血。

　　这套《英国皇家海军战舰设计发展史》有五卷，分别是《铁甲舰之前，战舰设计与演变，1815—1860 年》《从"勇士"级到"无畏"级，战舰设计与演变，1860—1905 年》《大舰队，战舰设计与演变，1906—1922 年》《从"纳尔逊"级到"前卫"级，战舰设计与演变，1923—1945 年》《重建皇家海军，战舰设计，1945 年后》。该系列从 1815 年的风帆战舰说起，囊括了皇家海军历史上有代表性的舰船设计，并附有大量数据图表和设计图纸，是研究舰船发展史不可错过的经典。

亚瑟·雅各布·马德尔
（Arthur J. Marder）、
巴里·高夫
（Barry Gough）著

From the Dreadnought to Scapa Flow
英国皇家海军：从无畏舰到斯卡帕湾（共五卷）

○ 现在已没有人如此优雅地书写历史，这非常令人遗憾，因为是马德尔在记录人类文明方面的天赋使他有能力完成如此宏大的主题。——巴里·高夫
○ 他书写的海军史具有独特的魅力。他具有把握资源的能力，又兼以简洁地运用文字的天赋……他已无需赞美，也无需苛求。——A. J. P. 泰勒

　　这套《英国皇家海军：从无畏舰到斯卡帕湾》有五卷，分别是《通往战争之路，1904—1914》《战争年代，战争爆发到日德兰海战，1914—1916》《日德兰及其之后，1916.5—12》《1917，危机的一年》《胜利与胜利之后：1918—1919》。它们从费希尔及其主导的海军改制入手，介绍了 1904 年至 1919 年费舍尔时代英国海军建设、改革、作战的历史，及其相关的政治、经济和国际背景。